Thomas Gebauer
Ilija Trojanow

HILFE? HILFE!

Wege aus
der globalen
Krise

FISCHER

Originalausgabe

Erschienen bei FISCHER Taschenbuch
Frankfurt am Main, September 2018

© 2018 S. Fischer Verlag GmbH, Hedderichstr. 114,
D-60596 Frankfurt am Main

Satz: Dörlemann Satz, Lemförde
Druck und Bindung: CPI books GmbH, Leck
Printed in Germany
ISBN 978-3-596-70188-9

Inhalt

Zwischen Himmel und Ebbe

Ein sanfter Abend in den Subtropen. Lichtergirlanden erleuchten die Wipfel der ausladenden Bäume vor einer altehrwürdigen Stadtvilla, eine Brise streicht über Terrasse und Rasen. Diskret reichen Kellner Mineralwasser, Saft, Bier und Wein. Die Gespräche plätschern vornehm dahin, bis das Mikrophon knackst und eine Stimme um Aufmerksamkeit bittet.

Mit starkem Schweizer Akzent werden die Anwesenden, Vertreter von Kultur, Wirtschaft und Politik, zur feierlichen Eröffnung einer Ausstellung begrüßt:»We the People. We the Arts: Promoting Zero Hunger«. Stolz verweist der Generalkonsul auf den Ausstellungskatalog, den die Vereinten Nationen zusammen mit der Schweizer Botschaft und der Swiss Agency for Development and Cooperation herausgegeben haben, gesponsert von Nestlé (Mineralwasser), Novartis (Arzneimittel), Syngenta (Saatgut) sowie Serena (Luxushotellerie). Großzügiger Applaus hebt an für die Kunststudierenden und ihre düsteren Bilder. *Es gibt noch viele Fische im Meer* ist das Gemälde eines abgenagten Fischskeletts sarkastisch betitelt. *Die zwei Seiten* besteht aus zwei Tellerhälften, die eine auf einem schönen karierten Tischtuch mit einer Vielzahl von Erbsen, die andere auf monoton brauner Fläche mit einer einzigen Erbse. Die Kehrseite des Hungers, doziert derweil der Generalkonsul, seien der Überfluss und die alltägliche Verschwendung von Nahrungsmitteln. Auf einem der Bilder isst ein ausgemergeltes Kind ein Buch auf, es stopft sich das Papier in den Mund und kaut. Der Generalkonsul stößt mit einem

Glas Fendant auf den Erfolg der Ausstellung und des Kampfes gegen den Hunger an.

Die zweite Rednerin des Abends ist die Vertreterin der UN, eine elegante, hoch aufgeschossene Frau. Für eine Welt ohne Hunger zu streiten, sagt sie, sei ein großartiges Ziel und dessen Verwirklichung zum Greifen nah. Dank der »UN-Agenda 2030 für nachhaltige Entwicklung«, den »Sustainable Development Goals« (SDGs), die 2015 von den Vereinten Nationen verabschiedet wurden, erarbeitet in einem mehrjährigen Prozess, an dem auch zivilgesellschaftliche Organisationen mitgewirkt haben. 17 Ziele mit 169 Unterzielen, erklärt die Rednerin, darunter die Bekämpfung von Armut und Hunger, die Förderung von gesunden Lebensverhältnissen, die Verbesserung der Bildung und gute Arbeit für alle. All das, konstatiere die Agenda, sei nur möglich, wenn zugleich die Ungleichheit bekämpft werde, wenn Frieden und Rechtsstaatlichkeit herrschten, wenn der Klimaschutz vorangetrieben und nachhaltige Konsum- und Produktionsweisen zum Tragen kämen. Endlich – ihre Stimme hebt druckvoll an – habe man eine Strategie, die alle Länder gleichermaßen auf das Ziel »Zero Hunger« verpflichte. Nun könnten die globalen Missstände an der Wurzel gepackt werden. »Leave no one behind«, laute das Motto der Agenda, niemand dürfe zurückgelassen werden. Der Optimismus der Rednerin zieht sich in die Länge, manche der Gäste beginnen zu tuscheln.

Der Abend könnte auch am Genfer See stattfinden, würde die Sonne nicht hinter Mangroven untergehen, würde das Wasser nicht stinken. Der Empfang findet an einem zur Kloake verkommenen Nebenarm des Hafens von Karachi statt. Im Hintergrund ragen die Umrisse von Kränen und Schloten in den nächtlichen Himmel. Karachi, das industrielle Zentrum Pakistans, hat wenig von der selbstzufriedenen Beschaulichkeit Genfs.

Das opulente Büfett bietet europäisches Essen. Unmengen an Frikassee, Gemüsegratin und Kartoffelbrei bleiben übrig; die pakistanischen Gäste fühlen sich eher zur Bar hingezogen. Im Hintergrund, unter einem der alten Bäume, stehen drei junge Menschen in grünen T-Shirts, die aufmerksam das Geschehen beobachten. Sie warten auf ihren Einsatz. Sarah, Anam und Sumaya sind Aktivisten der örtlichen Robin Hood-Armee, einer 2014 in Indien gegründeten Organisation. Eine Armee, die den Überfluss requiriert: Sobald das Büfett abgetragen wird, übernehmen sie die Reste und verteilen diese über selbstorganisierte lokale Netzwerke an Hungerleidende. So wie die »Tafeln«, die in Deutschland und Österreich wie Pilze aus dem nahrhaften Boden der Bedürftigkeit sprießen.

Laut der UN-Ernährungs- und Landwirtschaftsorganisation (FAO) leiden vierzig Prozent der Kinder Pakistans an Unterernährung, knapp die Hälfte der Bevölkerung an Ernährungsunsicherheit, was bedeutet, dass sie nicht jederzeit Zugang zu qualitativ und quantitativ ausreichendem Essen haben. Nicht, weil es zu wenig gäbe. Pakistan ist der achtgrößte Weizenproduzent der Welt, aber die Hälfte der Bevölkerung, mithin neunzig Millionen Menschen, wissen nicht, ob sie morgen etwas zu essen haben werden.

Zweifellos ist es sinnvoll, die Verschwendung von Nahrung zu mindern. Die Aktivisten der Robin Hood-Armee suchen nach technischen Lösungen. Man müsse die Verteilung der Überreste besser organisieren, sagen sie. Hilfreich wäre etwa eine Liste von Restaurants, die regelmäßig verwertbare Abfälle produzieren. Die Verpflegung der Bedürftigen müsse systematisiert werden. Wieso aber haben sie sich nach Robin Hood benannt? Hat dieser jemals nach einem Gelage des Sheriffs von Nottingham angenagte Fasanenschenkel an die Bewohner von Sherwood Forest verteilt? Die Aktivisten schmunzeln. Na ja, der hätte wohl das gesamte Büfett abgeräumt.

Es ist keineswegs so, dass Sarah, Anam und Sumaya keine
Notwendigkeit sähen, über bloße Wohltätigkeit hinauszuge-
hen, die Verhältnisse grundsätzlich zu ändern. Zwar gibt es
inzwischen Robin Hood-Ableger in über vierzig asiatischen
Städten, die etwa zwei Millionen Menschen unterstützen, eine
beachtliche logistische Leistung in derart kurzer Zeit. Doch
sie hegen keine Illusionen, dass ihr Engagement ausreicht, um
den Ernährungsmangel zu überwinden. Zumal die Hungernden größtenteils dort leben, wo es weder Botschaftsempfänge
noch Restaurants gibt. Die Menschen auf dem Land in Südasien haben noch nie etwas von der Robin Hood-Armee gehört.

Die Aktivisten sind überzeugt, dass es zu einer nachhaltigen Bekämpfung des Hungers auch grundsätzlicher Eingriffe
in bestehende Ungleichheiten und Machtverhältnisse bedarf.
Kein halbwegs vernünftiger Mensch könnte dem Prinzip wi-
dersprechen, dass es besser wäre, den Hunger zu beseitigen,
anstatt die Hungernden zu füttern. Sie bilden sich nicht ein,
mit ihren Aktionen den strukturellen Ursachen von Hunger
und Armut beizukommen. Und trotzdem: Sie engagieren sich
für den Tropfen auf den heißen Stein, weil dieser Tropfen zu
verwirklichen ist, im Gegensatz zu umwälzenden Veränderungen, die ihnen unerreichbar erscheinen.

»Gib dem Hungernden einen Fisch, und er ist für einen Tag
satt; lehre ihn fischen, und er wird immer satt sein«. Lange
Zeit stand dieses Motto hoch im Kurs, in den Augen vieler
heutiger Aktivisten wirkt es ein wenig angestaubt, auf jeden
Fall unrealistisch. Auch in Deutschland. Wer heute Not und
Ungerechtigkeit bekämpft, fordert selten die bestehenden Verhältnisse heraus. Die modernen Heldinnen zivilgesellschaftlichen Engagements halten sich nicht lange mit dem politischen Kontext auf, sondern packen gleich an. Wo früher die
Vorstellung von einer anderen, einer besseren Welt zum Han-

deln motivierte, herrscht heute ein unpolitischer Pragmatismus, der nicht grundsätzlich verändern will, keine Partei ergreifen möchte. Viele Helfer stört es denn auch nicht, wenn sie nur wenig über die Menschen wissen, mit denen sie es zu tun haben. Ihre Hilfe folgt technischen oder formellen Kriterien und erhebt gar nicht erst den Anspruch, in Notleidenden mehr als Objekte einer möglichst effizienten Versorgung zu sehen.

Und die UN-Diplomatin, deren Organisation ein Menschenrecht auf Ernährung propagiert? Wären zu dessen Verwirklichung nicht Eingriffe in die bestehenden weltwirtschaftlichen Strukturen nötig? Studiert man das »Kleingedruckte« der SDG-Agenda 2030, die Passagen, in denen die »means of implementation« (die Mittel zur Umsetzung) ausbuchstabiert werden, gerät man ins Grübeln. Denn die hochgesteckten Ziele sollen nicht über eine gerechtere Verteilung vorhandener Ressourcen verwirklicht werden, sondern allein durch Wirtschaftswachstum. Wobei jedes Land für die benötigten, milliardenschweren Investitionsmittel selber aufkommen muss. Selbstverständlich unter Respektierung aller existierenden internationalen Regeln und Verpflichtungen, die – schaut man nur auf die Freihandelsabkommen – den politischen Handlungsspielraum gerade der ärmeren Länder sehr einschränken. Regeln zur Bekämpfung von Steuerflucht und Korruption sind während der Verhandlungen am Veto mächtiger Industriestaaten gescheitert. Bei der wichtigen Frage des Umgangs mit den Schulden gab es sogar einen Rückschritt. Hieß es in früheren globalen Vereinbarungen noch, dass beide Seiten, die Schuldner wie die Gläubiger, gemeinsam Verantwortung tragen, sind es nun in erster Linie die Schuldner. Wie üppig muss das weltweite Büfett ausfallen, damit genug für alle Hungernden abfällt?

Rasch haben die netten jungen Leute von der Robin Hood-

Armee alle Überreste abgeräumt. Inzwischen ist Ebbe und am Hafen von Karachi stinkt es zum sternenklaren Himmel.

Im Februar 2017 haben wir in Pakistan die Aktivisten der Robin Hood-Armee kennengelernt. Im Oktober 2017 sind wir erst nach Kenia, dann nach Sierra Leone gereist, im Januar 2018 durch Mittelamerika, von Mexiko bis nach Nicaragua. Dazwischen waren wir in Brüssel auf der AidEx, der größten Messe für Hilfsgüter, und in den Büros von deutschen Hilfsorganisationen und Entscheidungsträgern. Wir haben auf vier Kontinenten misslungene wie auch gelungene Ansätze von Hilfe recherchiert. In diesem Buch beschreiben wir sowohl Möglichkeiten der Veränderung wie auch ihre strukturelle Verhinderung. Wir erzählen von Formen solidarischer Praxis, die aufzeigen, dass es auch anders geht.

Seit Jahrzehnten beobachten wir die sozialen und politischen Entwicklungen weltweit, Thomas Gebauer als Geschäftsführer von medico international, einer sozialmedizinischen Hilfsorganisation, von innen, Ilija Trojanow als Schriftsteller von außen. Thomas Gebauer stieß zu medico, als in Mittelamerika revolutionäre Bewegungen einen radikalen Neuanfang zu erkämpfen suchten. Die Idee nationaler Befreiung ist zwar gescheitert, der Widerstand aber wird, wie wir schildern, auf anderen Ebenen weitergeführt. Ilija Trojanow hat lange Jahre in verschiedenen Ländern Afrikas und in Indien gelebt und die dortigen Transformationsprozesse als Publizist begleitet. Thomas Gebauer hat als einer der Initiatoren die »Internationale Kampagne zum Verbot von Landminen« mitorganisiert, die 1997 mit dem Friedensnobelpreis ausgezeichnet wurde. Aus einer Reihe von privaten und öffentlichen Gesprächen heraus entstand die Idee, unsere unterschiedlichen Perspektiven und gemeinsamen Überzeugungen in ein Buch fließen zu lassen, das anhand des Phänomens »Hilfe« sowohl die Gründe für die

Verschärfung der globalen Krisen wie auch mögliche Auswege aufzeigt.

Gegenwärtig herrscht eine merkwürdige Mischung aus Hoffnungslosigkeit und Goldgräberstimmung. Wie der Schriftsteller William Gibson geschrieben hat, ist »die Zukunft schon vorhanden, nur ungleichmäßig verteilt.« Milliarden von Menschen kennen keinen anderen Horizont als ihren täglichen Überlebenskampf, während die global handelnden Eliten überall und in allen Lebensbereichen Chancen der Privatisierung, Wertabschöpfung und Gewinnerhöhung erkennen. Während also den Vielen die Zukunft abhandengekommen ist, schlachten die Privilegierten fette Gänse, die sie nicht selbst gemästet haben.

Die Einsicht in die unerträgliche Ungerechtigkeit der real herrschenden Verhältnisse ist inzwischen weit verbreitet, auch bei uns, die Bereitschaft dagegen zu kämpfen hingegen schwach ausgeprägt. Dieses Buch richtet sich vor allem gegen diesen Missstand.

Wenn Menschen in Not die Initiative ergreifen – das haben wir immer wieder erfahren –, wenn sie sich selbst organisieren, dann scheinen die Grundzüge einer anderen Welt auf, in der Ideen von demokratischer Teilhabe, von Gemeingütern und einer allen zugänglichen, gerechten Daseinsvorsorge verwirklicht sind.

Geben und nehmen

Wohltätigkeit ist die Ersäufung des Rechts im
Mistloch der Gnade.

Johann Heinrich Pestalozzi

Eine alte Parabel erzählt von einem stattlichen Mann, weder
jung noch alt, der eines Tages auf feuchtem Untergrund aus-
rutschte und in einen See fiel. Er schrie sogleich um Hilfe, denn
er konnte nicht schwimmen. Passanten liefen am Ufer zusammen und reckten ihm die Arme entgegen:»Gib uns deine
Hand!«, riefen sie ihm zu. Der Mann aber schrie weiter und
machte keine Anstalten, eine der gereichten Hände zu ergreifen. Bis ein Weiser des Weges kam, ans Ufer trat und sich weit
nach vorn beugte.»Nimm meine Hand, hier, nimm sie!« Worauf der Ertrinkende mit allerletzter Kraft die rettende Hand
umklammerte und ans Ufer gezogen wurde.

Geben ist seliger als nehmen, heißt es in der Apostel-
geschichte. Wer anderen selbstlos zur Seite steht, tut Gutes.
Und wer Gutes tut, wird im Himmel belohnt. Das System, in
dem wir leben, hat uns aber nicht auf geben, sondern auf Ak-
quise und Akkumulation eingeschworen – von Geiz und Gier
ganz zu schweigen –, weswegen selbst ein vom Ertrinken Bedrohter das Geben verweigert. Doch trotz des allherrschenden
Turbokapitalismus, trotz der Ökonomisierung aller Lebens-
bereiche, gilt vielen das Helfen noch als gut: Wer hilft, ist ein
besserer Mensch, eine Gesellschaft, in der viel geholfen wird,
ist eine vermeintlich bessere Gesellschaft.

Geben ist traditionell in allen Kulturen hoch angesehen. Ob im Judentum, im Hinduismus oder im Islam – wer nicht einen festgelegten Teil seines Vermögens unter den Notleidenden und Bedürftigen verteilt, verstößt gegen ein Gottesgebot. Lange Zeit galten Zinsen und Profitgier als des Teufels, Habsucht als Sünde. Der gemeine Mensch hatte sich mit einem bescheidenen Lebensunterhalt zu begnügen. Heute ist diese Sicht auf den Kopf gestellt und das Anhäufen von Vermögen als Ziel allen Wirtschaftens mitunter sogar theologisch legitimiert, etwa bei vielen evangelikalen Gruppierungen. Aber ein Unbehagen am eigenen Wohlstand bleibt bestehen, weswegen erfolgreiche Geschäftsleute und Unternehmer seit Jahrhunderten ihre selbstsüchtigen »Sünden« durch soziale Stiftungen ausgleichen.

Stellvertretend für den schneidenden neuen Wind des Paradigmenwechsels erhob der Ulmer Militärtheoretiker Leonhard Fronsperger 1564 in seinem Werk »Von dem Lob des Eigen Nutzen« den Egoismus zum zentralen und segensreichen Antrieb menschlichen Wirkens. Er war ein Vorläufer des einflussreichen Niederländers Bernard Mandeville, der 1714 in seiner »Bienenfabel« das Laster, die Gier, als den entscheidenden Brennstoff ertragreichen Wirtschaftens und des Gemeinwohls ausmachte (»Das Laster des einen ist das Wohl der vielen.«). Es dauerte eine Weile, bis Adam Smith diese »Einsicht« in die Motive des Menschen mit der Notwendigkeit regulierender ethischer und staatlicher Prinzipien vereinte.

Heute ist Wohltätigkeit der kleinste gemeinsame Nenner sozialen Engagements. 2015 spendeten die Deutschen die Rekordsumme von 7,1 Milliarden Euro, fast sechs Prozent mehr als im Vorjahr. In den USA, dem reichsten Land der Welt, beträgt die Wohltätigkeit seit 1970 etwa zwei Prozent des Bruttosozialprodukts, zuletzt entsprach dies in etwa 300 Milliarden Dollar. Selbst hartgesottene Zyniker werden sentimental bei dem Gedanken an das viele Geld, das für gute Zwecke gesammelt wird, nicht nur zur Weihnachtszeit. Profiteure des real existierenden Finanzkapitalismus treffen sich allmonatlich bei *charity events* und überbieten sich gegenseitig bei Auktionen, deren Erlös einer Kinderhilfe oder Bildungseinrichtung zugutekommt. Spenden, einst religiöse Pflicht, ist zur neoliberalen Kür geworden, mit Aplomb inszeniert und zelebriert.

Das gilt auch für die internationale Hilfe. Kaum jemand zweifelt, dass es ihrer bedarf, wenn auch seit Jahrzehnten eifrig um ihre Verwendung gestritten wird. Um das richtige Maß. Inzwischen hat sich die willkürlich herbeigezauberte Größe von 0,7 Prozent des Bruttonationaleinkommens als hehres Ziel der Entwicklungshilfe etabliert. Einige Staaten, wie zum Beispiel Großbritannien, haben diese Zahl sogar gesetzlich verankert. Doch auch dieses fiskalische Versprechen ist doppelgesichtig: nicht nur von der vielzitierten »moralischen Verantwortung« gegenüber den ärmsten Ländern bestimmt – jeder Politiker muss vor seinen Wählerinnen und Wählern schließlich Herz zeigen –, sondern auch von der Überzeugung, dass gezielte Hilfe im aufgeklärten Eigeninteresse der reichen Länder liegt, weil im 21. Jahrhundert Handel, Sicherheit, Armutsbekämpfung und globale Stabilität eng miteinander verwoben sind.

Seit es organisierte Hilfe gibt, wird sie für eigennützige Zwecke instrumentalisiert. Friedrich von Bodelschwingh, Gründer der Bethel-Stiftungen, des größten diakonischen Unternehmens in Europa, hat unverblümter als viele andere zum Ausdruck gebracht, wie sehr jedes karitative Werk sozialpolitische und staatstragende Aufgaben erfüllt. In einem Brief an den preußischen Kronprinzen aus dem Jahre 1885 schrieb er:»Gelingt es, dass in dreißig bis vierzig Jahren jeder fleißige Fabrikarbeiter vor seiner eigenen Hütte unter seinem eigenen Apfelbaum umgeben von seiner Familie sein Abendbrot essen kann, dann ist die Sozialdemokratie tot, und der Thron der Hohenzollern ist auf Jahrhunderte gesichert.«

Aus solchen Überlegungen heraus stellt der »Westen« jährlich etwa 135 Milliarden Dollar als »offizielle Entwicklungshilfe« bereit. In den letzten fünfzig Jahren kam eine Summe von etwa fünf Billionen Dollar zusammen. Das klingt nach viel Geld – bis man den Betrag mit anderen Ausgaben vergleicht: Allein die Kriege in Irak und Afghanistan haben die USA nach seriösen Schätzungen eine ähnlich hohe Summe gekostet. Die Finanzkrise von 2008 hat nach einer Studie der Asiatischen Entwicklungsbank weltweit Vermögenswerte im Umfang von 50 Billionen Dollar vernichtet. Und die Subventionen der Landwirtschaft in den Industrieländern des Nordens fallen doppelt so hoch aus – jährlich! Der Etat des Bundesministeriums für wirtschaftliche Zusammenarbeit und Entwicklung betrug zuletzt 8,5 Milliarden Euro, die Rüstungsexporte beliefen sich auf 6,2 Milliarden Euro und die Ausgaben des Verteidigungsministeriums auf 37 Milliarden Euro (2017).

Nicht nur sind die Beträge für Entwicklungshilfe, über die so eifrig diskutiert wird, bescheiden, sie verblassen zudem, wenn man sie in Beziehung setzt zu anderen Geldflüssen. Die OECD schätzt, dass arme Staaten dreimal mehr durch Steuerhinterziehung verlieren (ein Kapitalfluss, der nach dem Gesetz der Finanzgravitation von den ärmeren in die reicheren Staaten strömt), als sie Entwicklungshilfe erhalten. Würden wir also die Steueroasen schließen, wäre den armen Ländern viel mehr geholfen.

Denn trotz des staatlichen und privaten Hilfsaufgebots ist es nicht gelungen, den Hunger zu beseitigen, die extreme Armut zu überwinden. Laut dem aktuellen Bericht der »Ernährungs- und Landwirtschaftsorganisation der Vereinten Nationen« (FAO) hungern über 800 Millionen Menschen, mehr als jeder Zehnte, und die soziale Schere geht in fast allen Staaten kontinuierlich weiter auseinander.

Krise als Normalfall

Krise ist längst ein Synonym für die gegenwärtige Normalität geworden. Ihre Ausmaße sind inzwischen so dramatisch, dass der Bedarf an Hilfe die zur Verfügung stehenden Hilfsmittel übersteigt. Das haben sowohl UN-Organisationen wie auch die Bundesregierung eingestehen müssen. Offensichtlich leidet die Welt nicht an zu wenig Hilfe, sondern an Verhältnissen, die immer mehr Hilfe notwendig machen. Die Nothilfe, jene spezifische Form der Unterstützung in und nach Katastrophen, ist zum paradigmatischen Ausdruck einer Hilfe geworden, die zwar Leben retten, aber nicht mehr verbessern kann.

Es sei gut und richtig, einem Obdachlosen ein Bett für die Nacht zu geben, schreibt Bertolt Brecht in seinem Gedicht »Die Nachtlager«, allerdings werde »die Welt dadurch nicht anders / Die Beziehungen zwischen den Menschen bessern sich nicht / Das Zeitalter der Ausbeutung wird dadurch nicht verkürzt / Aber einige Männer haben ein Nachtlager / Der Wind wird von ihnen eine Nacht lang abgehalten / Der ihnen zugedachte Schnee fällt auf die Straße.« Bei der Vorstellung, dass Obdachlose andernfalls auf eisiger Straße schlafen müssten, wird wohl niemand eine solche Hilfe kritisieren wollen, zumal sie in der Realität oft von aufopferungsvollen Idealisten geleistet wird. Und doch muss immer wieder die Frage gestellt werden, wieso die gewährte Hilfe systematisch unzureichend ist, wieso sie, um im Duktus des Gedichts zu bleiben, die Obdachlosigkeit nicht abschafft.

Der Brecht-Schüler Heiner Müller äußerte einmal, er gebe einem Bettler nie Almosen, denn er möchte, dass dieser sich aus Not gegen die Verhältnisse auflehne. Das Dilemma kennen alle: geben oder nicht geben, helfen oder nicht helfen? Aus schlechtem Gewissen, Anstand oder einem unbestimmten

Bauchgefühl werfen wir etwas in die Bettlerschale, ahnen aber zugleich, dass wir mit diesem barmherzigen Akt weder an der persönlichen Notlage noch an den Zuständen etwas ändern werden. Wer hilft, kann sich über die Scham, die wir angesichts von Katastrophen und Massenelend empfinden, hinwegtrösten. Eine Welt, die in Reiche und Arme, in Mächtige und Ohnmächtige, in Privilegierte und Ausgeschlossene gespalten ist, empört; eine Welt von Helfern und Hilfsbedürftigen wirkt dagegen fast versöhnlich. Menschen in Bedrängnis beizustehen ist ein universeller ethischer Grundsatz. Jesus solidarisierte sich mit den hungrigen, durstigen, nackten, fremden, kranken und inhaftierten Menschen. Doch trägt Hilfe, indem sie Not und Unfreiheit nur mildert, abfedert, auch dazu bei, die gesellschaftlichen Verhältnisse und somit jene eklatante Bedürftigkeit, die unsere Empathie anspricht, zu perpetuieren. Was ist, wenn Unterstützung von außen das Überleben der Bedürftigen sichert, eine wirklich bessere Zukunft für sie aber verhindert? Könnte Hilfe an sich das Problem sein, indem sie die Ursachen für ihre fortwährende Notwendigkeit eifrig nährt? Mit anderen Worten: Was ist eine Hilfe wert, die nicht das übergeordnete Ziel verfolgt, sich selbst überflüssig zu machen?

Hilfsbereitschaft ist ein sympathischer menschlicher Impuls; Wohltätigkeit ein zweischneidiges Schwert. Der Philosoph Zygmunt Bauman hat das wohltätige Geben mit dem Karneval verglichen: Die bestehenden Verhältnisse werden durch eine begrenzte Umkehrung aller Normen bestätigt. »Heute tun wir mal etwas Gutes«, hat der damalige Kanzler Helmut Kohl gönnerhaft gesagt, als er am ersten bundesdeutschen »Afrikatag« Mitte der 1980er Jahre vor laufenden Kameras einen Geldschein in eine Spendenbüchse steckte. Tatsächlich besteht im wohlhabenden Teil der auf Konkurrenz und Eigennutz ausgerichteten

Welt die Tendenz, Mitleid und Nächstenliebe an besondere
Situationen zu binden, um damit ihr Nichtvorhandensein im
täglichen Leben zu kompensieren. Die punktuelle »gute Tat«
tröstet über den dauerhaften Mangel an Gerechtigkeit hinweg.
Hilfe versteht sich meist als politisch neutral, teilweise ge-
stützt auf solide pragmatische Argumente (ansonsten wäre
kein Wirken möglich). Doch Helfen ist niemals ein unpolitischer Akt, Hilfe ist stets Einmischung, ob zum Guten oder zum
Schlechten. Insofern ist weder Neutralität noch vornehme Distanz möglich. Wer hilft, ob im Privaten oder in internationalen
Beziehungen, will meist etwas damit bezwecken.

Auch die superphilanthropischen Stiftungen unserer Zeit
(Bill & Melinda Gates, Kellogg, Rockefeller u. a.) nehmen Einfluss auf politische Entscheidungen. Sie platzieren Themen, die
ihnen wichtig sind, auf der Agenda internationaler Institutionen, und sie setzen ihre Vorstellungen durch, welche Probleme
wie angegangen werden. Solche übergestülpte Hilfe etabliert
Hierarchien, festigt Herrschaft und lähmt soziale Bewegungen. Aus Aktivisten werden Subunternehmer, die ihre Haltungen und Positionen an die Vorgaben der Geldgeber anpassen
müssen, um eine Förderung zu erhalten. Diese müssen nicht
immer ausgesprochen sein; viele werden implizit und unreflek-
tiert von Helfern weitergegeben. Immer wieder hörten wir auf
unseren Recherchereisen die Klage, das Setzen einer Agenda
sei »ein Kontrollinstrument«. Denn der Geber nehme sich das
Recht heraus, wesentliche Entscheidungen »zugunsten« des
Hilfsbedürftigen zu treffen, Mitbestimmung oder gar Autonomie seien nicht vorgesehen. Viel zu oft gelten Menschen vor
Ort als bloße Zielgruppen einer von außen kommenden Hilfe.

Das Dilemma der Hilfe

Obwohl wir uns mit vielen der Themen in diesem Buch schon lange beschäftigen, haben wir im Laufe unserer Recherche vieles neu erkannt und besser begriffen. Die Distanz zwischen den Privilegierten und den Notleidenden ist trotz einer globalisierten Welt weiterhin gigantisch. Niemand kann ernsthaft dafür plädieren, Hilfe in Bausch und Bogen zu verurteilen und abzuschaffen, aber ein kritischer Hilfsbegriff tut not. Die Welt ist voller Projekte, die einen Missstand bekämpfen, eine Beschädigung zu heilen versuchen. Viele Hilfsangebote, die uns auf unseren Reisen begegnet sind, offenbaren das grundlegende Dilemma: Einem Missstand wird mit einem vorübergehenden Nachtlager begegnet, nicht mit einer grundsätzlichen Lösung, die Obdachlosigkeit verhindern würde. Das verdankt sich auch einer systematischen Leerstelle – auf fast allen Entscheidungsebenen fehlt die Perspektive derjenigen, um die es geht, Menschen, die um ihr Überleben kämpfen, die auf der Flucht sind, die für Veränderungen streiten. Für diese Milliarden von Menschen bildet nicht der Fortschritt, sondern das Leiden das Kontinuum ihrer Geschichte. Ihre Hoffnungen und Sehnsüchte speisen sich nicht aus einem abstrakten Ideal, sondern aus schmerzlichen Erfahrungen und dem Aufbegehren gegen das erlittene Unrecht.

Ihre Stimme zu hören, sie wirklich in den Blick zu nehmen, ist Voraussetzung für eine Überwindung der vielfältigen Krisen der Gegenwart. Die zutiefst menschliche Fähigkeit zur Empathie kann nur wirksam werden, wenn wir die Menschen hinter den abstrakten Zahlen zu Gesicht bekommen. Denn die in unserem System »Überflüssigen« sind zumeist unsichtbar.

Die Politik reagiert erstaunt auf Krisen, die sie selber zu verantworten hat, die Öffentlichkeit reagiert erstaunt auf Katastrophen, deren Anzeichen sie geflissentlich übersehen hat. Wir zeigen in diesem Buch auf, wie die strukturellen Fehler der Politik die Krise verstärken. Und wie die zuständigen Organisationen, seien es die Vereinten Nationen, die NGOs, die Militärs, die Wissenschaftler, die Verbände aufgefordert werden, Lösungen zu erarbeiten, die in ihrer Unzulänglichkeit das Fortbestehen der Krise sichern. Diese »fatalen Strategien« behandeln wir in dem vorletzten Kapitel.

Unsere Kritik ist absichtlich zugespitzt. Nur so lässt sich der ritualisierte Umgang mit der Krise erschüttern. Wir wollen nicht die Hilfe und schon gar nicht die Helfer verunglimpfen, denn in Zeiten gesellschaftlicher Atomisierung ist Solidarität ein rares Gut, das es zu verteidigen, aber auch zu stärken gilt.

Allen geschilderten Projekten ist gemeinsam, dass sie Minilösungen anbieten in einer Welt zunehmender, multikausaler Krisen. Deswegen beenden wir dieses Buch mit einem Kapitel, das Auswege vorschlägt, die geeignet wären, Hilfe zu überwinden. Wenn die Menschenrechte einen Sinn haben sollen, müssen sie universell und absolut gelten. Sie fordern uns auf, die Verhältnisse grundsätzlich so zu verändern, dass alle Menschen ein würdiges Leben verwirklichen können.

Was wir vorschlagen, steht der herrschenden neoliberalen Ideologie diametral entgegen. Wenn heutzutage eifrig an das solidarische Handeln appelliert wird, ist nicht eine gerechte Umgestaltung der Gesellschaft gemeint, sondern eine Privatisierung von Verantwortung: Freiwilliges Bürgerengagement soll die verlässlichen sozialen Strukturen ersetzen. Wenn von Eigenverantwortlichkeit gesprochen wird, ist die »Befreiung« des Menschen aus seiner sozialen Verantwortung gemeint. Wenn Resilienz, die Fähigkeit, Krisen mit Hilfe persönlicher Ressourcen zu überwinden und daran zu wachsen, als neue Wunderwaffe gegen kommende Katastrophen beschworen wird, dann entspricht dies der Ausgabe von Gasmasken, anstatt das Giftgas zu vernichten.

In letzter Zeit hat eine Reihe renommierter Autoren anhand von Statistiken zu Lebenserwartung, Kindersterblichkeit, individuellem Einkommen u. ä. zu beweisen versucht, dass die Verhältnisse immer besser werden. Abgesehen von der berechtigten Skepsis, ob das Wohlergehen von Menschen auf diese Weise überhaupt messbar ist – was ist mit den vielfältigen, nichtmonetären Versorgungsstrukturen, mit all den Ausprägungen ideellen Wohlstands? – werden weitere zentrale Fragen ignoriert: Ist diese Verbesserung nicht auf Kosten gewaltiger ökologischer Verwüstungen erfolgt und hätten die enormen technologischen Fortschritte der Menschheit innerhalb der letzten zwei Jahrhunderte nicht ganz andere soziale Errungenschaften ermöglichen können? Blicken wir also nicht nur auf das, was wir erzielt haben, sondern auch auf das, was wir hätten erreichen können. Solange nämlich ein Teil der Menschheit dahinvegetiert, lautet die einzig moralisch relevante Frage: Gibt es sinnvolle Alternativen? Wenn ja, dann haben wir eine Verpflichtung, die Krise radikal zu bekämpfen. Damit wäre (fast) allen am meisten geholfen.

Katastrophale Chancen. Pakistan

Das Wasser stieg an, über Ufer und Deiche, es verschlang Felder und Straßen, es riss Dörfer nieder, es schwemmte alles hinweg. Die Menschen wurden überrascht von den Fluten, manche ertranken, manche retteten sich in ein höher gelegenes Schulgebäude oder Krankenhaus. Dort harrten sie aus, bis sie irgendwann zu dem Flecken Erde zurückkehren konnten, wo einst ihr Dorf gestanden hatte.

Das geschah im August 2010 in Pakistan entlang des Indus.

Das Feuer griff um sich. Die Arbeiter versuchten, durch die Türen nach draußen zu gelangen, doch die Türen waren von außen verschlossen (angeblich, um Diebstahl zu verhindern). Sie versuchten, durch die Fenster zu fliehen, doch die Fenster waren vergittert. Einige konnten sich retten. Alle anderen erstickten, bevor sie verbrannten. 259 Menschen starben, der tödlichste industrielle Brand der Geschichte.

Das geschah im September 2012 in Karachi, in einem Stadtteil namens Baldia.

Wasser und Feuer. Eine Überflutung und ein Brand. Eine Naturkatastrophe und ein Verbrechen. Unzählige Tote. Extreme Notfälle. Was geschah in der Folge? Wie reagierte das »Schwellenland« Pakistan, wie die internationale Gemeinschaft auf diese tragischen Ereignisse? Und wie die Menschen vor Ort? Welche Hilfe wurde geleistet, mit welchen Folgen? Inwieweit wurde die Katastrophe zum Anlass genommen, etwas Grundsätzliches zu ändern? »Nie wieder« lautet das gängige Mantra moralischer Empörung. Doch was ist konkret geschehen, um eine Wiederholung solcher Unglücke zu verhindern?

In einem Stadtteil von Karachi, noch vor 150 Jahren ein beschauliches Fischerdorf, innerhalb der letzten fünfzig Jahre um mehr als zehn Millionen Einwohner gewachsen und heute ein Moloch ohne öffentliche Verkehrsmittel, reihen sich Textilfabriken aneinander – mehr als zehntausend. Eine von ihnen ist die zehn Jahre alte *Denim Clothing Factory*, in der Jeans, Hosen und Röcke hergestellt werden (»alles unterhalb der Taille«, sagt der Manager mit entsprechender Handbewegung). In einer gigantischen Halle von sechstausend Quadratmetern produzieren an die zehntausend Arbeiter für die deutsche Fußgängerzone: H&M, GAP, Zara und Tom Taylor, täglich 70 000 Stück, und an jedem fertigen Kleidungsteil hängt ein Schild, das den Preis schon in Euro ausweist: »€ 19,90«. Der Mindestlohn beträgt monatlich umgerechnet etwa 125 Euro, wird aber selten gezahlt (»eher ein Privileg, das man sich durch jahrelange Arbeit verdient«, erklärt ein Arbeiter).»Andere Länder sitzen uns im Nacken. Wenn wir allen den Mindestlohn zahlen würden, könnten wir wegen der ständigen Preisdrückerei der Auftraggeber nicht mehr konkurrieren«, sagt der Manager und führt stolz durch seinen Betrieb.

Eine Hose besteht aus siebzehn bis zwanzig Teilen. »Komplex«, sagt der Manager. Spezielle Maschinen sind nötig, um den international begehrten Trash-Look auf die Jeanshöschen zu zaubern. »Sehr komplex«, sagt der Manager. Das halbzerrissene Produkt unterliegt strengen Qualitätskontrollen. H&M unterhält zu diesem Zweck ein »liaison office« in Karachi. Jedes Produkt wird untersucht, ob es nicht vielleicht Metallspitzen enthält, denn die Nadeln brechen gelegentlich ab und bleiben im Stoff hängen. Für 19,90 € erwirbt der Kunde neben der Hose auch einen Anspruch darauf, sich nicht pieksen zu lassen.

Qualitätskontrollen zugunsten der Arbeitenden sind weitaus weniger streng. In der *Denim Clothing Factory* leuchtet das Licht hell, die Luft lässt sich atmen, doch neunzig Prozent der Angestellten haben keinen festen Arbeitsvertrag, genießen keinerlei soziale Sicherheit, könnten sich selbst dann nur schwer gewerkschaftlich organisieren, wenn die Eigentümer es nicht verhindern würden. Sie haben keine Identität, sie haben keine Rechte, sie können nicht vor Gericht ziehen, sie existieren nur aufgrund der Tatsache ihrer Ausbeutung, ansonsten sind sie unsichtbar. Ein legalisiertes System der Rechtlosigkeit, in dem Gesetze an fehlender Implementierung leiden und Bürgerrechte an einem Parcours kaum überwindbarer bürokratischer Hürden zerrieben werden. Allein eine neugegründete Gewerkschaft zu registrieren dauert bis zu eineinhalb Jahren. Die Arbeitgeber erhalten vom zuständigen Ministerium eine Liste der Arbeiter, die sich organisieren wollen, quasi als negatives Empfehlungsschreiben. Es fällt zudem eine Gebühr von knapp tausend Euro an, und zwar pro Fabrik. Die Unternehmen verfügen über eifrige Rechtsanwälte, die Arbeiter über wacklige Rechtsansprüche.

Wer die Rechtlosigkeit bekämpft, landet erst recht in der Rechtlosigkeit. Wenn eine Gewerkschaft erfolgreich zu wirken beginnt, werden paramilitärische »Eliteeinheiten« namens *Rangers* auf den Plan gerufen. Arbeitsrechtlicher Widerstand zieht schnell den Vorwurf des Terrorismus nach sich: Vierzehn gewerkschaftlich aktive Textilarbeiter in Faisalbad wurden zu 490 Jahren Haft verurteilt und erst nach fünf Jahren gegen Zahlung von 2,4 Mio. Rupien (ca. 19 000 Euro) entlassen. In Karachi wurden zwölf Arbeiter nach einem zweijährigen Prozess, währenddessen sie keiner Beschäftigung nachgehen konnten, freigesprochen. »Wir werden dich kriegen«, lautet eine beliebte Drohung, berichten Gewerkschafter, »danach bist du nur noch ein Name auf der Liste der vermissten Personen.

Eines Tages wird deine Leiche auf die Straße geworfen, und deine Familie meldet das nicht einmal, weil sie Angst hat.« Das Individuum bleibt auch nach seinem Tod ausgelöscht. Das war im September 2012 bei dem Brand der Textilfabrik nicht anders. In Ermangelung einer Angestelltenliste dauerte es Wochen, die Leichen des Brands zu identifizieren. Das Fabrikgebäude der *Ali Enterprises* ist gut angeschlossen an die Hub River Road, eine der Verkehrsadern Karachis. Die Zufahrt erfolgt durch ein gewaltiges Slumgebiet, in dem sich nach der »Partition«, der Abspaltung Pakistans im Jahre 1947, überwiegend Zuwanderer aus dem heutigen Indien angesiedelt haben, arme und ungebildete Landarbeiter, während die gewerkschaftlich organisierten städtischen Arbeiter, mehrheitlich Hindus, nach Indien ausgewandert sind. Unendlich viele hässliche Nutzbauten, grau in grau; allein die riesigen Pepsi-Werbungen bringen Farbe in die Eintönigkeit.

Wer am Ort des Brands einen locus horribilis erwartet, wird enttäuscht. Das Fabrikgebäude wirkt eher banal. Ein verlassener Bau mit Brandspuren an den Außenwänden, der keine offensichtliche Geschichte erzählt. Kein Andenken ist sichtbar außer einem verwelkten Blumenstrauß vor dem abgesperrten Gittertor. Erst das Gespräch mit Hinterbliebenen ermöglicht eine Vorstellung davon, was geschah … wie der 25-jährige Ejaz Ahmed aufgeregte Schreie hörte, wie das Feuer im Nu eine hölzerne Zwischenebene erfasste, auf der vierzig Frauen mit Verzierungsarbeiten beschäftigt waren, wie der Strom ausfiel und in der Dunkelheit Rauch und verzweifelte Desorientierung herrschten. Wo sind die Türen? Wo die Treppen? Die meisten Arbeiter fielen in Ohnmacht. Ejaz muss sich in der Massenpanik einen Weg zur ersten Treppenstufe gebahnt haben. Dort wurde er gefunden. Seine Mutter Saida stand schon eine halbe Stunde nach Ausbruch des Feuers vor der Fabrik, inmitten von Polizei und Einheiten der *Rangers*; die Mutter war weitaus schneller vor Ort als die Feuerwehr. Die Hitze war unfassbar intensiv, selbst außerhalb des Gebäudes, niemand konnte hineingehen. Sie versuchte es trotzdem, wurde aber von den Polizisten daran gehindert, während sie nach ihrem Kind schrie, immer wieder, nach ihrem Sohn. Sie musste mit ansehen, wie eins der Gitterfenster aufgebrochen wurde und einige Verzweifelte hinaussprangen (manche der Frauen hatten ihre Salwars zu Seilen verknotet). Jemand fuhr mit einem Bulldozer heran und wollte eine Außenwand aufbrechen, damit die Feuerwehrleute hineinkämen, doch er wurde von der Polizei gestoppt, weil angeblich die Gefahr bestand, dass das ganze Gebäude zusammenfallen könnte. Das Feuer brannte drei Tage lang.

Es hatte davor mehrere kleinere Feuer gegeben, zuletzt fünfzehn Monate vorher, bei denen die Fabrikmanager zunächst erfolgreich die Ware gerettet hatten. Es waren keine Feuerlöscher vorhanden, oder sie funktionierten nicht. Kein einziges Mal war geübt worden, was im Notfall zu tun wäre. Eine italienische Firma hatte ein Gutachten verfasst und noch zwei Monate vor dem Feuer das hochkarätige SA-8000-Zertifikat ausgestellt, das unter anderem einen adäquaten Flucht- und Rettungsplan voraussetzt. Doch zum Zeitpunkt des Unglücks waren, bis auf einen, alle Notausgänge verriegelt. Diese vermeidbare Katastrophe hatte sich von langer Hand abgezeichnet.

Mütter wie Saida, Väter wie Abdul Aziz, Brüder wie Mohammad irrten die ganze Nacht von einem Krankenhaus zum nächsten, auf der Suche nach ihren Angehörigen. Saida zählt die verschiedenen Krankenhäuser wie Posten entlang eines Höllenpfads auf: Civil Hospital, Abbas Hospital, Jinnah Hospital. Leichenhaus. Nach zehn Stunden erfuhr sie um vier Uhr in der Früh, dass ihr Sohn tot sei. Abdul Aziz hat den Leichnam seines Sohns erst am nächsten Tag um zehn Uhr erhalten. Er war einer von vierzig Toten im Keller gewesen; als man ihn fand, hielt er sich immer noch den Teller vors Gesicht, mit dem er sich zu schützen versucht hatte. Es war Zahltag, daher befanden sich besonders viele Arbeiter in der Fabrik. Am frühen Nachmittag hatte Ejaz seinen Vater angerufen, um ihm mitzuteilen, dass ihm das Gehalt nicht ausgezahlt worden sei, weswegen er eine zweite Schicht anhängen müsse. Das geschah oft, die Arbeiter wurden mehrere Tage hingehalten und in der Zwischenzeit erpresst, mehr zu arbeiten. Vielen Angehörigen wurden nur einzelne Körperteile überreicht, manchen nicht mehr als eine Halskette. Einige der Arbeiter wurden zum ersten Mal in ihrem Leben registriert. Als Leichen. Namen wurden erfasst, Dokumente ausgefüllt, wegen des öffentlichen Drucks zahlte der Staat fünf Jahre lang Rente an die Hinterbliebenen. Mit den Eigentümern hingegen gab es keinen Kontakt, fand kein einziges Treffen statt. Keine Entschuldigung, keine Beileidsbekundung. Mohammed beschloss, mit anderen zusammen eine Vereinigung zu gründen, ein Komitee, um gemeinsam zu trauern, aber auch dafür zu kämpfen, dass so etwas nie wieder geschieht. Achtzehn Monate blieben sie allein mit ihrem Schmerz und ihrer Wut, bis der Gewerkschaftsverband National Trade Union Federation (NTUF) begann, die Hinterbliebenen zu organisieren, um eine Klage vor dem High Court in Karachi vorzubereiten.

An diesem Punkt wird aus der lokalen Tragödie ein paradigmatisches globales Drama, denn der mit Abstand größte Auftraggeber (de facto der entscheidende Kunde) von *Ali Enterprises* war der deutsche Textil-Discounter kik. Wer kik nicht kennt, der muss sich einen Billigflohmarkt für neue Waren vorstellen (was mehr als € 9,99 kostet, gilt als teuer). In einer Branche, in der um jeden Cent gefeilscht wird, muss ein Unternehmen, dessen einzige Qualität das Sonderangebot ist, preislich den allerletzten Tropfen herauspressen. Es lohnt sich, einen der Läden von kik aufzusuchen, hier kaufen Menschen ein, die von Hartz IV abhängen oder für Mindestlohn arbeiten, weil sie sich zum Schutz gegen die soziale Kälte in erschwingliche Kleidung hüllen können; Besserverdiener können in den trostlosen und nach Chemie riechenden Gängen erfahren, wie die billige Illusion verkauft wird, auch die Armen partizipierten an unserer Konsumgesellschaft.

Natürlich wies kik jegliche Schuld weit von sich, doch nach einigen Jahren juristischer Schachzüge und politischer Schattenspiele, nach einer bemerkenswerten öffentlichen Kampagne, erklärte sich das Unternehmen schließlich bereit – natürlich ohne Schuldeingeständnis –, eine Entschädigung von gut fünf Millionen Euro zu zahlen, die zunächst treuhänderisch an die Internationale Arbeitsorganisation (ILO) überwiesen wurde. Man könnte dies als Erfolg für den federführenden Menschenrechtsanwalt Faisal Siddiqi werten, einem ebenso gebildeten wie eloquenten Juristen, würde dieser nicht selbst eine Bilanz des Scheiterns ziehen.

»Das ist einerseits viel Geld – für die Überlebenden der Trost einer sozialen Absicherung –, andererseits aber auch zu wenig. Denn an den Verhältnissen hat sich nichts geändert. Es ist einfacher, eine einmalige Entschädigung auszufechten als eine grundsätzliche Veränderung der Produktionsbedingungen. Dieser Fall zeigte uns die Grenzen auf. Wir haben es nicht geschafft, Haftung, Rechenschaftspflicht sowie strukturelle Anpassungen oder gar neue Gesetze und ein funktionierendes Inspektionssystem durchzusetzen. Was wir erreicht haben, wirkt sich nicht auf die restliche Textilbranche aus, das sind in Pakistan immerhin fünfzehn Millionen Arbeiter. Im Nachhinein ist klar, dass es ein Fehler war, uns auf die Kompensationszahlung zu konzentrieren. Wir hätten von Anfang an um Menschenrechte kämpfen sollen, aber mächtige Geschäftsinteressen standen dagegen, sie wollten das Problem mit Geld lösen, nicht durch Änderungen der Gesetze und Vorschriften.«

Während Faisal Siddiqi die Details dieses Falles ausbreitet,

auf der Terrasse seines Hauses an einem lauen Abend, wird
klar, dass auch Entschädigung ein Instrument sein kann, den
Status quo zu zementieren. Die Großzügigkeit bei individuel-
ler oder punktueller Unterstützung dient der Beruhigung der
Geister, der Entschärfung sozialer Spannungen. Weiterhin
führen Gewerkschafter in Pakistan einen fast aussichtslosen
Kampf gegen die allmächtigen Fabrikeigentümer, die mit der
Politik und der Armee eng vernetzt sind, weiterhin erfolgen
amtliche Sicherheitskontrollen nur pro forma. Und die Auftraggeber aus Deutschland, Spanien, Schweden und England
drücken weiterhin die Preise. An den grundsätzlichen Verhältnissen massiver Ausbeutung und Erniedrigung hat sich nichts
geändert.

»Es reicht nicht«, resümiert Faisal Siddiqi, »Arbeitskämpfe
gerichtlich klären zu wollen. Der Gerichtsfall erfasst stets nur
das einzelne Opfer, das schränkt die Auswirkung von vorn-
herein ein. Keine einzige Fabrik musste nach dem Brand
schließen. Kik hat bezahlt, aber kein einziger unserer lokalen
Kapitalisten. Niemand kann den Familien, die das Textilwesen,
den Bergbau, die Bauwirtschaft dominieren, etwas anhaben,
die haben mehr Macht als der Staat und die Armee. Das ist die
Situation in einem entschieden neoliberalen Staat. Wir sollten
das Recht nicht überbewerten. Es taugt manchmal als Chemo-
therapie, aber es heilt niemals den Krebs.«

Angesichts dieser – auf absehbare Zeit kaum zu ändern-
den – Zustände in Pakistan, liegt es nahe, nach dem möglichen
Einfluss der Konsumenten zu fragen. Hilfe durch bewussten
Konsum ist eine oft angepriesene Option. Gibt nicht der freie
Markt den Käufern die nötigen Druckmittel, Blutwäsche zu
boykottieren? Leider erweist es sich als fast unmöglich, hundertprozentig fair produzierte Kleidung zu finden. In der Tex-
tilwelt gilt uneingeschränkt Adornos Satz, dass es kein richtiges
Leben im falschen geben könne. Das liegt daran, dass die Be-

stellungen meist über Agenten abgewickelt werden, die Produktionskette folglich in vielen verschiedenen Händen liegt. Zudem wird, trotz aller Bekenntnisse zu menschenwürdigen Standards der Arbeitsbedingungen, ein Billigwettlauf unter den Unternehmen geführt. Wem Pakistan zu teuer wird, der weicht nach Myanmar aus, dort entsteht nach Aufhebung der EU-Sanktionen ein Produktionsparadies, in dem der (nicht immer bezahlte) Mindestlohn 2,50 Euro pro Tag beträgt. Nachhaltigkeitslabel sagen wenig aus. »Hundertprozentig fair« verspricht das Blaue vom Himmel, samt Absolution. Bislang ist kein einziges Textilprodukt mit dem »Blauen Engel« ausgezeichnet worden. Deswegen begnügen sich Fairhandelsaktivisten damit, die »progressiveren« Unternehmen zu benennen, jene, die sich zumindest bemühen, die Arbeitsbedingungen zu verbessern. Alles andere ist Augenwischerei.

Selbst teure Kleidung liefert keine Garantie für bessere Arbeitsbedingungen. Oft werden Luxusmarken in denselben Fabriken produziert wie die Billigware (etwa in der im April 2013 eingestürzten Rana-Plaza-Fabrik in Bangladesch, wo mehr als 1100 Menschen starben). Bei teureren Marken fließen die zusätzlichen Einnahmen selten in höhere Löhne oder sicherere Arbeitsbedingungen, sondern in größere Werbebudgets. Trotzdem, wer ein T-Shirt für fünf Euro kauft, sollte wissen, dass er der Umwelt und anderen Menschen Schaden zufügt.

In der Textilbranche fallen die ökologischen Kriterien meist strenger aus als die sozialen Anforderungen. Manche Siegel zeichnen zuverlässig Kleidung aus Biobaumwolle oder recyceltem Material aus. H&M ist zwar einer der weltweit größten Abnehmer von Biobaumwolle, lässt aber ohne Berücksichtigung grundlegender Sozialstandards in Bangladesch nähen, wo meist katastrophale Arbeitsbedingungen herrschen. H&M wurde vor einigen Jahren von zwei schwedischen Autoren in ihrem Buch »Modesklaven« wegen der Zustände bei den Zulieferern in Myanmar kritisiert. Die beiden Journalisten hatten recherchiert, wer den Preis für die günstige Ware des Unternehmens zahlt: burmesische Mädchen, die bis zu vierzehn Stunden am Tag schuften mussten. H&M berief sich darauf, dass es in Myanmar erlaubt sei, Kinder ab 14 Jahren in Fabriken arbeiten zu lassen. Mit anderen Worten: Wir passen unsere Moral stets den örtlichen Gepflogenheiten an. Wie viele andere Unternehmen auch, beruft sich H&M regelmäßig auf seinen Verhaltenskodex. Kinderarbeit sei »total inakzeptabel«. Man habe »keine Anzeichen« dafür, dass Arbeiterinnen unter dem gesetzlich zulässigen Alter beschäftigt worden seien. Überstunden seien eine »weitverbreitete Herausforderung«. Es ist dubios, wenn der Mächtigste in einer Kette, bestünde sie aus Befehlen oder Waren, seine Hände in Unschuld wäscht.

Es wäre allzu billig, kik allein den schwarzen Peter zuzuschieben, würde das Unternehmen sich nicht selbst diskreditieren, indem es eine Berliner Lobbyfirma beauftragt hat, Sand in die Augen der Öffentlichkeit zu streuen. Und die macht ihren Job: Jede Tatsachenbehauptung wird bestritten, jedem Nachweis wird, wie beim Völkerball, ausgewichen, um gleich eine neue aus der Luft gegriffene Behauptung aufzustellen, wie wir, die Autoren dieses Buches, in einer ausführlichen Korrespondenz mit einer Mitarbeiterin erfahren durften. Das gipfelte in der Behauptung, der Brand sei die Folge einer terroristischen Attacke, eine Schutzbehauptung, die nicht nur jeglichen Belegs entbehrte, sondern zuerst von der pakistanischen Armee mit mehrjähriger Verspätung aufgestellt worden war, um ganz andere innenpolitische Rechnungen zu begleichen. »Terrorismus« ist heutzutage ein magisches Wort, das Sesam-schließe-dich unserer Epoche – einmal ausgesprochen, wagt kaum jemand mehr nachzuhaken.

Bei der Kleidung, nach dem Essen unser wichtigstes materielles Bedürfnis, greift die oft propagierte Lösung des ethischen

Konsums ins Leere. Das wissen die Unternehmen, weswegen sich ihre Vertreter gerne auf den Standpunkt zurückziehen, ihnen seien die Hände gebunden, man habe zu wenig Einfluss, so sei nun mal das System. Auch persönliche Schuld kann outgesourct werden: die Korruption in Pakistan, die Gewalt in Myanmar, die Schlamperei in Bangladesch. Oder man bucht gleich die ethische Pauschalentschuldigung: Im globalisierten Kapitalismus seien alle mitschuldig, ergo niemand, ergo kann sich leider nichts ändern. Solange die tröstliche Überzeugung vorherrscht, dass alle Schuld tragen, fühlt sich kaum einer persönlich aufgefordert, sein Verhalten zu ändern.

Das Problem ist grundsätzlicher. Konsum ist in wohlhabenden Ländern und Kreisen das wichtigste Stimulans von Glück. Weil zentrale Versprechen wie Freiheit, Selbstbestimmung und Authentizität letztlich unerfüllt bleiben, herrscht ein kaum zu stillendes Bedürfnis nach materieller Entschädigung. Gerade der Konsum von Kleidung ist ein kulturelles Phänomen ersten Ranges. *Wir sind, was wir tragen* – deswegen quellen die Kleiderschränke der Nation über. Preiswerte Klamotten erlauben uns, das ihnen eingewobene verderbliche Glücksversprechen laufend zu erneuern, weswegen alle vier bis acht Wochen eine neue Kollektion (*fast fashion*) angeboten wird – vor gar nicht so langer Zeit geschah das nur zweimal im Jahr. Es wird so viel produziert und konsumiert, dass inzwischen selbst die Altkleidersammlungen unter dem Übergewicht der Spenden ächzen. Der rastlose Konsum fetischisierter Waren befriedigt nicht nur unsere Triebe und besänftigt unsere Ängste, er stiftet in höherem Maße gemeinsame Identität als die viel beschworenen deutschen oder europäischen Werte.

Nicht wenige Ökonomen behaupten, »sweatshops«, in denen Menschen zu Niedriglöhnen arbeiten, seien keineswegs zu verurteilen, denn immerhin brächten sie armen Ländern bitter benötigte Arbeitsplätze, in Entwicklungsländern eben in

Ausbeuterbetrieben. Die Alternativen seien in der Regel noch schlimmer, nämlich brutale und schlechtbezahlte Arbeit in der Landwirtschaft oder gar Arbeitslosigkeit. Paul Krugman, amerikanischer Ökonom und Nobelpreisträger, erklärt:»Die überwältigende Mehrheitsmeinung unter den Ökonomen ist, dass das Wachstum dieser Art von Beschäftigung eine ungeheuer gute Nachricht für die Armen der Welt ist.« Und Jeffrey Sachs, einst Vertreter der Schocktherapie, inzwischen Befürworter von verstärkten Bemühungen, Menschen in extremer Armut zu helfen, und Kopf der amerikanischen *Sustainable Development Goals*, ist der Ansicht:»Meine Sorge ist nicht, dass es zu viele Ausbeuterbetriebe, sondern dass es zu wenige gibt.« Folgt man dieser Logik, so helfen all jene, die bei H&M oder kik einkaufen, den pakistanischen Arbeiterinnen und Arbeitern. Das Kramen am Wühltisch wäre somit ein zutiefst humanitärer Akt.

Wie vertrackt die Lage ist, erweist sich bei einem Gespräch mit einer großen Gruppe von Gewerkschaftern, Arbeitern sowie Frauen, die noch weniger verdienen und noch weniger Rechte haben, weil sie»freiberuflich« zu Hause tätig sind. Die Arbeit, beschwören sie uns alle, solle auf keinen Fall weggehen. Entzieht uns ja nicht die Jobs! Wir brauchen die Arbeit! Sie haben Angst vor dem Verlust von Aufträgen. Gewerkschaften seien nicht»Anti-Business«, und Kampagnen im Westen sollten nicht zu einem Weggang der inkriminierten Firmen in ein anderes Land führen. Hierin liegt die perfide und perverse Zwangslogik des Systems: Schlimmer noch als ausgebeutet zu werden ist es, gar nicht mehr ausgebeutet zu werden.

Unterlassene Hilfeleistung geht stets geleisteter Hilfe voran. Alles am Tod der 259 Arbeiterinnen und Arbeiter in Karachi wäre vermeidbar gewesen; abgesehen von dem Kurzschluss, der das Feuer auslöste, kann nichts dem Schicksal oder dem Zufall in die Schuhe geschoben werden. Das System eines ständigen Rentabilitätsdrucks, der wie jede Form von Repression erbarmungslos von oben nach unten alle Beteiligten auf jeder Ebene erfasst, erzwingt Einsparungen zu Lasten der Schwächeren und Schwächsten. Wenn wir ehrlich über Hilfe nachdenken wollen, müssen wir uns zuerst fragen, wie wir durch unsere Duldung und Billigung unentwegt Hilfe unterlassen. »Die Not des anderen erträgt man mit Geduld«, schrieb vor mehr als hundert Jahren der große brasilianische Dichter Machado de Assis. Es ist eine besondere Ironie der Sprache, dass der heißbegehrte »Ertrag« auf den breiten Schultern des »Ertragens« ruht.

Überleben oder leben

Mehranpur und Tulsidas markieren den Unterschied zwischen leben und überleben, die Differenz zwischen einem Vegetieren am Abgrund des Nichts und einem würdigen Gestalten der eigenen Existenz. Mehranpur und Tulsidas stehen für zwei Dörfer, die überschwemmt wurden, auf den Ruinen der Katastrophe aber höchst Unterschiedliches aufgebaut haben.

Tulsidas ist ein religiös gemischtes Dorf, in dem die Glaubensgemeinschaften getrennt voneinander leben. Die Mehrheit sind Hindus, eine Besonderheit in der südpakistanischen Provinz Sindh. Die Hütten sind gemäß der traditionellen Bauweise aus Lehm, die Wege dazwischen unbefestigt. Wohlstand äußert sich im Besitz eines Motorrads und einer Riksha, alle anderen Besitztümer sind lebensnotwendig.

Mit Ausnahme der Armreifen. Die Frauen tragen unzählige davon, weiß, pink, türkis. Zusammen mit den vielfarbigen Saris ergeben sie eine Pracht, die dem Elend fast karnavalesk trotzt. Die Frauen sitzen zu mehreren Dutzend unter einem Strohdach, sie erheben die Stimme, zuerst eine, die offensicht-

lich zu sprechen gewohnt ist, dann schließen sich irgendwann auch die Scheuen an ...
Die Frauen arbeiten hart, härter als die Männer, und tragen mehr Verantwortung. Sie schuften auf den Feldern, die ihnen nicht gehören, für hundert Rupien am Tag, sie schneiden Gras, ernten grünen Chili, sprühen Pestizide, wässern die Pflanzen, und nach Sonnenuntergang kümmern sie sich um ihren eigenen kleinen Garten, bevor sie dann das Abendmahl kochen. Tag für Tag. Am nächsten Morgen stehen sie um vier Uhr in der Früh auf, erledigen die Hausarbeit, versorgen die Kinder, dann tragen sie ihr eigenes Essen aufs Feld hinaus, ein wenig Reis und Gemüse, etwas Kartoffeln mit Chili und Zwiebeln, Chapati, Lassi. Die Frauen stocken bei der Aufzählung, es ist zu spüren, dass sie gerne noch etwas nennen würden, um nicht so arm zu erscheinen, aber es fällt ihnen nichts mehr ein.

Wer auf den Feldern arbeitet, wird gelegentlich von giftigen Schlangen gebissen. Erkrankt oft an Denguefieber und Malaria. Die Pestizide führen zu Hautausschlägen, zu Atemschwierigkeiten. In der staatlichen Apotheke, vier Kilometer entfernt, erhalten sie, was immer an Medizin vorhanden ist. Sie zahlen tausend Rupien für Beratung und Pillen, dreihundert für den Transport, eine Malariabehandlung kostet bis zu fünftausend Rupien. Sie können sich die Erkrankungen, die sie befallen, einfach nicht leisten.

Das Geld, das ihnen fehlt, leihen sie sich vom *zamindar*, dem Großgrundbesitzer – wenn er ihr Gesuch nicht ablehnt. Auf jeden Fall verlangt er exorbitante Zinsen. Oder sie schlachten eine Ziege. Auch wenn es ihre einzige ist. Die feudalen Strukturen sind allmächtig. Egal, wohin das Gespräch gehüpft ist, immer wieder betont eine der Frauen (die Männer halten sich zurück) die völlige Abhängigkeit von einem *zamindar*, dem nicht nur das Land, sondern auch die Tiere gehören, auf die sie aufpassen, für einige Münzen. Die anfängliche Scheu ist einem wortreichen Furor gewichen, Aufschreie von Menschen, die wenige Optionen im Leben haben, deren Auswege im Nu erschöpft sind.

»Wir wollen die Befreiung von dem *zamindar*. Wir wollen andere Einnahmequellen. Jeden Tag fehlt etwas. Brot ist da, aber keine Butter, Gemüse ist da, aber kein Öl. Unser Leben ist immer Schmerz. Wir sind ohne Macht.«

Und ohne Recht. Die Gnade des *zamindar* ist das einzige Gesetz. In den Grundbüchern, in den offiziellen Erfassungen und Vermessungen, ist das Dorf nicht verzeichnet, es existiert nicht. Die Frauen mit den vielfarbigen Armreifen sind Geister, die lautstark darauf beharren, Menschen sein zu wollen. Vor Jahren versuchte der *zamindar*, sie zu vertreiben, und es wäre ihm auch gelungen (die benachbarten Dörfer wurden entvölkert), wenn sie nicht vereint Widerstand geleistet hätten, über alle religiösen Grenzen hinweg. Dadurch wurden sie sichtbar, auch für Gewerkschafter aus Karachi, die ihnen in der Zwischenzeit geholfen haben, unter Berufung auf ein Gesetz von 2013 eine Landarbeitergewerkschaft zu gründen. Jemand aus der jüngeren Generation kann die Pamphlete lesen, die ihnen aus der Großstadt mitgebracht werden. In jeder Familie gibt es zumindest einen Alphabeten. Die Landarbeitergewerkschaft hat immerhin dafür gesorgt, dass sie einmal in der Woche bezahlt werden, wenn sie etwa die Baumwolle (für die übliche Tagesernte von 20 Kilo gibt es 150 Rupien, etwa ein Euro) pflücken, und nicht wie früher erst am Ende der Saison.

Jede Katastrophe ist ein extremes, meist plötzliches Ereignis. Als erste Reaktion muss die Katastrophe gebannt, eine gewisse »Normalität« wiederhergestellt werden, durch die Lieferung von Grundnahrungsmitteln, von Decken und Zelten und Kochgeschirr, durch die Sicherung primärer Bedürfnisse, darunter auch und besonders wichtig der Hygiene. Die klassische Überlebenshilfe begreift ihre Einmischung vermeintlich als neutral, weswegen sie bewusst Rahmenbedingungen und soziale Verhältnisse ausklammert und nur auf den akuten Bedarf reagiert. Darin besteht die Aufgabe von Organisationen wie etwa dem Technischen Hilfswerk. Sie bauen mobile Wasseraufbereitungsanlagen auf, dann reisen sie wieder ab. Solche Nothilfe ist ein kleines Wunder an Kommunikation und Logistik. Man kann nur staunen, mit welch bewundernswerter Effektivität gehandelt wird, wenn es hart auf hart kommt. Im Notfall ist vieles möglich, was im Alltag unerreichbar erscheint.

Im Fall des Dorfes Tulsidas spielte es sich folgendermaßen ab: Bei der Überschwemmung 2010 waren alle in eine Schule geflohen, die auf einer Erhöhung erbaut war, unter ihnen versank das Dorf, das auf keiner offiziellen Karte verzeichnet war, in den Fluten. Sie erhielten Trinkwasser und Essen, sie brauchten ihre eigenen bescheidenen Vorräte auf. Sie harrten in provisorischen Unterkünften aus, einige Wochen lang, bis das Hochwasser sich verzogen hatte und sie zurückkehren konnten. Ins Nichts. Es ging nur ums Überleben. In dieser Situation gewährt die Nothilfe Unterstützung, für die Sicherung des Wesentlichen. Die Bewohner von Tulsidas erhielten beispielsweise Solarlampen, die einwandfrei funktionierten, bis sie eines Tages unweigerlich kaputtgehen werden. Sie sind nützlich und willkommen, sie haben den Bewohnern von Tulsidas geholfen, ihr früheres Leben mühsam und dürftig wieder zusammenzuflicken. Doch ihr altes Leben war eine Zumutung aus lauter Unzulänglichkeiten. Die Menschen aus Tulsidas sind erfolgreich in die Dauerkrise zurückgekehrt.

Darin besteht das Problem der Nothilfe in armen Regionen. Der Zusammenhang zwischen Katastrophe und Krise wird meist nicht beachtet, weswegen es selten zu einer Übersetzung von dringend notwendiger Hilfe in nachhaltigen Wandel kommt. Aufgrund der Intensität der Krisen (Armut, Krankheit, Bildungsmangel) wird die Katastrophe nicht überwunden oder gar zukünftig verunmöglicht, sondern verwandelt sich im schlimmsten Fall in eine andauernde Katastrophe.

Das Dorf Mehranpur hingegen stellte sich der Krise. Schon wenn man hineinfährt und vor der Community Hall, einem offenen Versammlungsraum, hält, sieht man nicht nur den Unterschied – die bessere Kleidung, die gesünderen Gesichter, die festeren Bauten –, man spürt ihn unmittelbar. Die Menschen begrüßen einen würdevoll und aufrecht und stolz. Mit dem Selbstbewusstsein von Menschen, die nicht geknechtet sind. Ein Quantensprung im Vergleich zu dem nur wenige Dutzend Kilometer entfernten Tulsidas. Auch die Menschen aus Mehranpur kehrten nach der Flutkatastrophe zurück in ein zerstörtes Dorf, nur hatten sie das Glück, beim Wiederaufbau von einem Partner begleitet zu werden, der Nothilfe anders begreift: der pakistanischen Organisation HANDS. Es entstanden neue Räume im Dorf, nicht nur Gebäude für eine Schule, für eine Werkstatt und eine kommunale Mühle, sondern auch im übertragenen Sinne Freiräume für Selbstorganisation, für Ausbildung, für wachsendes Einkommen durch Rikscha und Vieh.

Die Schneiderei ist ein gutes Beispiel. Sieben Frauen nähen in einem Werkraum vor allem aufwendige Kleidung für Hochzeiten, an die zwanzig Gewänder sticken und verzieren sie täglich per Hand. Sie arbeiten einige Stunden am Tag und verdienen sich so ein Zubrot von etwa fünfzig Euro im Monat, auf dem Land in Pakistan eine beachtliche Summe. HANDS organisierte die Ausbildung und finanzierte die Nähmaschinen, um alles andere, um die Aufträge, die Abwicklung und die Aufteilung, kümmern sich die Frauen selbst.

Der Unterschied zwischen den beiden Dörfern bestand darin, dass in Mehranpur die Katastrophe als konkreter Anlass wahrgenommen wurde, die Krise an der Wurzel zu bekämpfen, die strukturelle Gewalt – wenigstens teilweise – zu überwinden. Die Mittel zur Unterstützung wurden gebündelt und fokussiert, um einen Neuanfang zu gestalten. Inzwischen sind die Häuser fertiggestellt und die Felder bestellt, die Grundschule wurde neu aufgebaut und ist in fester Lehrerhand, die Zahl an Ziegen und Kühen wächst. »Wenn Menschen aus anderen Dörfern zu uns kommen«, so Mustafa, einer der Mitarbeiter von HANDS, »glauben sie sich im Paradies.« Wie konnte das erreicht werden? Durch einen Wiederaufbau aus integrierten Maßnahmen, die das Gedeihen eines Dorfes langfristig ermöglichen: Wohnen, Einkommen, Gesundheit, Bildung. Und all das nicht von oben verordnet, sondern von der Gemeinschaft selbst gestaltet, unterstützt von auswärtigen Akteuren. »Heute«, sagt eine alte Frau mit zerfurchten Händen, »geht es uns besser als vor der Überschwemmung.«

Es ist die Philosophie von HANDS, grundsätzliche Probleme zu thematisieren. Da es heutzutage wichtig ist, solche Überlegungen in Schlagwörter und Kürzel zu gießen, heißt dieses Konzept LRRD: *linking relief, rehabilitation and development*. Als Kontinuum. Mit anderen Worten: strukturverändernde Hilfe (das Motto auf Urdu lautet: *Hath me hath do, HANDS ka sath do* – »Eine Hand hilft der anderen, HANDS hilft mit«).

»Bei jeder Katastrophe«, so Mustafa, »stellen die Marginalisierten die größte Opfergruppe dar. Was für einen Wert hat Hilfe, fragen wir uns, wenn sich an dieser grundsätzlichen Marginalisierung nichts ändert? Natürlich braucht es Nothilfe, wir haben überall Lagerräume mit Hilfsgütern, mit Tausendliterwassertanks, die im Katastrophenfall verteilt werden können. Aber wir propagieren einen ganzheitlichen Ansatz. Mit der Nothilfe beginnt schon der Prozess des transformativen Neuanfangs. Das wird zwar gelegentlich gefordert, aber es dominiert immer noch die Spezialisierung.«

Vielleicht hat die Organisation HANDS diesen Ansatz entwickelt, weil sie selbst auf dem Land, in einem unscheinbaren
Dorf, gegründet wurde, als lokale Initiative, von einem Arzt
und einigen seiner Freunde, und bis zum heutigen Tag finanziert sie sich vor allem durch Spenden aus dem eigenen Land.
Die respektierte Autonomie der Dorfbewohner geht eine Verbindung ein mit der entschieden verteidigten Unabhängigkeit
der Förderer.

Auf der Rückfahrt nach Karachi, auf einem Highway, der
sehr viele Schlaglöcher in der vielgepriesenen chinesisch-
pakistanischen Partnerschaft aufzeigt, kommen wir an gewaltigen Wohnkomplexen vorbei, subventionierten Wohnungen
und Bungalows für Offiziere des pakistanischen Militärs. Die
Armee betreibt Banken und Bauunternehmen. Sie hält die
Hand auf und legt Hand an. Die Armee ist überall.

Eine überdimensionierte Werbetafel lädt ein: »*Live the
Dream*«.

Menschenrechte und Hilfe

Idee und Wirklichkeit liegen oft weit auseinander. Auch bei den Menschenrechten. Kaum jemand bestreitet ihre Bedeutung, und doch sind sie heute so gefährdet wie lange nicht mehr.

Seit ihrer ersten noch sehr fragmentarischen Kodifizierung in der englischen »*Bill of Rights*« im späten 17. Jahrhundert haben sich die Menschenrechte zu einem zentralen Anker einer universellen Ethik entwickelt. Musste die Philosophin Hannah Arendt am Ende des Zweiten Weltkrieges noch feststellen, dass die Menschenrechte keine Fortschritte machten, weil »Gesellschaften, die sich für sie einsetzten, nur zu oft Tierschutzvereinen« ähnelten, werden sie inzwischen von mächtigen Akteuren proklamiert. Darunter Politiker aller Couleur, Wirtschaftsführer, die ihren Konzernen entsprechende Unternehmensgrundsätze verordnen, und selbst so mancher General behauptet neuerdings, bei Militäreinsätzen handele es nicht um Kriegsführung, sondern um humanitäre Interventionen zum Schutz bedrohter Menschenrechte. Die Menschenrechte sind aus dem politischen Diskurs nicht mehr wegzudenken.

1948 wurde die »Allgemeine Erklärung der Menschenrechte« durch die UNO verabschiedet. Mit dem »Internationalen Pakt über bürgerliche und politische Rechte« und dem »Internationalen Pakt über wirtschaftliche, soziale und kulturelle Rechte«, die 1976 in Kraft getreten sind, haben sich Staaten dazu verpflichtet, das Streikrecht, das Recht auf Bildung und würdige Arbeit sowie die Gleichbehandlung von Männern und Frauen zu verwirklichen. Inzwischen haben über 160 Staaten die beiden Pakte und ihre gemeinsame Präambel ratifiziert: »Das Ideal vom freien Menschen (kann) nur verwirklicht werden, wenn Verhältnisse geschaffen werden, in denen jeder seine wirtschaftlichen, sozialen und kulturellen Rechte ebenso wie seine bürgerlichen und politischen Rechte genießen kann.«

Mit wünschenswerter Klarheit wird in dieser Formulierung deutlich gemacht, dass die *individuelle* Freiheit abhängig ist von gesellschaftlichen Verhältnissen, die *allen* Schutz und Teilhabe garantieren. Doch davon sind wir meilenweit entfernt. Bis heute haben die Menschenrechte nur sporadischen Niederschlag in der politischen Praxis gefunden. Auf regionaler Ebene entstanden Menschenrechtsgerichtshöfe, die – soweit sie die Flut der Klagen bearbeiten können – staatliche Menschenrechtsverstöße ahnden, und seit 2002 verfolgt der Internationale Strafgerichtshof in Den Haag Kriegsverbrechen und Verbrechen gegen die Menschlichkeit. Mächtige Staaten wie die USA, China und Russland sind dem Statut des Strafgerichts nicht beigetreten – längst nicht allen, die Verbrechen gegen die Menschlichkeit begehen, kann der Prozess gemacht werden. Für Menschen, deren Rechte von transnationalen Konzernen verletzt werden, gibt es keinen gesicherten Klageweg. Wirtschaftsunternehmen sind keine Völkerrechtssubjekte, die zwischenstaatliche Abkommen unterzeichnen könnten. Es obliegt den einzelnen Staaten, dafür zu sorgen, dass Unternehmen auch im Ausland keine Menschenrechtsverletzungen begehen. 2011 verabschiedete der UN-Menschenrechtsrat die »UN-Leitprinzipien für Wirtschaft und Menschenrechte«, die international tätige Unternehmen ersuchen, die Menschenrechte zu achten. Bislang ist es bei einem Appell geblieben.

Im entwicklungspolitischen Diskurs thronen die Menschenrechte ideell über allem. Kein *policy paper*, keine UN-Entschließung zur wirtschaftlichen und sozialen Entwicklung, keine Projektstrategie, die nicht auf sie Bezug nehmen würde.

Die Menschenrechte gelten als Maßstab für die Definition von
Entwicklungszielen, und sie leiten, zumindest dem Anspruch
nach, deren Umsetzung, so auch im Rahmen der »UN-Agenda
2030 für nachhaltige Entwicklung«.

Gleichzeitig mit der wachsenden Bedeutung der Menschenrechte im politischen Diskurs haben aber die Menschenrechtsverletzungen zugenommen. Jeder Zehnte auf der Welt führt
einen verzweifelten Überlebenskampf mit weniger als zwei
Dollar pro Tag. Weltweit werden Subsistenzbauern, die industriellen Agroprojekten und der Ausbeutung von Rohstoffen
im Wege stehen, entrechtet und vertrieben. Jedes Jahr sterben
Millionen von Menschen an heilbaren Krankheiten. Ein Drittel
der Weltbevölkerung hat keinen Zugang zu den notwendigsten
Arzneimitteln. 263 Millionen Kinder können laut UNESCO
nicht zur Schule gehen, 63 Millionen von ihnen nicht einmal
zur Grundschule, und viel zu viele Kinder müssen nach wie vor
arbeiten. Zuletzt hat selbst die überwunden geglaubte Verskla-
vung von Menschen wieder zugenommen.

Das Versprechen der Menschenrechte wartet auf seine Verwirklichung. Am ehesten werden sie dort beachtet, wo sie am
wenigsten gefährdet sind. So banal das klingt, verweist es doch
auf den Kern des Problems. Denn im Umkehrschluss folgt daraus, dass die Menschenrechte dort am wenigsten zählen, wo sie
am dringendsten benötigt werden. Die Idee universeller Menschenrechte scheitert, wo ihr machtvolle ökonomische und
politische Interessen entgegenstehen. Statt für alle zu gelten,
sind sie zu einem Luxusgut verkümmert, zu Rechten von Privilegierten. Nur Schritt für Schritt könne man die Menschenrechte verwirklichen, rufen die, die Freiheit und Wohlstand
genießen, den vielen anderen beschwichtigend zu, die davon
ausgeschlossen sind. Sind die Menschenrechte also nur ein
hohles Versprechen, das partikulare Macht- und Wirtschafts-
interessen kaschiert?

Auffällig jedenfalls ist, wie Menschen und Gruppen, deren Schicksal politisch wie medial lange unbeachtet geblieben ist, über Nacht zu gefeierten Subjekten von Menschenrechten werden können. So geschehen mit den afghanischen Mädchen, die zur nachgeschobenen Legitimation des militärischen Eingreifens der NATO in Afghanistan herhalten mussten. Dank der Präsenz fremder Soldaten könnten sie endlich wieder zur Schule gehen, titelten die Zeitungen. Dabei wäre doch eher zu fragen gewesen, was die deutsche und andere Regierungen bis dahin unternommen hätten, um afghanischen Mädchen das Recht auf Bildung zu verschaffen.

Hinter der menschenrechtlichen Camouflage verschwand die Frage, warum die NATO in Afghanistan wirklich intervenierte. Aus Solidarität mit Afghanistan oder aus Solidarität mit den USA? Um die Bildungsrechte afghanischer Kinder durchzusetzen oder um die durch Terroristen in Frage gestellte Weltordnung zu stabilisieren? Um mit Waffen Frieden zu schaffen oder um den Status quo zu sichern, und sei er noch so sehr von Privilegien und Ungleichheit durchzogen?

Das Beispiel Afghanistan zeigt auch, wie schnell die Menschenrechte wieder in Vergessenheit geraten, wenn sich die politischen Opportunitäten ändern. Dieser Tage werden Afghaninnen und Afghanen, die dem Freiheitsversprechen der Interventionskräfte vertraut haben, bevor sie vor Krieg, Verfolgung und Hunger fliehen mussten, zurück ins Elend abgeschoben. Aus gefeierten Hoffnungsträgern werden störende »Ausreisepflichtige«. Sie werden zurückgeschickt in ein Land, wo es zwar noch Schulgebäude, aber kaum noch Lehrkräfte gibt, wo tägliche Anschläge ihr Leben gefährden und 8,5 Millionen Menschen, ein Viertel der Bevölkerung, an Unterernährung leiden. Sie haben Pech, dass die Menschenrechtskonjunktur sich zu ihren Ungunsten verändert hat.

Investitionsfreundliche Menschenrechte?

Es klingt wenig glaubwürdig, wenn sich ausgerechnet mächtige Konzerne zu Vorreitern der Menschenrechte aufschwingen. Die von ihnen propagierte *Corporate Social Responsibility* (soziale Unternehmensverantwortung) mag im Einzelfall ernst gemeint sein; für das Gros der Unternehmen, insbesondere für die börsennotierten Kapitalgesellschaften, die der Rendite zu dienen haben, sind sie vor allem als Imagekampagne nützlich, um dem gewachsenen öffentlichen Legitimationsdruck zu begegnen.

Nestlé etwa verspricht in seinen Unternehmensgrundsätzen,»durch die Achtung der Menschen- und Arbeitsrechte im Rahmen unserer Geschäftstätigkeit mit gutem Beispiel vorangehen« zu wollen. Die 300 000 Mitarbeiter in mehr als hundert Ländern seien der firmeneigenen Ethik verpflichtet. Deren Kernprinzip sei die »Respektierung und Förderung der Menschenrechte in unseren Wertschöpfungsketten«.

Was könnte Nestlé mit Wertschöpfungsketten wohl meinen? Etwa dass das Unternehmen, weltweiter Marktführer bei abgefülltem Trinkwasser (Perrier, San Pellegrino, Vittel und viele andere), in Pakistan, Brasilien und andernorts durch exzessive Ausbeutung des Grundwassers ganzen Dörfern buchstäblich das Wasser abgegraben hat? Oder dass durch das Versiegen der Brunnen und durch den Zusammenbruch der öffentlichen Wasserversorgung der Absatz von »Nestlé Pure Life« angeregt wird? Welches Interesse also sollte Nestlé haben, das lebenswichtige Recht auf Wasser zu verteidigen, indem der Zugang zu sauberem Trinkwasser für alle, unabhängig von privaten Eigentumsrechten und Kaufkraft, gewährleistet wird?

Der Konzernchef Paul Bulcke hatte vor einigen Jahren im »Handelsblatt« erklärt:»Wenn etwas kein Wert gegeben wird

(…), tendieren die Menschen dazu, es zu verschwenden«. Angemessene Preise, die die Knappheit von Wasser widerspiegeln, so Bulcke weiter, würden dazu anhalten, sorgsam mit der Ressource Wasser umzugehen. Aus der Behauptung des Nestlé-Chefs folgt, dass alle, die sich die »gesundheitsfördernde Alternative« von Nestlé nicht leisten können, kein Recht auf sauberes Wasser haben. Verschwenderisch gehen aber nicht die Armen in Pakistan oder Brasilien mit Wasser um, sondern die Reichen, das haben zuletzt die Dürren in Kalifornien und Kapstadt gezeigt. Mit Verboten mussten die Kommunen verhindern, dass die Wohlhabenden weiterhin ihre Rasen und Golfplätze bewässern.

Das von Nestlé herausgepumpte Wasser wird übrigens entmineralisiert, damit es neutral schmeckt. Der Entzug wertvoller Inhaltsstoffe steigert somit seinen Wert! Da in vielen Staaten der Welt der Besitzer eines Grundstücks so viel Wasser herauspumpen darf, wie er will, wird das Recht auf Ausbeutung eines Gemeinguts höher gestellt als der allgemeine Zugang zu diesem Gemeingut.

Die vielbeschworene *Corporate Social Responsibility* ist oft nichts anderes als eine Beruhigungspille für die Öffentlichkeit. Sie suggeriert, dass die Unternehmen von sich aus schon alles Erdenkliche tun, weshalb es keiner verpflichtenden Regeln bedarf. Wie wenig das zutrifft, haben wir am Beispiel der Textilindustrie schon sehen können. Es gehört viel Blauäugigkeit dazu, den Beteuerungen zu glauben, die Einhaltung von Menschenrechten liege im ökonomischen Eigeninteresse der Unternehmen. In Sierra Leone haben wir erfahren, dass Kleinbauern massenhaft ohne angemessene Entschädigung vertrieben werden, um den Weg zu ebnen für industrielle Landwirtschaft oder den Abbau von Rohstoffen. Das kostet die zumeist internationalen Konzerne weniger als langfristige Verhandlungen mit den Betroffenen. Wer meint, die Menschenrechte auf einen Faktor betriebswirtschaftlicher Kosten-Nutzen-Analysen reduzieren zu können, nimmt Menschenrechtsverletzungen billigend in Kauf.

Ethische und menschenrechtliche Prinzipien spielen in den globalisierten Wirtschaftsbeziehungen bestenfalls eine nachgelagerte Rolle. In den vielen multi- und bilateralen Wirtschaftsabkommen, die in den letzten Jahrzehnten geschlossen wurden, steht nichts von unternehmerischer Verantwortung, dafür umso mehr von der Verantwortung der Staaten, für ein unternehmerfreundliches »Investitionsklima« zu sorgen. Was Wachstum und rentable Kapitalverwertung beeinträchtigen könnte, soll ausgeschlossen oder beseitigt werden. Nicht nur Zölle und Steuern, sondern auch Maßnahmen zum Schutz der Menschenrechte können zu »Handelshemmnissen« werden. Gemeint sind soziale und Umweltstandards sowie das Arbeitsrecht und der Konsumentenschutz. Auf der Grundlage bestehender Abkommen können Regierungen neue Regelungen zum Schutz und zur Verwirklichung von Menschenrechten nur umsetzen, wenn sie ausländische Investoren für entfallene Gewinne entschädigen. Streitigkeiten werden vor privaten, hinter verschlossenen Türen tagenden Schiedsgerichten verhandelt, besetzt mit unternehmensfreundlichen Wirtschaftsanwälten.

Im Juli 2012 verklagte der französische Mischkonzern Veolia, der in Kairo die Müllabfuhr betreibt, den ägyptischen Staat, weil er mit der Erhöhung des Mindestlohns von monatlich 41 auf 72 Euro die Gewinnerwartung des Konzerns geschmälert hatte. Das Schiedsgericht gab Veolia recht – der Investitionsschutz übertrumpfte eine sozial wichtige Maßnahme. Der Fall wurde vor dem bei der Weltbank angesiedelten »Internationalen Zentrum zur Beilegung von Investitionsstreitigkeiten« (ICSID) verhandelt. Die Zahl der dort eingegangenen Investitionsschutzklagen ist in den letzten Jahren sprunghaft angestiegen. 2014 kam mehr als die Hälfte der Klagen von westeuropäischen Firmen. Die Staaten, die am häufigsten angeklagt wurden, waren Entwicklungs- und Schwellenländer. Gelegentlich trifft es auch OECD-Staaten. Auf der Grundlage des Energiecharta-Vertrages verklagte im Mai 2012 das schwedische Energieunternehmen Vattenfall die Bundesregierung auf Entschädigung in Höhe von 4,4 Milliarden Euro, die dem Unternehmen im Zuge des deutschen Atomausstiegs 2011 entgangen sein sollen. Über den Stand des anhängigen Verfahrens ist nichts zu erfahren. Die Akten sind geheime Verschlusssache, nur Bundestagsabgeordnete dürfen sie einsehen.

Setzen sich die Interessen der Investoren langfristig durch, können Regierungen künftig Geschäfte, die den Menschenrechten zuwiderlaufen, nur noch mit dem Risiko einschränken oder verbieten, für Gewinnausfälle aufkommen zu müssen. Damit würden Kapitaleigner so etwas wie ein »Superrecht« erhalten: ein Recht auf Rendite, das alle anderen Rechte überstrahlt.

Das Recht, Rechte zu haben

Zur Ironie der Geschichte zählt, dass der von allen Fesseln befreite Kapitalismus heute das aushöhlt, was sein Entstehen erst ermöglicht hat: die Menschenrechte. Zentrales Motiv der englischen »*Bill of Rights*« war die Durchsetzung der Rechte des aufstrebenden Bürgertums gegenüber König und Adel. Das Menschenbild, das damals an Bedeutung gewann, sah die Menschen zuallererst als Eigentümer: als Eigentümer ihrer Körper, ihres Besitzes, ihrer Freiheit. Den bourgeoisen Eigentümer und sein Recht auf Vermehrung des Eigentums zu schützen wurde vorrangige Aufgabe staatlichen Handelns. In jener Epoche der europäischen Geschichte war die Garantie von Eigentumsrechten ein Fortschritt. Sie markierte den Bruch mit der bis dahin herrschenden Feudalordnung.

Nicht das universelle Recht auf Eigentum ist hierbei das Problem, sondern dessen Gleichsetzung mit einem höchst partikularen Interesse, dem Interesse an Vermehrung von Eigentum durch Ausbeutung, Profitmaximierung sowie die private Aneignung öffentlicher Güter. Grundlage vieler heute die Welt prägenden Rechtsordnungen ist ein absolut geltendes Eigentumsrecht und, daraus abgeleitet, das Recht auf Rendite und Kapitalakkumulation. Wirtschaftsliberale Politiker sind davon überzeugt, dass sich mit dem globalen Vormarsch des Kapitalismus auch die Menschenrechte ausbreiten werden und letztlich die profit- und wachstumsorientierte Produktionsweise notwendig sei, um alle Menschen frei zu machen.

Wie wir wissen, besteht für solchen Optimismus kein Anlass. Zwar hat der Kapitalismus den industriellen und technologischen Fortschritt und damit die Möglichkeiten eines Lebens frei von Not und Notwendigkeit vorangetrieben, aber dieser Vorzug verkehrt sich heute in sein Gegenteil. Inzwischen sorgt die Vorgabe zur Erwirtschaftung von Rendite dafür, dass Naturnutzung in Naturzerstörung umschlägt, Wohlstand in soziale Verunsicherung, Freiheit in Vogelfreiheit, Gleichheit in Ausschluss.

Formalrechtlich bekennen sich viele der heutigen Gesellschaften zur Gleichheit, gründen ihren Fortbestand aber noch immer, mitunter sogar wieder verstärkt auf Klassengegensätze und Ausbeutung, auf Verhältnisse, die systematisch Ungleichheit produzieren.

Schon zu Zeiten der amerikanischen und Französischen Revolution Ende des 18. Jahrhunderts, als die ersten ausführlichen Menschenrechtserklärungen verfasst wurden, war das der Fall. Der Gleichheitsanspruch – mit großem Pathos in der amerikanischen »*Virginia Declaration of Rights*« formuliert – galt nur für die weiße Bevölkerung, genauer: nur für die weißen Männer. Und auch das revolutionäre Frankreich zögerte nicht, den 1791 beginnenden Aufstand der afroamerikanischen Haitianer niederzuschlagen, die doch nicht anderes wollten, als an den republikanischen Errungenschaften teilzuhaben. Die bittere Erfahrung, dass die Menschenrechte doch nicht universell gelten, zieht sich durch die gesamte Kolonialzeit und reicht bis in die Gegenwart. Sie zeigt sich heute in vielen Formen sozialer und politischer Diskriminierung.

»Als Gleiche sind wir nicht geboren«, hat Hannah Arendt geschrieben, »Gleiche werden wir als Mitglieder einer Gruppe erst kraft unserer Entscheidung, uns gegenseitig gleiche Rechte zu garantieren«. Nur als Teil eines rechtlich verfassten Kollektivs sichern sich die Menschen das Recht auf Freiheit und Gleichheit. Wie dem grundlegenden »Recht, Rechte zu haben«, das Hannah Arendt erkannt hat, unter Bedingungen globalisierter politischer Verhältnisse zu entsprechen ist, wird uns im Schlusskapitel beschäftigen.

Die Rechtsansprüche, die der UN-Sozialpakt begründet, bedeuten wenig, wenn sie nicht mit entsprechenden Garantien der Gemeinwesen einhergehen. Nur dort, wo ein öffentlich getragenes Gesundheitssystem existiert, kann das Recht auf Gesundheit geltend gemacht werden. Nur dort, wo allen zugängliche Bildungseinrichtungen existieren, ist das Recht auf Bildung verwirklicht. Wenn öffentliche Institutionen fehlen oder bis zur Unkenntnis finanziell ausgehöhlt werden, läuft das Recht ins Leere. Laut Angaben der Weltgesundheitsorganisation (WHO) werden alljährlich hundert Millionen Menschen in die Armut getrieben, weil sie Gesundheitskosten aus eigener Tasche zahlen müssen. Bei einem privaten Krankenhausträger, bei philanthropischen Vereinen können Hilfsbedürftige vielleicht noch Unterstützung erbitten, nicht aber mehr einfordern oder einklagen.

Mit der Privatisierung von Schulen, Krankenhäusern, Wasserwerken, Theatern und anderen öffentlichen Einrichtungen geht mehr verloren als eine allen – auch den Armen und Mittellosen – zugängliche Nutzung. Der Verlust ist prinzipieller Natur. Wenn Rechtsansprüche nicht mehr durch öffentliche Institutionen garantiert werden, sind Menschen abhängig vom guten Willen karitativer Einrichtungen und privater Wohltäter. Diese Entwicklung führt zu einer Refeudalisierung gesellschaftlicher Verhältnisse.

In vielen Ländern des Südens, wo semifeudale Verhältnisse bis zum heutigen Tag überdauert haben, wirken sich solche Veränderungen besonders prekär aus. In Ländern wie Pakistan oder Guatemala geraten Menschen in eine Zwickmühle aus alten feudalen Strukturen und modernen Formen der Refeudalisierung. Wer von alteingesessenen Großgrundbesitzern und mafiösen Landlords oder von ausländischen Investoren und einheimischen Oligarchen abhängig ist, kann sich in seiner Not nur mehr an private oder kirchliche Hilfsorganisationen wenden, doch kann deren Hilfe keinen adäquaten Ersatz für eine verrechtlichte Form von Daseinsvorsorge bieten.

Die Menschenrechte gelten nicht für die Verteidiger der Menschenrechte

Die Globalisierung hat Erwartungen geweckt, die heute systematisch enttäuscht werden. Die Hoffnung, am entstandenen Wohlstand teilhaben zu können, kollidiert mit Verhältnissen, die solche Teilhabe immer weniger zulassen. Selbst das brasilianische Erfolgsmodell der 2000er Jahre, das über eine staatlich gelenkte Wirtschaftspolitik für die Anhebung des Lebensstandards der ärmeren Bevölkerungsgruppen gesorgt hat, erweist sich heute als wenig nachhaltig. Die ambitionier-

ten Sozialprogramme, wie etwa »Fome Zero« (Null Hunger),
wurden nicht über die Umverteilung bestehenden Reichtums
finanziert, sondern über eine auf Wachstum setzende Ökonomie, die nicht zuletzt verstärkten Raubbau an den natürlichen
Ressourcen betrieb. In der gegenwärtigen Krise wird deutlich,
wie wenig nachhaltig die Erfolge waren.

Wer gegen solche Entwicklungen protestiert, kann schnell
zum Opfer werden. Menschenrechtsaktivisten werden regelmäßig bedroht, die Pressefreiheit mit den Füßen getreten – eine
repressive Gewalt, die immer weitere Gewalt heraufbeschwört.
Die britische Zeitung »The Guardian« publizierte 2017 eine
ernüchternde Serie über »*Defenders*«, Umweltschutzaktivis-
ten, die bei der Verteidigung ihres Landes, ihrer Wälder, Flüsse
oder Wildtiere in einem einzigen Jahr getötet wurden. Eine
erschreckende Bilanz: 197 Ermordete – etwa vier pro Woche.
Die Zahl ist den letzten 25 Jahren um das Vierfache gestiegen.
Der von der EU finanzierte »Atlas der Umweltgerechtigkeit«
hat weltweit 2335 Konflikte über Wasser, Land, Verschmutzung
oder Abbau von Mineralien dokumentiert. Auch hier kann
man eine starke Zunahme konstatieren.

Weil vielen Regierungen das lautstarke Einfordern der Achtung von Menschenrechten ein Dorn im Auge ist, schränken
sie den Handlungsspielraum der kritischen Zivilgesellschaft
ein. Restriktive NGO- und Mediengesetze, bürokratische Auflagen und Zensur, aber auch Hetzkampagnen, Todesdrohungen und offene Repression durch Sicherheitskräfte ersticken
den Widerspruch, bevor er sich Gehör verschafft.

Wer dennoch für Landrechte oder gegen Tagebauprojekte
streitet, wer sich für ökologische Belange oder bessere Arbeitsbedingungen engagiert, muss mit Gefahren für Leib und
Leben rechnen. Ein undurchsichtiger Nexus von Polizei, Armee, privaten Sicherheitskräften, »Bürgerwehren«, Milizen
und kriminellen Organisationen sorgt dafür, dass Überfälle

oder Morde professionell ausgeführt und selten aufgeklärt werden.

Um nur ein Beispiel zu nennen: Am 13. März 2013 wurde im pakistanischen Karachi Perween Rahman, die Direktorin des »Orangi Pilot Project« von vier Schützen nahe der Pirabad-Polizeistation ermordet. Offenbar war Perween Rahman, die dreißig Jahre lang für die sozialen Rechte der Armen gekämpft hatte und dabei die örtliche Mafia und ihre politischen Hintermänner angegangen war, diesem Kartell zu nahe gekommen. Als ausgebildete Architektin hatte sie sich um die Verbesserung der Lebensumstände in den Slums durch kostengünstige sanitäre Einrichtungen, Gesundheitsversorgung und Bildung gekümmert.

Längst sind es nicht mehr nur die »Schurkenstaaten« und autoritäre Regime, die zivilgesellschaftlichen Widerspruch zu unterdrücken versuchen. Nachdem sich die indische Regierung heftiger Kritik an ihrer Umwelt- und Atompolitik durch Greenpeace ausgesetzt sah, hat sie die Konten der Organisation im April 2015 kurzerhand gesperrt – Greenpeace schade den wirtschaftlichen Interessen des Landes, so die Begründung. Gleichzeitig wurden fast 9000 NGOs die Lizenzen für den Erhalt ausländischer Spendengelder entzogen. Kritisch engagierte NGOs werden von der indischen Regierung zunehmend unter Druck gesetzt. Greenpeace wehrte sich juristisch – mit Erfolg: Das oberste Gericht hob die Kontensperren auf, Greenpeace kann seine Arbeit fortsetzen.

Mit der vagen Behauptung einer Bedrohung der inneren Sicherheit wurden zuletzt in fast hundert Ländern das Recht auf freie Meinungsäußerung und die Versammlungs- und Organisationsfreiheit eingeschränkt. Damit geraten nicht nur jene, die für Menschenrechte streiten, unter Druck, sondern zunehmend werden die Menschenrechte selbst zur Disposition gestellt. Noch zögerlich, aber bereits vernehmlich stellen Politiker die Frage, ob angesichts der von ihnen konstatierten Gefahrenlage der Sicherheit nicht Vorrang vor den Menschenrechten eingeräumt werden müsse. Nur über die Einschränkung bürgerlicher Freiheitsrechte könne den angeblich wachsenden Bedrohungen begegnet, nur über die wehrhafte Abschottung könnten die eigenen Privilegien verteidigt werden. Dazu scheinen alle Mittel recht: die Entsendung von Soldaten (derzeit wird die Bundeswehr in 16 Missionen im Ausland eingesetzt), die Militarisierung der Außengrenzen und erhöhte Sicherheits- und Überwachungsmaßnahmen nach innen. Gesellschaftlichkeit aber lässt sich weder mit Zäunen und Mauern, noch mit dem Ausbau der Sicherheitsapparate bewahren. Mit Sicherheitspolitik wird die soziale Ungleichheit nur verfestigt, wie wir im Kapitel »Fatale Strategien« ausführen werden.

Menschenrechte werden nicht von oben gewährt, sondern müssen in Auseinandersetzungen erfochten und immer wieder verteidigt werden. Das Terrain ist umkämpft, sinnvolle Hilfe kann nur bedeuten, eine klare Position in diesem Kampf zu beziehen. Die Unterstützung von Menschenrechtsgruppen ist über das Erreichen konkreter Ziele hinaus ein Beitrag zu einem solidarischen Miteinander. Denn das Versprechen, dass allen zuteilwerden soll, was bislang nur wenigen vorbehalten ist, setzt erst die Kraft zur Veränderung frei.

Ewiges Provisorium. Kenia

Nairobi hat sich verändert. Nicht am Rande, nicht marginal, nicht durch einige überdimensionierte Hochhäuser oder hässliche Überführungen und auch nicht durch einen neuen Flughafen. Nairobi hat sich völlig verwandelt. Anstelle von Kaffeeplantagen besetzen schicke Wohnblocks die Hänge. Die Innenstadt wirkt nach Einbruch der Dunkelheit wie ausgestorben, belebte Shopping Malls verweisen auf einen neuen Speckgürtel. Wo sich einst Villen hinter ausladenden Bougainvilleahecken verbargen, drängen sich Apartmenthäuser, dicht an dicht. Es ist eine Mittelklasse entstanden, zugleich hat sich das Heer der Armen vervielfacht. Es überlebt weiterhin in Slums, die seit je den Namen Kibera oder Mathare Valley tragen und schon vor Jahrzehnten aus allen Nähten zu platzen schienen.

Slums sind schwer lesbare urbane Landschaften. Vieles ist auf Anhieb nicht als das zu erkennen, was es ist. Eine Reihe von schiefen, zusammengehauenen Blechverschlägen erweist sich als Grundschule; die Kinder stecken in der Pause ihre Köpfe aus einem Loch heraus. Eine schwarze Tafel mit kreidebleichen Ankündigungen kommender Fußballspiele ist der einzige Hinweis auf die Kneipe dahinter. Relativer Wohlstand misst sich hier in Aufbauten oder Satellitenschüsseln. Und auf den unbefestigten Gehwegen stehen die Stühle und Tische einer meisterlich arbeitenden Schreinerei. Slums sind keineswegs so homogen wie der Blick von außen, aus der Ferne, suggeriert. Hinter den Pappwänden und unter den Wellblechdächern

herrscht ein brutaler Überlebenskampf, aber auch die ganze
Vielfalt menschlicher Bedürfnisse und Sehnsüchte.

Mathare Valley, der älteste Slum Afrikas, beherbergt auf
etwa einem Quadratkilometer mehr als eine halbe Million
Menschen. Einst entstanden als provisorisches Lager für die
Arbeiter in den hiesigen Steinbrüchen, ist das Provisorium zu
einem Dauerzustand geworden. Zur einen Seite dieses »Tals«,
an einem etwa zehn Meter hohen Abbruch, strömen die Ab-
wässer der besser gelegenen Wohnbauten direkt in den Slum
hinunter: ein beißender Gestank von Pisse.

An der »Hauptstraße« steht das Hospital der *German Doc-
tors*, im Vergleich zu den anderen Bauten ein geradezu monu-
mental wirkendes, solides Gebäude. Das Konzept dieses Bon-
ner Vereins ist denkbar einfach: Deutsche Ärzte verbringen
ihren Urlaub zwar in den Tropen, aber nicht am Strand, sie
helfen aus, sie heilen, ein Ausstieg aus dem Alltag der gesetzlichen Krankenkassen, ein Einstieg in eine Welt katastropha-
ler Unterversorgung. Die Aufgaben haben sich über die Jahre
hinweg erweitert, es sind auch Krankenhäuser entstanden, so
wie dieses, an dem es nichts auszusetzen gibt, im Gegenteil, es
ist ein sehr gutes Krankenhaus, das bestätigt jeder, aber es ist
das einzige weit und breit, so dass es nicht nur Bedürftige aus
Mathare Valley versorgt, sondern Patienten aus ganz Nairobi
anzieht. Weswegen sich manch ein junger Mann aus dem Slum
inzwischen ein Zubrot verdient, indem er sich ab vier Uhr in
der Früh anstellt, mit anderen zusammen die Bänke okku-
piert, um dann die ergatterte Warteposition an die eintreffen-
den Kranken zu verkaufen. In der Seitengasse spielen Kinder
»Himmel und Hölle«.

An der anderen Seite, quasi am Ausgang des Slums, hocken
Hunderte von jungen Männern auf einer Steinmauer und star-
ren auf die Fundamente eines modernen Markts – asphaltierter
Untergrund, fest eingeteilte Stände, überdacht, ordentlich –,

der seit Jahren kaum vorankommt. Sie warten mit hängender Geduld.

In Slums von Menschenrechten zu reden ist wie einem Hungernden eine Speisekarte vor die Nase zu halten. Hier verkaufen junge Frauen ihren Körper, um sich Tampons leisten zu können (die HIV-Quote ist entsprechend hoch). Hier sind die meisten Menschenrechte offenkundig ausgesetzt, ob das Recht auf Wasser oder Gesundheit oder auf Unterkunft, schlimmer noch, hier herrscht ein Krieg gegen die Armen, der als Kampf gegen die Kriminalität tituliert wird, tatsächlich aber aus der willkürlichen und doch systematischen Einschüchterung der Slumbewohner durch polizeiliche Gewalt besteht. Und trotzdem, eine Gruppe junger Kenianer, die sich unter dem Namen KAPLET (*Kamukunji Paralegal Trust*) organisiert haben, beharrt darauf, gerade hier für die Einhaltung der Menschenrechte zu kämpfen.

Fast so, als wolle er verdeutlichen, wie utopisch und doch notwendig ihr Unterfangen ist, berichtet Dan – die anderen Aktivisten heißen Eric, Caroline, David, Peninah und Paul –, dass regelmäßig junge Männer, die im Nachhinein als *thugs* (kleine Gauner) identifiziert werden, von der Polizei auf der Straße ermordet werden. Das geschehe häufig, es existierten Fotos und sogar ein Video-Clip davon. Er selbst habe gesehen, unterbricht Eric, wie Polizisten zwei junge Männer zu Boden geworfen und mit Kopfschüssen exekutiert hätten. Oft platzierten die Polizisten nach dem Mord eine Waffe neben der Leiche. Bislang sei es erst ein einziges Mal zu einem Strafverfahren gegen die Täter gekommen, der Rechtsanwalt sei daraufhin verschwunden, seine Leiche später in einem Fluss gefunden worden. In jeder Polizeistation seien zwei oder drei Polizisten mit dieser Aufgabe betraut, manche von ihnen in Uniform, andere in Zivil.

»Wir überreichen die Namen der Opfer der Aufsichtsbehörde. Diese verlangt Beweise, doch die Beweise verschwinden und da den Zeugen kein Schutz gewährt wird, schweigen alle. Sogar einige Mitglieder der Aufsichtsbehörde sind bedroht worden, einer von ihnen hat ein Paket erhalten, da waren ein abgeschnittener Kopf und einige Gewehrkugeln drin.« Es ist kein Zufall, dass fast alle dieser Getöteten – in den letzten drei Jahren immerhin über 600 Menschen – aus den Slums stammen. Ziel sei es, sagen die Aktivisten, die Armut zu kriminalisieren und in den Slums eine Atmosphäre der Angst zu schaffen.

In der Biegung einer Gasse von Kinyagu, einem kleineren Slum, nutzt eine Frau die existierenden zwei Quadratmeter Platz optimal für einen Gemüsestand. Beth heißt sie und ist extrem schüchtern. Sie schweigt, lässt Dan ihre Geschichte erzählen, während sie einen Flecken anstarrt, den nur sie sieht. Eines frühen Morgens, als sie mit zwei anderen Frauen auf dem Weg zur Arbeit als Serviererin in der Innenstadt war, wurde sie von der Polizei dreimal angeschossen. Niemand weiß, ob es Absicht war, eine Verwechslung oder reiner Zufall. Passanten trugen die schwerverletzte Frau zum Büro von KAPLET. Von dort wurde sie ins Hospital gebracht, später eine Anzeige bei der Polizei aufgegeben. Allerdings habe es wieder einmal keine Zeugen gegeben, niemand wollte etwas gesehen haben. Nach der Krankenhausbehandlung habe sich ein Rechtsanwalt ihres Falls angenommen, er habe, wie seine Klientin auch, Todesdrohungen erhalten, die Polizei habe zudem alle Unterlagen aus dem Krankenhaus entwendet. Der Prozess sei gescheitert, sie habe keine Entschädigung erhalten, dank der Hilfe von KAPLET besitze sie nun diesen kleinen Gemüsestand. Beth reagiert nicht, sie ordnet die Kochbananen mit langsamen Bewegungen. Wie bei der Begrüßung nickt sie nur zum Abschied.

»Wir haben unsere eigene Berliner Mauer«, sagt Paul und deutet auf eine schulterhohe Mauer hinter der kleinen Tribüne des Bolzplatzes.»Die Namen unserer gefallenen Helden. Die Namen der von der Polizei Getöteten. Insgesamt standen da vierzig Namen, aber ein Teil der Mauer ist niedergerissen worden.«

KAPLET muss inmitten von Willkür und Gewalt arbeiten. Das ist schwierig und gefährlich. Eine ihrer Außenstellen,»*community offices*« genannt, ist von der Polizei überfallen worden, alle Computer wurden mitgenommen. Razzien der Polizei unter dem Vorwand der»Steuerhinterziehung« oder des»Terrorismus« seien an der Tagesordnung. Mehrfach musste KAPLET wegen Drohungen umziehen, ihr Büro ist inzwischen zweifach vergittert, die Adresse nicht ohne weiteres bekannt. Auch wird sie vom staatlichen»*NGO Coordination Board*« drangsaliert, das die unabhängigen NGOs durch administrative Schikanen zu kontrollieren versuche.»Wir benötigen«, sagt Dan,»einen Notfallfonds, damit wir bei akuter Gefahr verschwinden können.«

Es ist sinnbildlich für die Zustände in Ländern wie Kenia, in denen die Demokratisierung zwar schon zu riechen, aber noch nicht zu schmecken ist, dass jene, die für Rechtsstaatlichkeit und Menschenrechte kämpfen, sich überlegen müssen, wie sie untertauchen könnten. Das zeigt, wie sehr ihr Beharren auf die Einhaltung von Normen und Prinzipien, auf die zivilgesellschaftliche Kontrolle staatlicher Behörden, selbige irritiert.

KAPLET bietet unter anderem kostenlose Rechtshilfe und Kurse in staatsbürgerlicher Bildung an, gerade weil man von der Notwendigkeit der demokratischen Erziehung der Bürger überzeugt ist.»Wer nichts über seine Rechte weiß, und das ist die große Mehrheit, der wird von der Polizei und anderen Behörden nach Belieben manipuliert und hereingelegt, bis er sich für schuldig erklärt, um angeblich schnell aus der U-Haft entlassen zu werden. Der Präsident sieht das anders, der hat neulich verkündet: Jeder Kenianer kann lesen und schreiben, und das reiche, mehr Wissen brauche es nicht.« Die von KAPLET angebotene Rechtshilfe, von der Slumbewohner ansonsten nicht einmal träumen könnten, ist zudem sinnvoll, weil die Gerichte die einzige unabhängige Institution im Land sind. Die politische Opposition hat in den letzten Jahren in Dutzenden von Fällen vor Gericht Recht erhalten. Die im Jahre 2010 verabschiedete Verfassung sei hervorragend, meint Dan, werde aber weiterhin nicht implementiert (ein weitverbreitetes Problem). Die neue Verfassung sieht eine weitreichende Dezentralisierung vor – die Einschränkung der Machtbefugnisse des Präsidenten zugunsten des Parlaments, eine föderale Struktur und ein neues Landrecht –, diese werde aber nicht umgesetzt. Weiterhin sei alles auf den Präsidenten zugeschnitten. Teile der Polizei »glaubten« noch immer an die alte Verfassung. Die Polizei verweigere sich den Entwicklungen, das sei die Folge unvollständiger Reformen. Die Lösung von KAPLET: Menschenrechtstraining für die Polizisten. Denn das Ideal des »*community policing*« sei momentan nicht zu verwirklichen.

Vor einer *duka*, eines jener überall in Ostafrika anzutreffenden kleinen Kioske, spielen zwei Männer auf einem selbstgemachten Brett mit Bierkapseln Dame. Einer von ihnen heißt Mwanziya und war früher Arbeiter in einer Lagerhalle, wo er Lastwagen auf- und abgeladen hat. Eines Tages fiel ein überladener Karren auf sein Bein. Er musste ins Krankenhaus eingeliefert werden, der Arbeitgeber weigerte sich, die Kosten in Höhe von etwa 5000 Shilling (weniger als 50 Euro) zu zahlen. Mwanziya wurde entlassen, weil er zwei Tage gefehlt hatte. Er wandte sich an KAPLET. Sie riefen den Unternehmer an und wiesen auf seinen Verstoß gegen die Arbeitsgesetze hin. Da wurden sie rüde abgefertigt mit der Behauptung, Mwanziya sei ein fauler und unzuverlässiger Arbeiter gewesen. Als sie auf seinen Rechten beharrten, erfolgte eine Einladung:»Kommen Sie doch mal vorbei, wir regeln das unter uns.«Schmiergeld ist in solchen Fällen die übliche Lösung.

Zwei der Aktivisten recherchierten die Arbeitsbedingungen in der Lagerhalle. Keiner der Arbeiter trug die nötige Schutzkleidung. Auf einen Brief an das Arbeitsministerium folgte ein finanzielles Angebot der Firma.»Wir von KAPLET wollten keinen Vergleich, sondern einen Prozess, denn unser Ziel war es ja, dass ein grundsätzliches Gerichtsurteil gefällt wird, damit die Arbeitsbedingungen für alle verbessert werden. Aber Mwanziya war arbeitslos und benötigte dringend Geld. Die akute, extreme Armut unserer ›Klienten‹ führt in den meisten Fällen dazu, dass sie das erste Geldangebot annehmen. Wir fügen uns dann ihren Wünschen. Wir können nicht darauf pochen, dass sie sich aufopfern.«

Gerichtsprozesse wären wichtig, denn sie bringen mediale Aufmerksamkeit mit sich. Ansonsten ist es schwierig, mit seinen Anliegen in die Öffentlichkeit zu gelangen. Die meisten Medien sind direkt oder indirekt in den Händen führender Politiker. Sie verlangen Geld für die Veröffentlichung sozialkritischer Berichte. Eine Ausnahme sind die sozialen Medien, der investigative Journalist ist inzwischen oft ein einfacher Bürger mit seinem Handy, aber die Authentizität des Berichteten werde in diesen Fällen sofort in Frage gestellt.

Die große Stärke von kleinen NGOs wie KAPLET besteht in ihrer Graswurzelarbeit. Sie rekrutieren Aktivisten unter den Bewohnern der jeweiligen Slums, Menschen wie Paul, der mit Frau und Kindern in einer fensterlosen Baracke lebt, zwei Meter breit und etwas tiefer als ein Bett, unweit der»Berliner Mauer«und des Gemüsestandes von Beth. Er ist die erste Ansprechperson bei Problemen in Kinyagu, er nimmt sich der Notfälle an, er ist das Verbindungsglied zwischen den Menschen vor Ort und den Rechtshelfern. Er ist es auch, der uns auf das Dach des höchsten Gebäudes mitnimmt, damit wir diesen und die benachbarten Slums überblicken können.

Auf dem Dach, hinter einer Plastikplane mit dem Schriftzug »UK Aid«, ist lautes Zimmern und Klopfen und Bohren und Schrauben zu hören. Ein halbes Dutzend junger Männer baut Glücksspielautomaten zusammen, seit einem Jahr erst. Ein einfaches Modell aus Holz, Plastik und einer Festplatte, das für dreißig Euro an Stampen und Kaschemmen im ganzen Land verkauft wird. Man wirft zehn Shilling hinein, wählt eines von sechs Symbolen, dann dreht sich ein Rad, während man hofft, das eigene Symbol möge am Ende blinkend einen Gewinn verkünden. *Kazi mzuri sana*, sagt einer Arbeiter, sehr gute Arbeit! Unten an der Hausecke steht der Eigentümer. »So was hatten wir nur im Fernsehen gesehen, dann kamen die Chinesen und haben diese Dinger mitgebracht, daraufhin haben wir beschlossen, sie einfach zu kopieren; wir importieren nur die Festplatten, alles andere machen wir selbst.« Auch in Kinyagu hängen zwei Maschinen in einem engen, sehr dunklen Gang, der extrem selten von der Ankündigung eines Gewinns erleuchtet wird.

Überall in Kenia, selbst in den Slums von Nairobi, wird inzwischen massenhaft auf Fußballspiele gesetzt, auf Matches der Premier League, aber auch der Bundesliga, eigentlich auf Spiele in aller Welt – die Zeitungen drucken seitenweise die Wettquoten ab –, Hauptsache, man kann Wetten abschließen. Das wird erleichtert durch zwei Entwicklungen, die vieles grundlegend verändert haben: die massenhafte Verbreitung der Handys und »M-PESA«, ein mobiles Zahlungssystem, das 2007 in Kenia lanciert wurde und inzwischen in vielen Ländern der Welt kopiert wird. Ursprünglich ins Leben gerufen, damit Kleinbauern und Arbeiter auch ohne Bankkonto Geschäfte tätigen können, dient es inzwischen auch dem Glücksspiel.

Es läge angesichts der vielen Krisen in den Slums von Nairobi wohl näher, andere Prioritäten zu setzen als KAPLET, eher auf Wasser, Essen, Unterkunft oder Gesundheit fokussierte Programme zu entwickeln, so wie andere Hilfsorganisationen es tun. Zumal diese Form der Hilfe medial leichter zu vermitteln wäre – schon weil sie politisch nicht aneckt – als ein Langzeitprogramm zur Stärkung der demokratischen Kräfte. Deswegen fällt es einer Organisation wie KAPLET schwer, sich zu finanzieren. Für KAPLET führt aber ein direkter und zwingender Weg von der Nothilfe zur *Advocacy* (auf Deutsch mit »Anwaltschaft« nur unzureichend wiedergegeben), zum Einklagen von Rechten, die immer wieder mit Stiefeln getreten werden.

Zuerst wird Essen verteilt. Eine Notlösung. Und morgen? Was wirst du morgen essen? Und übermorgen? Diese Frage kann nur beantwortet werden, wo das Recht auf Ernährung verwirklicht ist. Dort, wo dies nicht der Fall ist, schließt sich unweigerlich die Frage an: Wie kannst du für dieses Recht kämpfen? Es gibt keine wichtigere Arbeit, als Brunnen des Widerstandes zu bohren.

Ohne eine grundlegende Demokratisierung der Gesellschaft und die damit einhergehende Kontrolle über Macht und Geld, wird die vorübergehende Notlösung ein ewiges Provisorium bleiben und sich nie etwas in den Slums ändern.

Herrschaft und Hilfe

Der heute weltweit erzeugte Reichtum, der technologische Fortschritt und das gewachsene Wissen um die Zusammenhänge des Lebens würden es zulassen, alle Menschen von Not und Unmündigkeit zu befreien. Dass dies nicht geschieht, ist kein Zufall, kein Schicksal und erst recht kein Naturgesetz, sondern Ausdruck herrschender Machtverhältnisse.

Die Integration der Länder und Regionen zu einem globalen System hat die Welt näher zusammenrücken lassen, aber zugleich auch sozial tief gespalten. Die Kluft zwischen Arm und Reich ist mit der Globalisierung nicht kleiner, sondern größer geworden. Einer Phase des sozialen Ausgleichs nach dem Zweiten Weltkrieg folgte ein bis heute anhaltender Wandel zu wachsender Ungleichheit. Selbst Schweden, das wegen seiner sozialen Ausgeglichenheit lange als vorbildlich galt, ist in einem atemberaubenden Tempo zu einem Land großer Gegensätze geworden.

Zwei Wirklichkeiten stehen sich heute gegenüber – so nah und doch so unnahbar. Auf der einen Seite der globale Norden mit seiner wirtschaftlichen, politischen und kulturellen Vorherrschaft, auf der anderen der globale Süden, die Zonen des Elends, der sozialen Ausgrenzung und Chancenlosigkeit. Für die einen ist eine hochflexible, mit vielen Privilegien ausgestattete Lebensweise fast schon selbstverständlich; für die anderen sind Entwurzelung und Stillstand die unausweichliche Konsequenz.

Nord und Süd sind nicht mehr nur geographische Begriffe.

Während sich auch in den Vorstädten Nordamerikas und in Teilen Europas Perspektivlosigkeit und Resignation ausbreiten, sind in Afrika, Asien und Lateinamerika kleinere und größere Inseln prosperierenden Reichtums entstanden. In Megastädten wie Rio de Janeiro, Lagos oder Mumbai existieren märchenhafter Luxus und erbärmliche Armut in unmittelbarer Nachbarschaft zueinander. Die Spannungen der Gegenwart resultieren nicht mehr aus einem Gegensatz zwischen Stadt und Land, sondern aus einem integrierten System mit jeweiligen Zentren und Peripherien.

Die Menschen in der Peripherie müssen vor allem die Kehrseite der Globalisierung, die sozialen Rückschritte, die Gewalt und die Folgen des ökologischen Raubbaus ertragen. Als billige Arbeitskräfte produzieren sie für den Weltmarkt, schutzlos dem lokalen und globalen Konkurrenzkampf ausgeliefert. Nützlich sind sie auch als Konsumenten industriell produzierter Nahrungsmittel, die in der Regel überteuert und häufig ungesund sind, aber Teilhabe an der Moderne suggerieren. Inzwischen gibt es selbst im entferntesten Flecken der Welt einen Kiosk, der Cola und abgepackte Kekse verkauft.

Nicht wenige sind von den globalisierten Verhältnissen inzwischen gänzlich abgehängt worden. Sie spielen weder als Produzenten noch als Konsumenten eine Rolle; sie sind dem Weltmarkt entbehrlich geworden, überflüssig, »menschlicher Abfall«, wie Papst Franziskus in seiner Kritik an der herrschenden Weltordnung angemerkt hat.

Dies nur abgeklärt zu bedauern hieße, es als unabänderlich zu betrachten. Wie kann es sein, dass die bestehenden landwirtschaftlichen Produktionskapazitäten zwölf Milliarden Menschen ernähren könnten, wie führende Agrarexperten errechnet haben, zugleich aber 800 Millionen nicht genug zu essen haben? Warum stirbt alle sechs Sekunden ein Kind an den Folgen von Unterernährung? Wenn solche Missstände ver-

meidbar sein sollten, muss man dann nicht annehmen, dass sie
billigend in Kauf genommen werden oder gar politisch gewollt
sind? Die Verhungernden, sagt der langjährige UN-Sonderbe-
richterstatter für das Recht auf Ernährung Jean Ziegler, werden durch die Verhältnisse »ermordet«. In mehreren Arbeiten
hat der Ökonom und Nobelpreisträger Amartya Sen nachge-
wiesen, dass große Hungersnöte nicht durch einen Mangel
an Nahrungsmitteln, sondern durch gelenkte politische und
ökonomische Faktoren entstehen. Das Elend, das in der Welt
herrscht, ist nicht einem Mangel an Ressourcen geschuldet,
sondern deren ungerechter Verteilung. Die heute dramatisch
angewachsene soziale Ungleichheit ist gemacht. Sie ist Ausdruck politischer Verhältnisse, die sich immer weniger an den
Bedürfnissen und Rechtsansprüchen von Menschen ausrich-
ten als an partikularen ökonomischen Machtinteressen. Elend
resultiert aus Herrschaft.

Acht Einzelpersonen sollen, so die britische Hilfsorganisation Oxfam, so viel besitzen wie die unteren 3,5 Milliarden der
Weltbevölkerung zusammen. Der Skandal solcher Ungleichheit wird nicht durch das Argument gemildert, dass Hunderte
Millionen Menschen in den zurückliegenden Jahrzehnten in
die Mittelklasse aufgestiegen sind. Traut man den Armutssta-
tistiken der Weltbank, dann hat sich die Zahl der Menschen,
die mit weniger als einem Dollar pro Tag auskommen müssen,
seit 1990 mehr als halbiert. Das klingt gut und ist ohne Frage ein
Erfolg. Aber an den Berechnungen lässt sich einiges kritisieren.
Probleme wie die langfristigen ökologischen Folgen einer allein auf Wirtschaftswachstum ausgerichteten Armutsbekämp-
fungsstrategie werden darin genauso wenig berücksichtigt wie
die Fragilität des Erreichten. Selbst kleinere Wirtschaftskrisen
können, wie zuletzt in Brasilien geschehen, gerade noch ge-
feierte Programme wieder zunichtemachen. Auch der ostasia-
tische Raum mit China, der die größten Erfolge in der Armuts-

reduktion vorzuweisen hat, ist nicht dagegen gefeit. Nicht die Senkung der Armutsquote war das Ziel chinesischer Industriepolitik, sondern der Aufstieg zu einer der weltweit führenden Wirtschaftsmächte. Nur auf Kosten massiver Eingriffe in die sozialen und ökologischen Rechte der Bürger gelang eine Steigerung der Produktivität. Wie wenig Durchschnittswerte tatsächlich aussagen, zeigt die Wirklichkeit im subsaharischen Afrika. Dort ist die Zahl der Armen, parallel zu den Erfolgen in China, um 100 Millionen gestiegen.

Die Globalisierung hat die Armut nicht beseitigt, sondern verfestigt. Die Lage ist heute so prekär, dass selbst das Davoser Weltwirtschaftsforum, in dem die Macher der marktradikalen Umgestaltung der Welt zusammenkommen, eingestehen musste, dass die Ungleichheit zum Weltrisiko Nummer 1 geworden ist. So steht es im Davoser »Global Risk Report 2017«; so stand es schon in den Berichten der Vorjahre.

Es überrascht wenig, dass die in Davos versammelten Konzernchefs und Politiker nicht auf die Idee kommen, sie selbst könnten dafür Verantwortung tragen. Und dass womöglich all das Räsonieren über die Gefährdungen der Welt nicht nötig wäre, wenn ihre Gestaltung nicht elitären Clubs wie der G7, der G20 oder dem Davoser Weltwirtschaftsforum überlassen bliebe. Wie es im letzten »Global Risk Report« heißt, reiche Wirtschaftswachstum allein nicht mehr aus, um dem Krisengeschehen zu begegnen, der »Marktkapitalismus« bedürfe dringend der Reform.

Diese »Einsicht« kommt für die 450 Millionen Menschen, die seit dem Ende des Kalten Krieges weltweit an den Folgen von Armut gestorben sind (laut den Berechnungen des Philosophen Thomas Pogge), zu spät. 450 Millionen Armutstote in knapp dreißig Jahren, das sind mehr Tote als in allen Kriegen des 20. Jahrhunderts zusammen.

Politik der Entpolitisierung

Herrschaft ist vielschichtiger geworden. Die Macht von Politikern und Konzernchefs, selbst die von Diktatoren und Feudalherren, wird gebrochen durch Vorgaben des Systems. Die Gewalt, unter der Menschen heute leiden, ist an erster Stelle die strukturelle Gewalt des global herrschenden Kapitalismus.

Die Kolonisierung der Lebenswelten durch Ökonomie und Verwaltungsmacht ist weit vorangeschritten. Als Folge des technologischen Fortschritts sind ihr heute kaum noch Grenzen gesetzt. Längst geht es nicht mehr nur um die Ausbeutung menschlicher Arbeitskraft, sondern um die wirtschaftliche Durchdringung aller Bereiche menschlicher Existenz: der Ernährung, der Bildung, der Freizeitgestaltung, des solidarischen Miteinanders, der Hilfsbedürftigkeit, der Liebes- und Freundschaftsbeziehungen. Aus allem lässt sich Profit schlagen. Selbst das Teilen verwandelt sich gegenwärtig in ein neues, lukratives Geschäftsmodell. Wo früher jenseits von geldwertem Tausch Nachbarschaftshilfe gepflegt wurde, drängt sich nun eine frisch und dynamisch wirkende *shared economy* nach vorne. Unerbittlich frisst sich das ökonomische Kalkül durch alles – durch die Körper, die Affekte, die Institutionen, das Sozialgefüge, die Welt, den Alltag.

Die Durchherrschung des Lebens durch diese strukturelle Gewalt ist nicht einfach so über die Menschen gekommen. Sie ist das Ergebnis bewusst getroffener politischer Entscheidungen. Das wird oft übersehen, gerade auch von Politikern, die ihre wirtschaftsliberale Politik mit einer vermeintlichen Alternativlosigkeit rechtfertigen. Die berühmt-berüchtigte Behauptung »*There is no alternative*« der ehemaligen britischen Premierministerin Margaret Thatcher ist beredter Ausdruck dieser von Pierre Bourdieu so trefflich beschriebenen »Politik der Entpolitisierung«. Sie hat es vermocht, der globalen Entfesselung des Kapitalismus die Aura ökonomischer Zwangsläufigkeit zu geben.

Ziel dessen, was wir heute Globalisierung nennen, war nicht die Schaffung weltgesellschaftlicher Verhältnisse, sondern die Wiederankurbelung der Ende der 1960er Jahre ins Stocken geratenen Kapitalverwertung. Nach den boomenden Nachkriegsjahren ließ damals die Wirtschaftsleistung erstmals nach. Die Grenzen der sich auf Massenkonsum und Wohlfahrtsstaat gründenden Wirtschaftsordnung schienen erreicht, das Erzielen von Rendite nur noch möglich über die Senkung der Herstellungskosten, im Wesentlichen durch den Einsatz neuer Technologien und die Internationalisierung der Produktionsabläufe. Investiert wurde fortan bevorzugt dort, wo Subventionen und Steuerbefreiungen lockten, wo die Hürden durch Arbeits- und Umweltschutz gering waren, mit anderen Worten: wo größere Profitmargen winkten. Arbeitsplätze wurden in die Billiglohnländer des Südens verlagert, die Firmen selbst grenzüberschreitend verschachtelt. Voraussetzung hierfür war die Liberalisierung des internationalen Waren- und Kapitalverkehrs. Die Freizügigkeit von Menschen stand hingegen nicht auf der Agenda.

Zum neoliberalen Laboratorium wurde Chile. Dort putschten Militärs mit Unterstützung der USA 1973 gegen die demokratisch gewählte Regierung von Salvador Allende, die den Versuch unternommen hatte, den sich verschärfenden sozialen Konflikten ein solidarisches Gesellschaftsmodell entgegenzustellen. Banken und Kupferbergwerke waren verstaatlicht, eine Agrarreform durchgeführt worden. Das ging den Eliten zu weit. Die Demokratie müsse ab und zu in Blut gebadet werden, rechtfertigte General Pinochet den Staatsstreich. Im Windschatten der Diktatur übernahmen die »Chicago Boys« – Öko-

nomen, die beim Nestor der neoliberalen Wirtschaftstheorie
Milton Friedman in Chicago studiert hatten –, das Ruder.
Sie zwangen dem Land eine Rosskur auf, die später als »Washington Consensus« der ganzen Welt verordnet wurde: ein Bündel
von wirtschaftspolitischen Maßnahmen, die nur ein Ziel hatten: die Sicherung von Wachstum und ökonomische Stabilität
um jeden Preis.
Den Ländern des Südens wurden in den Folgejahren die
Daumenschrauben angelegt. Wollten sie in Umschuldungsverhandlungen kreditfähig bleiben, mussten sie »Strukturanpassungsprogramme« über sich ergehen lassen, die Haushaltskürzungen, Steuersenkungen, die Privatisierung öffentlicher
Einrichtungen (etwa Wasserwerke), die Abschaffung subventionierter Grundversorgung, den Abbau von Handelsbeschränkungen, die Schaffung von Investitions- und Exportanreizen
umfassten. Mit dem Verzicht auf fiskalische und regulative
Maßnahmen, die eine soziale Zähmung der Ökonomie erlaubt
hätten, sollten sich die Regierungen selbst aller Handlungsoptionen berauben.
Die neoliberale Umgestaltung der Welt schlug sich auch in
einem mit vielen blumigen Worten kaschierten Strategiewechsel in der Entwicklungszusammenarbeit nieder. Die Idee einer
sich selbst tragenden, auf Nachhaltigkeit zielenden Entwicklung wurde mehr und mehr aufgegeben, der Leitsatz »Hilfe zur
Selbsthilfe«, dessen Prinzip sich bis auf die Reformpädagogik
Pestalozzis zu Zeiten der Französischen Revolution zurückverfolgen lässt, verwässert. An die Stelle von ersten praktizierten
Ansätzen von Umverteilung, mit denen die Befriedigung essentieller Grundbedürfnisse wie Nahrung, Unterkunft, Kleidung, Gesundheit und Bildung sowie eine integrierte ländliche
Entwicklung ermöglicht werden sollten, traten in den achtziger
und neunziger Jahren Hilfen zur Stärkung von Marktkräften.
Die Idee einer Entwicklung von unten wurde verdrängt von

der Vorstellung, Entwicklung von oben erzeugen zu können.
»Hilfe zur Selbsthilfe« bekam damit einen zynischen neuen
Sinn. Nun waren es die Geber selbst, die aus der neuen »Entwicklungszusammenarbeit« den größtmöglichen Vorteil ziehen wollten. Sie zielte schwerpunktmäßig auf die Förderung
der Wirtschaftskraft, als Voraussetzung von Handel und Investitionen. Soziale Maßnahmen dienten nur noch der Abfe-
derung der negativen Effekte, die mit der Integration lokaler
Ökonomien in den Weltmarkt einhergingen. Mit wenig Erfolg,
wie wir heute wissen.

Die offizielle Entwicklungshilfe verkam wieder zu dem, was
sie in ihren Anfängen in den Nachkriegsjahren gewesen war:
Außenwirtschaftsförderung. Steuerfinanzierte Ausfallbürgschaften halfen der Wirtschaft, das Risiko von Exportgeschäf-
ten und Investitionen zu senken. Lange Zeit wurden uns die
Milliardensubventionen für den Export von Nahrungsmitteln
als Beitrag zur Lösung des weltweiten Hungers schmackhaft
gemacht. Inzwischen sind sie gar nicht mehr nötig. Heute sorgen Freihandelsabkommen dafür, dass sich auf afrikanischen
Märkten mit Hähnchenschenkeln, Schweinefleisch und Gemüse auch ohne Exportsubventionen, aber dank gewaltiger
Agrarsubventionen in Europa selbst, ein profitables Geschäft
machen lässt.

Im Zuge der globalen Entfesselung des Kapitalismus haben
viele Klein- und Subsistenzbauern ihre Lebensgrundlage verloren. Sie mussten ihre Dörfer verlassen und in die Slums der
Städte abwandern. Mit der Zunahme sozialer Konflikte erhielt
die Hilfe, die seitdem in den Ländern des Südens geleistet wird,
auch die Aufgabe, gesellschaftliche Konflikte durch sicherheitspolitische Maßnahmen einzuhegen. Immer größere Anteile von Entwicklungshilfe fließen seitdem in den Aufbau von
staatlichen Sicherheitsdiensten, wie Polizei, Justiz und Straf-
vollzug. Ohne Sicherheit keine Entwicklung, heißt es heute al-

lenthalben; wir werden im Kapitel »Fatale Strategien« darauf zurückkommen. Angesicht der Dominanz der Ökonomie nimmt es nicht wunder, wenn Politik heute vor allem die Aufgabe hat, für wirtschaftsfördernde Rahmenbedingungen zu sorgen. Nicht alle Politiker wollen den damit einhergehenden Bedeutungsverlust wahrhaben, der sich durch die wachsende Übermacht der Finanzmärkte noch weiter verschärfte. Wie sollen sie denn künftig um die Stimmen ihrer Wählerinnen und Wählern buhlen? »Ich habe bisweilen den Eindruck, dass sich die meisten Politiker immer noch nicht darüber im Klaren sind, wie sehr sie bereits heute unter der Kontrolle der Finanzmärkte stehen und sogar von diesen beherrscht werden«, triumphierte schon 1996 der damalige Präsident der Deutschen Bundesbank Hans Tietmeyer auf dem Weltwirtschaftsforum in Davos.

An Versuchen, das Primat der Politik zurückzugewinnen, hat es nicht gemangelt. Immer wieder brachten Demokratiebewegungen, zum Beispiel in Lateinamerika, fortschrittliche Parteien in die Regierung. Die großen Hoffnungen, die sich an sie knüpften, wurden enttäuscht. Der stellvertretende Gesundheitsminister von El Salvador erklärte uns gleich zu Beginn unseres Gesprächs, seine aus der Guerilla hervorgegangene Partei, die FMLN, sei zwar an der Regierung, aber nicht an der Macht. All die in mühsamer ministerieller Kleinarbeit durchgesetzten Verbesserungen, etwa die Reform des Arzneimittelsektors oder die Einführung eines partizipativen Gesundheitsmodells, stünden auf tönernen Füßen. Es sei unsicher, ob die erreichten sozialen Erfolge auf Dauer erhalten blieben. Weil die grundlegenden sozioökonomischen Verhältnisse, die strukturelle Gewalt, unverändert seien, könnten auch die besten Absichten scheitern.

Die Herrschaft der Berater

Schon früh war klar, dass es mit der neoliberalen Umgestaltung der Welt auch Verlierer geben würde. Die seien nicht nur unvermeidlich, sondern gewollt, so ein Sprecher des IWF Mitte der 1990er Jahre in einem nichtöffentlichen Gespräch mit Hilfsorganisationen in Berlin. Unternehmen, Staaten, die Gesellschaft als solches: Sie alle könnten nur überdauern, wenn sie sich künftig nicht mehr am Ideal einer anderen, einer besseren Welt orientierten, sondern an einer betriebswirtschaftlich ausgerichteten Stabilisierung des Bestehenden. Die Stunde der Berater war gekommen. Die Hauptrolle übernahmen Firmen wie McKinsey oder Roland Berger, Investmentbanken wie Goldman Sachs, Wirtschaftsprüfungsgesellschaften wie PricewaterhouseCoopers (PwC) oder Ernst & Young, und internationale Anwaltskanzleien wie Freshfields Bruckhaus Deringer aus London oder BakerMcKenzie aus den USA, die in den frühen 2000er Jahren von Christine Lagarde geleitet wurde, später französische Finanz- und Wirtschaftsministerin, heute Präsidentin des IWF.

Weiterhin will uns die Beratungsbranche einreden, die Lösung der Krise liege in (noch) mehr Markt und Konkurrenz. Noch immer geistert die längst widerlegte Vorstellung eines »*Trickle Down*«-Effekts durch die ökonomischen Lehrmeinungen und Medien: Es sei kein Fehler, wenn zuallererst die Vermögenden Vorteile aus der Deregulierung der Märkte, sprich: dem Verzicht auf soziale und politische Einhegung des Kapitalismus, ziehen würden. Erst wenn die Reichen richtig reich seien, würde nach und nach auch etwas nach unten durchsickern. »Es ist die große Vermehrung der Produktion in allen möglichen Sparten als Folge der Arbeitsteilung, die in einer gutregierten Gesellschaft jenen universellen Reichtum verursacht, der sich bis zu den niedrigsten Bevölkerungsständen verbreitet«, schrieb Adam Smith im 18. Jahrhundert. Auf den »*Trickle Down*«-Effekt, den er damals versprach, warten wir noch immer, so der sarkastische Kommentar des Wirtschaftsnobelpreisträger Paul Krugman. Und selbst wenn er denn käme? Wäre es erstrebenswert, ein Pferd so lange zu füttern, bis sich Spatzen von dessen Äpfeln ernähren können?, spottete der kanadische Ökonom Kenneth Galbraith.

Von den astronomisch angewachsenen Kapitalvermögen, die durch Steuerkürzungen und Deregulierung der Finanzmärkte entstanden sind, kam unten wenig Geld an, dafür umso mehr soziale Verunsicherung und schrumpfende Haushalte – zum Sterben zu groß, zum Leben zu klein. Vor allem auf die Bewohner im globalen Süden hatte die aufgezwungene Marktradikalität fatale Auswirkungen. Dort, wo die Institutionen öffentlicher Daseinsvorsorge, wo Gesundheitsversorgung und Bildungseinrichtungen kaum entwickelt waren, haben die Einschnitte in die Sozialbudgets zu ihrer fast vollständigen Aushöhlung geführt. Auf unseren Reisen haben wir immer wieder erfahren müssen, dass sich keines der von uns besuchten Länder von der von außen aufgezwungenen Auszehrung erholen konnte. Wir sahen erbärmlich ausgestattete Krankenstationen und hörten von Lehrmaterial, das seit Jahrzehnten überholt war.

Wenn Institutionen fehlen, die allen Schutz bieten und die Teilhabe am gesellschaftlichen Leben ermöglichen, wenn Gesundheit und Bildung zu Luxusgütern verkommen, die sich nur wenige leisten können, breitet sich Unmut aus, erodieren Sozialgefüge und verwandeln sich Staaten in autoritäre Gebilde der Machtsicherung, die von Willkür und Unterdrückung geprägt sind. Zwischen 30 bis 50 Länder gelten der OECD inzwischen als »*failed states*«, deren Staatswesen zu repressiven Machtapparaten verkümmert sind.

Wenn Zölle und Steuern als Handelshemmnisse gelten, dann bleiben die öffentlichen Kassen leer. In Ländern wie Sierra Leone, Guatemala, aber auch in Mexiko werden politische Entscheidungen heute kaum noch auf der Grundlage kodifizierter Regeln und von funktionierenden Institutionen getroffen, sondern durch »Korruptionsdeals«. Amtierende Machthaber lassen sich politische Dienstleistungen, wie etwa die Vergabe lukrativer Konzessionen oder die Behinderung gewerkschaftlicher Tätigkeit, mit der Unterstützung bei Wahlen »bezahlen«. So werden politische Systeme anfällig für Klientelismus, Patronagewesen und Korruption. Oder für das Wirken jenes »deep state«, mit dem Bürokraten, Geheimdienste und Militärs Politikern ihren Willen aufzwingen. Bevor wir also die Menschen im Süden, die »korrupten Afrikaner«, die bildungsfernen Bewohner der Slums, die Menschen, die sich mit Kleinkriminalität über Wasser halten, für das Chaos und Elend auf der Welt verantwortlich machen, sollten wir uns erinnern, wer die Spielverderber sind, wer wen korrumpiert und warum die Zerstörung fast unbeschränkt weitergehen darf.

Zum immer böser werdenden Spiel machen die Berater noch immer gute Miene. Selbstbewusst bestehen sie auf der Gültigkeit ihrer Grundsätze. Die Rahmenbedingungen mögen sich vielleicht verändert haben, nicht aber die objektive Notwendigkeit deregulierter Märkte. Alles andere sei Ideologie, behaupten sie, jedes Bemühen um Alternativen vergeblich. Wer den Neoliberalismus durch die Finanzkrise 2008 erschüttert sah, wurde eines Besseren belehrt. Kein einziger Hedgefonds wurde geschlossen und nicht einmal die Spekulation mit Nahrungsmitteln verboten. Noch immer kann mit Wetten auf das Eintreten von Katastrophen, die Ernten vernichten, viel Geld verdient werden. Wie aberwitzig irrational es auf den Finanzmärkten zugeht, hat Joseph Vogl in seinem Buch »Das Gespenst des Kapitals« beschrieben: »Jemand, der eine Ware

nicht hat, sie weder erwartet noch haben will, verkauft diese
Ware an jemanden, der diese Ware ebenso wenig erwartet oder
haben will und sie auch tatsächlich nicht bekommt.«
Die Annahme, ein zum Wohle aller agierender Markt würde
alles richten, trägt unverkennbar Züge eines religiösen Glau-
benssatzes. Der Philosoph Walter Benjamin hat bereits in den
1920er Jahren im Kapitalismus einen mächtigen Kult erkannt,
der an die Stelle der herkömmlichen Religion tritt, im Gegensatz zu dieser aber Egoismus, Habgier, Stolz und Neid nicht
mehr als Sünde verteufelt, sondern als Treibstoff nutzt.

Imperiale Lebensweise

Manche wenden ein, dass nicht alle Probleme der Welt durch
den Kapitalismus verursacht werden. Auch individuelle Pathologien und überkommen geglaubte Dogmen wie zum Beispiel religiöser Fanatismus wären zu nennen. Im Hintergrund
ethnischer und religiöser Auseinandersetzungen aber stehen
wiederum fast immer soziale Konflikte. Unübersehbar sind die
Folgen einer auf kontinuierlicher Akkumulation basierenden
Ökonomie. Der Wachstumszwang spaltet die Gesellschaften,
fördert Umweltzerstörung und Gewalt.
Ein »Weiter so«, das ahnen viele, treibt die Welt weiter in
Richtung Abgrund. Ohne einen radikalen Richtungswechsel
wird unser Planet irgendwann unbewohnbar werden. Und
doch hat sich die behauptete Alternativlosigkeit tief in den
Köpfen der Menschen festgesetzt. Die Fragmentierung der
Welt hat die Vormacht der kapitalistischen Lebensform nicht
in Frage gestellt, sondern zementiert. Mit dem neoliberalen
Credo: »Wenn jede und jeder an sich denkt, ist auch an alle
gedacht«, hat sich die Vorstellung durchgesetzt, Menschen
seien auf sich gestellt, so etwas wie »Unternehmer in eigener

Sache«, die miteinander um die Sicherung ihrer jeweiligen Existenz konkurrieren. Unter kapitalistischen Vorzeichen ist nicht Solidarität, sondern Konkurrenz angesagt; ein Leben als permanentes Streben, der Erste zu sein und mehr zu besitzen, weltweit propagiert in Talkshows, Boulevardmedien, Politiker- reden, Ökonomielehrbüchern und Hollywood-Produktionen.

Der Kapitalismus schafft sich die Menschen, die er braucht: Konsumenten, die Waren wie Fetische kaufen; Arbeiterin- nen, die unmenschliche Bedingungen in Kauf nehmen, um zu überleben. Viele haben die Vorherrschaft von Konkurrenz und Wachstum verinnerlicht, folgen einer Ideologie, die sich als pragmatischer Realismus ausgibt, um zugleich alle Kritik daran selbst der Ideologie zu bezichtigen. Sie spiegelt sich in den Haltungen von Menschen, die sich perfekt im Globalen zu bewegen wissen, ohne die globalen Abhängigkeiten und Zu- sammenhänge zu erkennen. Man nimmt für sich die Vorzüge einer weltoffenen Existenz in Anspruch, sieht sich aber nicht in einer wie auch immer gearteten Verantwortung für dieje- nigen, die Opfer der Globalisierung geworden sind. Nur hin und wieder bricht etwas anderes durch, wenn sich Prominente in einer medialen Inszenierung einen Kübel mit Eis über den Kopf schütten oder in Zitronen beißen, um dann mit verzerrter Miene, aber lachend zu Spenden zur Bekämpfung einer bis- lang unheilbaren Krankheit oder des weltweiten Hungers auf- zurufen. Solche Selbstgeißelung, so könnte man psychologisch vermuten, befreit den Einzelnen durch Selbsterniedrigung kurzzeitig von der Empfindung einer schuldhaften Mitverant- wortung.

Denn im Alltag fahren viele von uns benzinfressende SUVs, unternehmen Fernreisen, genießen Steaks aus Argentinien und Biotrauben aus Chile – all das Ausdruck, so sagt uns der Sozialwissenschaftler Ulrich Brand, einer »imperialen Lebens- weise«, die wenige auf Kosten vieler führen. Um das zu ertragen, blenden die meisten die Zusammenhänge von Ausbeutung und Ungerechtigkeit aus, selbst wenn sie davon wissen. Hin und wieder ertönt der Warnruf, dass eine solche Lebensweise auf Dauer nicht gutgehen kann. Auch der Bundesminister für Wirtschaftliche Zusammenarbeit und Entwicklungshilfe erinnert zu besonderen Anlässen daran, dass wir langfristig nicht auf Kosten anderer leben können. Solange Deutschland geschätzte 5,5 Mio. Hektar Land im Ausland in Anspruch nimmt (das entspricht fast einem Drittel der in Deutschland genutzten Fläche), um seinen Bedarf an Agrarprodukten zu decken – Futtermittel aus Südamerika, Palmöl aus Südostasien –, wird Menschen auf anderen Kontinenten etwas weggenommen, um unseren Überkonsum zu ermöglichen.

Während wir unsere »imperiale Lebensweise« nicht ändern wollen, verlangen wir von den Armen, sich an Rahmenbedingungen anzupassen, die ihnen von außen aufgenötigt werden. Das neoliberale Diktat hat sich inzwischen auch in vielen Hilfsprojekten durchgesetzt. Um unseren Überfluss zu erhalten, sollen die Armen »Entrepreneurs« in eigener Sache werden, die sich mit geringen Mitteln, aber großer Eigenverantwortung durchschlagen, die ganz unten stehenden Agenten eines globalisierten Produktionsprozesses zu unseren Gunsten. Herrschaft und Kontrolle sind dann total, wenn sie sich in den Menschen eingenistet haben und auf ständige Selbstoptimierung drängen, ob bei uns im Norden oder im tiefsten Süden.

Der permanente Krieg.
Sierra Leone

Am Lumley Beach, dem Stadtstrand von Freetown, steht ein einziger Billardtisch in einer Bar aus Sand und Plastiktischen. Egal, wie man die Kugeln spielt, ob mit voller Kraft oder als Rückläufer, ob über Band oder mit Effet, sie kullern alle dem einen Ende entgegen, ballen sich auf der Meeresseite zusammen. Nach einigen Stößen wird dem Spieler klar, das Ergebnis ist vorhersehbar und stets gleich, denn der Tisch ist schräg, und niemand macht Anstalten, ihn gerade zu rücken. Alle scheinen sich damit abgefunden zu haben. Einige Jungs betrachten amüsiert das mühsame Spiel, und der Eigentümer, ein aus England zurückgekehrter Mann mittleren Alters, der seine Gäste enthusiastisch und warmherzig begrüßt, verspricht jedes Mal wieder Abhilfe. Das Bier ist kalt, der Sonnenuntergang schön und der Tisch in einer ewigen Schieflage.

Sierra Leone sei eines der ärmsten Länder der Erde. Die Lebenserwartung von knapp über fünfzig Jahren ist die zweitniedrigste der Welt, auf dem Index der menschlichen Entwicklung, dem Wohlstandsbarometer der UN, befindet sich das Land auf Platz 179. Doch zugleich ist Sierra Leone eines der reichsten Länder der Welt, es besitzt reichlich fruchtbare Felder, Wälder und Bodenschätze. Sierra Leone ist arm gemacht worden. Das kann man nicht oft genug wiederholen, denn hier kann man die Mechanismen von Ausbeutung, Zerstörung und Unterentwicklung exemplarisch studieren. Zwei Wochen in diesem westafrikanischen Land erweisen sich als Schnellkurs in Krise und Krisengewinnlerei.

Wo die Menschen im Weg sind

Aus der Ferne sehen die Erhebungen wie andere Hügel in diesem hügeligen Land aus. Aus nächster Nähe erweisen sie sich als steil aufragende Geröllhalden, bis zu fünfzig Meter hoch, sie werfen bedrohliche Schatten. Die älteren von ihnen sind in Teilen schon überwachsen, angeblich sollen sie eines Tages wiederaufgeforstet werden. Steht man mitten in Koidu City, vor der Commercial Bank und gegenüber der Union Bank, sieht man am Ende der Flucht eine dieser Halden. Sie wirkt wie ein Bollwerk gegen den Rest der Welt. Auf einmal versteht man das deutsche Wort »Berg-bau«. Wortwörtlich. Wenn samstags die Sprengungen erfolgen, erzittert die ganze Stadt, erbeben alle Häuser. Straßen werden – wenn nötig – blockiert, alle andere Arbeit ruht, die Mine herrscht über alles. Selbst als der Präsident einmal zu Besuch kam, musste sein Konvoi anhalten und das Ende der Sprengungen abwarten. Zwanzig Jahre lang wurde jeden Samstag gesprengt und gelegentlich auch an einem zweiten Tag in der Woche; in Zukunft wird unter Tage weitergesprengt werden.

»Bei jeder Sprengung«, erzählt eine ältere Frau, »müssen wir auf der Stelle unsere Häuser verlassen, selbst wenn wir gerade beim Kochen sind, und nach der Rückkehr stellen wir oft fest, dass man uns beklaut hat. Meine Nachbarin bekam einen Schock, weil die Sprengung lauter als sonst war, sie musste ins Krankenhaus. Während sie weg war, hat ihr jemand Geld und das Handy geraubt. Die ganze Nacht hindurch werden Steine aufgeschichtet, keiner kann bei dem Lärm schlafen, manche von uns sind schon ganz schwerhörig, und unsere Häuser haben Risse in den Wänden.«

Die Betroffenen sitzen in einem Kreis unter einem ausladenden Mangobaum inmitten eines Kakaogartens. Die Frauen haben sich herausgeputzt, in traditionellen Dockat und Lappa – bunte, bedruckte Baumwollkleidung. Sie sind wütend, sehr wütend.

»Wir haben das Reden satt. Mit euch sprechen wir nur, weil wir euch nicht kennen und wir uns zum ersten Mal treffen. Wir leiden. Wir sind nicht stark, wir haben kein Geld. Die *chiefs* und die Manager kennen uns nicht einmal. Sie haben nur ein Interesse: uns loswerden.«

Mr Prince, der Vorsitzende der Gruppe, hat als Erster das Wort an sich gerissen. Es ist nicht leicht, den vielen weiteren Klagen zu folgen. Die Stimmen überschlagen sich, verdichten sich im kühlen Schatten dieses Hains zu einem tragischen Chor.

»Wir besaßen das Land, das war unser Geburtsrecht. Jetzt haben wir nichts.«

»Es gab keine Entschädigung.«

»Ganz wenig.«

»Wie haben sie den Wert meiner Kakaobäume bewertet? Mit 5000 Leone pro Baum (*etwa ein halber Euro*), dabei bringt ein Kilo Kakaobohnen momentan das Doppelte ein. Und was ist mit all den künftigen Ernten? Für einen Bananenbaum gab 's nur die Hälfte.«

»Immer wieder wurde uns Entschädigung versprochen, nie ist sie gezahlt worden.«

»Manche wurden umgesiedelt. Sie erhielten ein Häuschen mitten im Busch, wo nichts ist, kein Strom, kein Bus fährt da hin. Und sie bekamen keine Eigentumsurkunde.«

»Früher war das hier eine lebhafte Gemeinde, jetzt ist's eine Geisterstadt, niemand will in unserem Stadtteil etwas aufbauen.«

»Staub überall. Staub kriecht in alles hinein. Staub wirst du nie los.«

»Das Wasser ist verseucht.«

»Wir haben protestiert, keine Reaktion.«

»Unser Rechtsanwalt wurde festgenommen.«

»Der *paramount chief* weigert sich, uns zu treffen.«

»Der für Korruption zuständige Beamte weigert sich, unsere Beschwerde anzunehmen.«

Die Erde unter Koidu City birgt Diamanten. Es heißt, die Menschen vor Ort würden gar nichts von den Bodenschätzen haben. Das stimmt nicht: Sie haben gravierende Nachteile davon. Statt Wohlstand herrscht wirtschaftliche Stagnation und Verarmung. Die Provinz Kono ist zugleich die reichste und ärmste Region Sierra Leones. Hier nahm der langjährige Bürgerkrieg seinen Ausgang, Anfang der 1990er Jahre benötigte die Rebellenorganisation *Revolutionary United Front* (RUF) nicht viel Überzeugungskraft, um Tausende frustrierter junger Männer ohne Zukunftsperspektive zu rekrutieren. Gleichzeitig verelendete die diamantenreiche Region während des Bürgerkriegs, der bis 2002 andauerte, die Stadt wurde sowohl von der Rebellenbewegung als auch von den Regierungstruppen angezündet, Tausende wurden als Sklaven gezwungen, Diamanten zu schürfen. Söldnerunternehmen wie Executive Outcomes verbündeten sich mit Bergbaukonzernen wie Diamond Works und erhielten noch während des Kriegs als Gegenleistung für ihre Unterstützung Konzessionen von der Regierung. Inzwischen haben sich die Namen der beteiligten Unternehmen zwar geändert, nicht aber das Grundprinzip: Die einen holen die Diamanten aus der Erde, die anderen schützen die Ausbeutung.

Nach dem Krieg wurde schweres Gerät eingeführt, so dass viele der ohnehin miserabel bezahlten Arbeitsplätze wegfielen. Heute beschäftigt die Mine maximal tausend Arbeiter – die Zahl fluktuiert –, die durchschnittlich etwa 170 Dollar im Monat verdienen, für den Abstieg in die gefährlichen Schächte, mit nichts als einem Plastikhelm zum Schutz gegen herabfallende

Felsbrocken und dichten Staub. Wenn sie sich beschweren oder einen Tag der Arbeit fernbleiben, werden sie geschlagen oder entlassen. Die meisten werden eh nur für drei bis sechs Monate angestellt, auf »Probezeit«, danach als »ungeeignet« entlassen: ein »Recycling von Arbeitern« nennen es die Einheimischen grimmig. Es gibt eine Gewerkschaft, aber ihre Führer werden von dem Unternehmen bezahlt und vertreten dementsprechend dessen Interessen. Die Minengesellschaft hat nichts für die Stadt und die Region getan. Es ist keinerlei Infrastruktur sichtbar, nicht einmal eine zuverlässige Stromversorgung. Die Bevölkerung ist aus Sicht der Diamantenindustrie in mehrfacher Hinsicht »überflüssig«: Sie wird als Arbeitskraft kaum noch benötigt, und da sich die Vorkommen teilweise unter der Stadt und unter einigen der Dörfer in der Umgebung befinden, sind die Menschen schlichtweg im Weg.

Bislang ist kein einziger Vertreibungsfall vor einem Gericht verhandelt worden. Als der Bürgermeister von Koidu City einen Versuch unternahm, den Bergbaukonzern, damals Koidu Holdings, heute Octea, gerichtlich zur Zahlung der kommunalen Grundsteuer zu verpflichten, wurde er gesetzeswidrig aufgrund an den Haaren herbeigezogener Vorwürfe abgesetzt. Dann befreite das Parlament in einem eigens verabschiedeten Gesetz das Unternehmen von derartigen Steuern. Der Staat ist der erste Diener des Konzerns.

Eine gewaltige, stacheldrahtbewehrte Mauer umgibt das Minenareal. »*Our Berlin wall*«, sagt einer der Aktivisten (*ein Déjà-entendu*). Als wir uns ihr nähern, ertönen sogleich Schreie und Pfiffe seitens einiger Polizisten, die sich unter einem ausladenden Baum bequem postiert haben und Dame spielen. Wir werden misstrauisch befragt, unsere Pässe begutachtet, der Offizier erklärt uns feierlich, dies sei eine Sperrzone, der Aufenthalt nur mit Sondergenehmigung erlaubt.

Neben einer der Geröllhalden sitzen etwa dreißig Frauen auf Felsgestein, sichtbar erschöpft nach einem langen Tag des Steineklopfens. Sie haben keine Werkzeuge außer einem Hammer und einer Harke. Die Beine sind zerschnitten, die Hände schwielig und jede einzelne von ihnen schaut zehn Jahre älter aus, als sie ist. Bei dieser Arbeit bleibt niemand jung.

»Wir setzen uns für die Rechte der Frauen ein, und wir brechen Steine«, sagt die einzige unter ihnen, die gut Englisch spricht, mit halbverlegenem Stolz.

Die Frauen haben sich vor einigen Jahren zusammengetan. Um zu überleben. Sie erhalten tausend Leones (*etwa zehn Cents*) für eine volle Kopfschüssel. Normal wären 1500, aber aufgrund ihrer Notlage werden sie heruntergehandelt (ein weitverbreitetes Phänomen, das uns in seiner Perversion kaum noch auffällt. Angemessener wäre es, gerade einem notleidenden Menschen mehr als das Übliche zu geben). Pro Tag füllen die Frauen höchstens zwanzig Schüsseln. Zwei Euro.

»Die meisten von uns sind alleinerziehende Mütter, unsere Männer sind an Ebola verstorben oder geflohen, wir haben keine andere Arbeit, aber Schulden, wegen der Schulgebühren, wegen Krankheiten. Früher hatten wir noch kleine Gärten. Jetzt ist alles unter Steinen verschüttet. Wir haben keine andere Möglichkeit, wir können zu niemandem gehen. Wir haben Briefe an die Behörden geschrieben: keine Antwort.«

Einige der Frauen zupfen am Kleid der Rednerin, sie haben Angst, sie rede zu unverblümt. Sie schauen weg, auf die Steine, sie wollen sich wehren, aber vor ihnen stehen einige weiße Männer, die ihnen unbekannt sind. Zuletzt ist ein Problem aufgetaucht, das ihre prekäre Existenz gefährdet. Auf einzelnen Felsen der Geröllhalde sind weithin sichtbare rote Kreuze aufgesprüht. Die »*Environment Protection Agency*«, von der die Frauen bis vor kurzem nichts gehört hatten, hat sich eingemischt. Sie behauptet, es sei zu gefährlich, Steine zu entnehmen. Was, wenn es einen Steinschlag gäbe, wenn jemand einen Unfall erlitte, wäre dann nicht der Bergbaukonzern dafür verantwortlich? Also hat ein EPA-Beamter ihnen den Zugang verboten. Selbst das Geröll, der Abfall des Diamantenabbaus, bleibt ihnen nun vorenthalten.

Das einzig Positive in all den bedrückenden Aussagen der Betroffenen ist das Lob auf eine Organisation namens NMJD, *Network Movement for Justice and Development*. Joseph heißt der örtliche Organisator, ein ruhiger Mann mit einer geradezu spirituellen Zuversicht, der mit seinen Helfern eine Arbeit erledigt, die Sisyphus in die Knie gezwungen hätte: Rechte verteidigen, Bildung ermöglichen, Widerstand organisieren, die verschiedenen Bürgergruppen beratend unterstützen. »Die Leute von NMJD sind die Einzigen, die uns geholfen haben, die uns weiterhin helfen«, hatte man uns im Kakaohain gesagt, mit selten mildem Tonfall. »Alle anderen NGOs machen uns nur was vor.«

»Wir wollen«, sagt Joseph, »dass die Menschen aufstehen – genug ist genug –, dass sie anfangen, sich zu engagieren. Aber wir wollen im Hintergrund bleiben, die Menschen dazu bringen, selbst für ihre Rechte zu kämpfen.«

Vom Kampf gegen den Bergbauriesen

Die »*Civil Society Network Platform*«, ein freier Zusammenschluss von Aktivisten, ist Folge dieser Bemühungen. Man trifft sich wöchentlich in den Räumen der NMJD. »Aus unserem Kampf muss eine Bewegung werden für das Gemeinwohl.« Es gehört zu den Perversionen unserer Epoche, dass nur eine kleine Minderheit sich für das Selbstverständliche einsetzt. Wie konnte es so weit kommen, dass das Gemeinwohl nicht von allen unterstützt wird?

»Was wir konkret machen? Wir weisen auf Missstände hin. Eine Straße ist durch die Sprengungen der Mine beschädigt worden. Wir schaffen öffentlichen Druck, erst dann wird die Straße repariert. Wir zwingen die Mine, einen Schulbus zu stellen für die Kinder der zwangsumgesiedelten Menschen. Wir haben Zugang zu den kommunalen Radiostationen. Wir klären auf. Ein anderer Weg bleibt uns nicht.«

Denn es scheint so, als seien die wackligen demokratischen Institutionen aufgrund der Sprengungen vollends einsturzgefährdet. Die *local councils* (kommunale Verwaltung) befänden sich in einer erbärmlichen Lage, auf die Unabhängigkeit der Gerichte sei kein Verlass.

»Deswegen gibt es keinen Optimismus mehr. Viele unserer Partner wollen sich nicht an unserem Kampf gegen den Bergbauriesen beteiligen, weil sie keine Hoffnung auf einen positiven Ausgang haben. Unsere erste Forderung lautet: Die Gemeinschaft sollte einen fairen Anteil an den Erträgen aus dem Bergbau erhalten. Im geltenden Gesetz, im *Mines and Mineral Act*, wird festgelegt, dass jedes Unternehmen 0,25 Prozent seines Umsatzes an die örtlichen Gemeinden zahlen muss. Koidu Holdings schuldet diesen Beitrag seit 2010. Vor kurzem hat ein Minister die Holding angewiesen, zumindest für 2016 zu zahlen, aber nicht einmal das hat sie gemacht. Zudem gewährt sie nie Einblick in ihre Bilanzen, keiner weiß, was sie verdient. Es gibt so viele dunkle Ecken in diesem Konzern, es ist so leicht, etwas zu verbergen.«

Früher kam es zu Protesten. Die Sicherheitskräfte griffen ein, schossen scharf, einige Demonstranten wurden getötet. An einer Kreuzung erhebt sich ein einfaches Mahnmal zur Erinnerung an Aiah Momoh, ermordet am 13. 12. 2007.

»Wir wollen nicht, dass so etwas noch einmal passiert. Die Menschen haben Angst, erschossen zu werden, Angst vor der Polizei, die, wenn nötig, schnell Beweise für ein Verbrechen fingiert. Ich habe einmal eine SMS mit nur einem Wort erhalten: STOPP. Es ist schon vorgekommen, dass Zeugen einen Tag vor einem Gerichtstermin sterben.«

Die Sitzung löst sich gegen Mittag auf, Joseph bleibt zurück, hinter ihm drei Bilder von Jesus Christus.

»Wir haben es mit Konfrontation versucht, aber wir sind gescheitert. Wir haben es mit Dialog versucht, aber wir sind gescheitert. Jetzt versuchen wir es mit Gerichtsprozessen, denn das Einzige, was die Konzerne fürchten, ist ein internationaler Skandal. Wir werden wahrscheinlich wieder scheitern. Eines Tages kommt es zu einem großen Konflikt!«

In dem von Libanesen geführten Paloma Guest House treffen sich all die Auswärtigen, die sich hier irgendwie einmischen: Vertreter des *World Food Programme*, der Welthungerhilfe, ein für Gesundheit zuständiger Offizier namens Major Bangura in Begleitung dreier chinesischer Militärärzte, einige Libanesen, die mit Diamanten und Kakao handeln, europäische Entwicklungshelfer und Journalisten. Ihre schweren Geländewagen bilden einen Fuhrpark der Hilfe und der Ausbeutung. Im Restaurant sitzen sie über einem Bier und sagen Sätze wie …

»Hier geht gar nichts voran.«

Die Gier der Eliten, die Korruption in der Politik.

»Es fällt nichts ab vom reich gedeckten Tisch, nicht einmal einige Brosamen.«

Das Einzige, was funktioniert, sind die Geschäfte.

»Die Chinesen werden als Gegenleistung für die von ihnen durchgeführten Infrastrukturprojekte 180 000 Hektar Land bekommen. Wie dies abgewickelt wird, steht noch in den Sternen. Brachland in diesem Umfang gibt es nicht. Das Land muss also anderen weggenommen werden.«

Und dann, spät am Abend, erzählt einer in der Runde den altbekannten Witz von dem japanischen Minister, der seinem

Staatsgast aus Nigeria eine wunderschöne Brücke zeigt und ihm erklärt, zehn Prozent der Baukosten seien in seine Tasche geflossen, worauf der nigerianische Minister beim Gegenbesuch seinen Gast an einen Fluss führt und auf eine Brücke zeigt, die nicht vorhanden ist. Siehst du, sagt er, hier fließen hundert Prozent in meine Tasche.

»Wenn wir die hundert Prozent auf fünfzig verringern könnten, das wäre ein Fortschritt«, bemerkt ein Sierra-Leoner in der Runde. Es klingt sarkastisch, ist aber ernst gemeint.

Land grabbing

Noch mehr als der Abbau von Bodenschätzen ist das Vordringen von agrarindustriellen Investoren verantwortlich für den Verlust von Grund und Boden. »*Land grabbing*« heißt dieses globale Phänomen seit einigen Jahren, was so klingt, als würde ein Halbstarker einer alten Dame die Handtasche entreißen. Tatsächlich handelt es sich um ein ausgeklügeltes Raubsystem gigantischen Ausmaßes, am helllichten Tag, weltweit.

Der größte Tatort ist die Guinea-Savanne, jener großflächige subsaharische Raum, der Sierra Leone umfasst. Agrarinvestoren läuft das Wasser im Mund zusammen, wenn sie an Afrika denken. Dort sind vier Millionen Quadratkilometer zu haben, sechzig Prozent der weltweit noch nicht bewirtschafteten Fläche, fruchtbar und unverbraucht, billig, geradezu zum Spottpreis und – das Beste daran – brachliegend. Denn Subsistenzbauern und Kleinhirten zählen bei dieser Betrachtung nicht.

Das Land im ländlichen Afrika unterliegt meist dem Gemeinbesitz. Der *paramount chief* ist »Hüter der Erde«, aber nicht ihr Eigentümer, auch wenn er sich oft als solcher gebärdet. Vor Ankunft der Kolonialherren gab es in vielen Gegen-

den sogenannte akephale Gesellschaften, egalitäre Basisdemo-
kratien ohne institutionalisierte Herrschaft. Der *chief* war als
primus inter pares den Interessen der Gemeinschaft verpflichtet. Heute folgt er den Anweisungen der Regierung (zwar ist
er auf Lebenszeit gewählt, kann aber von der Regierung leicht
abgesetzt werden), ohne die Meinung der Betroffenen einzu-
holen. Die Dorfgemeinschaft wird informiert, aber nicht – wie
früher – konsultiert. Frauen haben keinen Landbesitz, sie werden nie befragt (wichtig wäre daher die Respektierung ihrer
Landrechte). Die Bevölkerung erhält keine zuverlässigen Informationen. Die Vorteile des geplanten landwirtschaftlichen
Projekts werden als lichte Zukunft präsentiert, das Blaue vom
Himmel versprochen. In Wirklichkeit erfolgt fast immer die
Vertreibung der Alteingesessenen ohne angemessene Entschädigung, der Langzeitwert des Landes wird nie berücksichtigt,
sondern nur der Verlust eines einzigen Jahres. In Sierra Leone
werden maximal zehn Dollar pro Hektar gezahlt, das ist vom
Landwirtschaftsministerium so festgelegt, ein willkürlicher
Wert, der jeglichen ökosozialen und kulturellen Nutzen unbe-
rücksichtigt lässt.

Mohammed Konté, Gründer und Direktor der NGO *Madam*
in Makeni im Westen des Landes, hat seine Diplomarbeit an
der TU in Aachen der Kartierung natürlicher Ressourcen ge-
widmet, dem Versuch, ihren tatsächlichen Wert zu bestimmen.

»Bei der sogenannten Kompensation handelt es sich um
einen gewaltigen Vermögensverlust. Ich habe errechnet, dass
die Regierung für eine erheblich höhere Entschädigung sorgen
müsste, eine Entschädigung, die 60- bis 65-mal höher liegt als
die gegenwärtig gezahlte!«

Ein eklatantes Beispiel für eine Umverteilung von unten
nach oben.

Und das ist noch nicht alles. Bei der althergebrachten Nutzung des Bodens durch Wanderfeldbau und Weidewirtschaft

werden Flora und Fauna kaum beeinträchtigt. Sobald die industrielle Landwirtschaft sich ausbreitet, sterben die Pflanzen, verschwinden die Tiere.

»Keiner stellt die Frage, was für Land wir nach Ablauf des Pachtvertrags, nach dreißig oder sechzig Jahren, zurückbekommen werden. Kann man auf dem Land dann noch leben? Oder etwas anbauen? Oder ist es tot?«

Mohammed Konté spricht die Sprache der Ökonomie, er verwendet immer wieder Begriffe wie *human capital*, *equity*, *asset*. Er zeigt innerhalb der Logik des Systems dessen Unzulänglichkeiten und Ungerechtigkeiten auf.

»Jede Investition, die die Menschen vor Ort nicht ermächtigt, sondern enteignet, ist Ausbeutung.«

Der große Ausbeuter unweit von Makeni heißt ADDAX, so wie die wunderschöne afrikanische Wüstenantilope, ein Konzern mit Sitz in Genf, der 2011 großflächig Zuckerrohr für Biosprit anpflanzte. Das Projekt ging nach einigen Jahren ein, da die Preise für Ethanol stark fielen, aber auch wegen der Ebola-Epidemie. Abass Kamara hat das Projekt von Anfang an kritisch begleitet und den Widerstand dagegen mitorganisiert.

»Nach dem Krieg gab es ein Bestreben der Regierung, ausländische Investoren anzulocken, denen alles auf einem goldenen Teller gereicht wurde, gemäß den Vorstellungen der Weltbank. Die Regierung übte keinerlei Druck auf die Unternehmen aus. Die *Investment and Export Promotion Agency* bot Interessenten Land für jährlich fünf Dollar pro Hektar an! Und garantierte billige Arbeitskraft – 25 Cents die Stunde –, kostenloses Wasser und niedrige Steuern. Außerdem: keine Regulierung der Devisen, keine Beschränkung ausländischer Mitarbeiter, hundertprozentige Rückführung der Gewinne. Finanziert wurde das Ganze durch Entwicklungsbanken, in diesem Fall durch die niederländische FMO, die war federführend, und die deutsche DEG (die im Auftrag der Bundesregierung handelnde Investitions- und Entwicklungsgesellschaft). Es gab zu keinem Zeitpunkt einen direkten Kontakt zu den Investoren, die haben jegliche Kommunikation mit den Dorfgemeinschaften und den Vertretern der Zivilgesellschaft verweigert.«

Der ADDAX-Konzern pachtete nicht nur den Grund und Boden, sondern auch alles, was sich auf dem Land befand, Häuser, Werkstätten, Kochstellen, Haine und Bäche. Dafür durften einige wenige Einheimische schlechtbezahlte niedere Dienste verrichten, die meisten Angestellten wurden im Ausland angeheuert, in Südafrika, Simbabwe, Nigeria – sogar der Tankwart und die Gärtner.

»Wir haben versucht, auf die Umweltverschmutzung hinzuweisen. Die offizielle Umweltverträglichkeitsstudie war einseitig, außerdem haben sie die Wasserproben nicht an der richtigen Stelle entnommen. Wir mussten unsere eigenen Proben aus dem Land schmuggeln, denn wir erhielten keine offizielle Erlaubnis hierfür. Die Untersuchung eines unabhängigen Labors im Ausland hat eine toxische Kontaminierung der Brunnen und der Böden gezeigt. Man hat versucht, uns zu bestechen. Ein Bankmanager hier in der Stadt bot einem der einflussreichsten Aktivisten 15 000 Dollar an, einfach so, stellt euch das vor, ein Bankmanager, der so was tut – es gibt nie direkten Kontakt zum Unternehmen. Wir wussten, was geschehen würde, wenn wir nachgeben sollten. Wir würden zur Belohnung angestellt und nach einem Jahr wieder entlassen werden. Wenn es mit der Korruption nicht klappt, versuchen sie es mit Drohungen. Ich traue mich nicht mehr, mit dem Motorrad zu fahren, denn einmal raste ein Auto direkt auf mich zu, ich konnte im letzten Augenblick noch ausweichen.«

Das angeblich nachhaltige Projekt von ADDAX erwies sich als ein soziales und ökologisches Desaster. Aber die Verantwortlichen haben sich aus dem Staub gemacht. Die Genfer haben 75 Prozent der Anteile an das britisch-chinesische Konsortium SUNBIRD verkauft, und da das Darlehen inzwischen voll zurückgezahlt worden ist, kann man die beteiligten Entwicklungsbanken, darunter die DEG, laut ihren eigenen Statuten nicht zur Verantwortung ziehen. Auch das hat Prinzip: Langzeitfolgen sind aus der Verantwortlichkeit ausgeklammert.

»Das zentrale Problem besteht darin«, sagt Abass Kamara, »dass die Rechte der Investoren Vorrang haben vor den Rechten unserer Bauern. Die Investition ist das höchste Gut, das es zu schützen gilt, der Mensch muss dahinter zurückstehen. Sollte es zu einem Konflikt kommen zwischen den Interessen der Investoren und den Bedürfnissen der Menschen, werden die Investoren stets gewinnen.«

ADDAX ist keineswegs der einzige Investor dieser Art in Sierra Leone. Industrielle Plantagen nehmen inzwischen knapp zwanzig Prozent des fruchtbaren Bodens ein. Eine beachtliche Zahl von Palmölherstellern hat sich eingewurzelt, portugiesische, britische, amerikanische sowie das in vielen afrikanischen Staaten tätige belgisch-luxemburgische Unternehmen SOCFIN, dessen stolzes Motto lautet: »*One can do nothing with nothing, but one can do plenty with little*« (»Aus nichts entsteht nichts, aber aus wenig lässt sich viel machen«). Gemeint ist bestimmt, wie billig man Grund und Boden in Ländern wie Sierra Leone bekommen kann, wenn man ansässige Bauern ohne Kompensation vertreibt.

Vierzig Prozent der Weltbevölkerung hängen von der Landwirtschaft ab, meist als Kleinbauern. Mehr als die Hälfte des weltweiten *Land grabbings* findet im subsaharischen Afrika statt, überwiegend in Ländern mit hohem Hunger-Index. Mit anderen Worten: Dort, wo die Menschen am wenigsten zu essen haben, sollen Nahrungsmittel für die Wohlhabenden angebaut werden. »Afrika ist die letzte Grenze des Kapitalismus«, schreibt der Philosoph Achille Mbembe. »Es ist das letzte Gebiet auf der Erde, das noch nicht ganz und gar der Herrschaft des Kapitals unterworfen ist.« Das soll sich möglichst rasch ändern. Eine hervorragende, breite Piste führt zur einstigen Fabrik von ADDAX. Auf einer Länge von zehn Kilometern zu beiden Seiten nur Elefantengras (als Ersatz für das Zuckerrohr) und Maniok. Monokultur, bewacht von der Polizei, die unangemeldete Besucher höflich, aber bestimmt zur Umkehr auffordert. Die Farm erhält weiterhin Strom zu subventionierten Preisen, während die Preise für die einheimische Bevölkerung Anfang 2016 angehoben wurden. Hier ist wie anderswo auch eine Enklavenwirtschaft entstanden. Das ausländische Unternehmen errichtet in seinem Areal eine kleine Nische der Ordentlichkeit, mit angemessener Grundversorgung seiner Mitarbeiter. Draußen vor dem Tor herrscht Elend. Die Verpachtung von Land bringt der Regierung bescheidene Einnahmen und den Menschen vor Ort einige miserable Arbeitsplätze, ansonsten nichts. Das Land entwickelt sich kaum. Im benachbarten Liberia wird seit neun Jahrzehnten Kautschuk angebaut. Inzwischen hat es zwei Weltkriege und einen Kalten Krieg gegeben, die afrikanischen Staaten sind unabhängig geworden, die Globalisierung hat sich vollzogen, der Mensch ist zum Mond geflogen und hat einen Computer entwickelt, der ihn im Schach schlägt, doch weiterhin ist kein einziges Gummiband jemals in Liberia produziert worden. Der Traktor der Entwicklung pflügt voran, nie aber auf Reifen, die in Westafrika hergestellt worden sind.

Und dass das auch so bleibt, dafür sorgt das »*Economic Partnership Agreement*«, das die Europäische Union im Februar 2014 mit den Ländern Westafrikas geschlossen hat. Darin sichert sich Europa den abgabenfreien Zugriff auf relevante Rohstoffe, steuer- und auflagenbegünstigte Investitionen und den ungeschmälerten Transfer der erwirtschafteten Erträge zurück nach Europa.

Rechnet man die fünfzig Milliarden Dollar, die Westafrika laut einer im Februar 2018 veröffentlichten Studie der African Development Bank alljährlich durch Preismanipulation bei Handelsgeschäften, Steuerhinterziehung, Korruption und andere illegale Geldabflüsse verliert, dann wird klar, wie viel mehr Mittel aus Afrika abgeschöpft als in Form von Entwicklungsgeldern und Direktinvestitionen hineingepumpt werden. Afrika ist ein Nettogeber.

Die Stigmatisierung der Überlebenden

Auf der Straße nach Kenema ein Loch im Auspuff. Wir halten an einer Werkstatt. Während geschweißt wird, mit einer Sonnenbrille als Augenschutz, fahren unzählige NGO-Fahrzeuge vorbei: »Rettet die Kinder«; »Rettet die Natur«; »Rettet die Welt«. Auf anderen Autos wird Jesus oder Allah gepriesen. Der Verkehr scheint aus Rettern und Predigern zu bestehen. Wenn Beten helfen würde, wäre Sierra Leone die Schweiz. Wenn Helfen helfen würde auch.

Wir verspäten uns. Die Ebola-Überlebenden warten schon. Sie sitzen nebeneinander in einem Halbkreis. Das Unfassbare steht ihnen ins Gesicht geschrieben. Sie reden, zunächst unwillig, zaghaft, später wie ein Sturzbach. Es wirkt nicht so, als redeten sie zu den Lebenden allein.

Sabaina Kollea ist Frisörin. Das erste Wort, das sie häufig verwendet, lautet: Angst. »Die Krankheit erreichte unser Haus. Mutter. Ehemann. Ein Bruder. Ein zweiter Bruder. Das erste Kind. Das zweite Kind.« Sie zählt sie alle auf, ohne aussprechen zu müssen, dass sie gestorben sind. »Unsere Gemeinde wurde unter Quarantäne gesetzt. Neue Regeln. Keine Hände schütteln, Hände oft waschen. Daran halte ich mich, bis heute. Bis heute. Der Vermieter hat mich aus dem Haus geworfen, als ich

krank wurde. Wo sollte ich hin? Mit zwölf Kindern. Drei davon
waren meine eigenen, die anderen neun Waisen.«

«Dörfer und Viertel, in denen die Krankheit ausgebrochen
war, wurden unter Quarantäne gestellt: Checkpoints von Polizei und Militär an allen Ausfahrtstraßen. So sehen technokra-
tische Lösungen aus. Nichts kam mehr rein, kein Essen, kein
Wasser. Auch keine Medizin. Aus der Ferne riefen Menschen
Namen aus, um herauszufinden, ob jemand noch am Leben
sei. Wenn man antwortete, hörte man sie rufen: Ach, alles gut.

»Als Ebola zu uns kam, wussten wir nichts«, erzählt Alpha
Kahao. »Es gab keine Informationen. Oder falsche. Zum Beispiel, dass Blut aus den Augen austrete. Zwanzig Leute gingen
ins Krankenhaus, zwei kamen zurück. Wir akzeptierten Ebola
irgendwann. In meinem Viertel gab es eine kleine Apotheke,
die versorgte jeden. Ein Nachbar bekam ein Geschwür, Fieber, legte sich hin, zwei Tage später war er tot. Wir haben die
Leiche ins Krankenhaus gebracht. Drei Tage später hatte ich
Fieber. Es fühlte sich an, als würden Ameisen in meinen Kopf
beißen. Starke Gliederschmerzen, ich konnte nicht schlafen. Es
juckte am ganzen Körper, ich konnte kaum noch etwas sehen,
ich hatte Glück, manche wurden blind. Ich hatte eine Frau und
vier Kinder.« Er zeigt auf eines der Häuschen hinter ihm. »Dort
sind sie gestorben.« Haus um Haus starben 38 Menschen allein
in diesem Häuserareal.

»Wir erhielten nur von NMJD Unterstützung«, sagt Mu-
hamed, der Sekretär der Gruppe, »Essen und Medikamente. Im
Krankenhaus gab es keine Medizin mehr. Wir waren 42 Tage
in Quarantäne. Und wenn jemand nach der Aufhebung starb,
wurde die Quarantäne sofort wieder eingeführt.«

Fatma Sissi verlor sechzehn Angehörige. Alle ihre Verwand-
ten. Sie wollte zu Hause sterben. Es gelang ihr nicht zu sterben.
Sie hat überlebt, aber sie wird stigmatisiert. Viele haben weiterhin eine irrationale Angst vor ihr. »Verkäufer akzeptieren

manchmal unser Geld nicht. Meine Freundin wurde gewaltsam daran gehindert, ihrer einstigen Arbeit in einem Hotel nachzugehen. Es gab für mich lange Zeit keine anderen Menschen, außer jenen, die Ebola überlebt haben.« Das waren die Einzigen, die sie berührten, umarmten. NMJD organisierte Fußballspiele, gemeinsame Aktivitäten, bei denen man sich auf natürliche Weise berührte. Um das Stigma zu überwinden. Die Aktivisten halfen durch kleine Gesten, durch Freundlichkeit. Indem sie auf ihrer Seite waren. Das war viel wert.

»Wir sind eine große Familie. Wir kommen zusammen, um unsere Geschichten zu teilen und uns gegenseitig zu unterstützen. Doch keiner von uns ist wirklich gesund. Wir werden eine langfristige Unterstützung benötigen, selbst die notwendigsten Arzneimittel sind nicht vorhanden.«

Was geschieht, wenn die Epidemie eingedämmt ist? Wenn das Programm zur Bekämpfung von Ebola ausgelaufen ist? Was geschieht danach? Was wird für die psychosoziale Genesung der Überlebenden getan? Wie wird mit den Traumata umgegangen? Die Überlebenden sind allesamt schwer gezeichnet: körperliche Schwäche, geistige Versehrtheit, wiederkehrendes Fieber. Sie erhalten keine behördliche Unterstützung. Kostenlose Pflege und Medikamente, das ist »jenseits unserer Vorstellungskraft«.

Das rasche Voranschreiten der Ebola-Epidemie hat die Schwächen der internationalen Gesundheitsversorgung offengelegt. Die WHO wurde heftig kritisiert: Sie habe zu spät reagiert, zu wenig für die Koordination der verschiedenen Hilfskampagnen getan. Trotz einer frühen Warnung der Organisation »Ärzte ohne Grenzen« im März 2014 hat die WHO erst am 8. August 2014, also fast ein halbes Jahr später, den Internationalen Gesundheitsnotstand ausgerufen. Aus Selbstschutz. Denn bei der Schweinegrippe im Jahr 2009 hatte die *Strategic Advisory Group of Experts on Immunization* (SAGE) der WHO, der schon öfter vorgeworfen worden war, im Sinne der Pharmaindustrie zu entscheiden, die höchste Alarmstufe ausgerufen. Die darauf folgende, weltweite Impfaktion brachte der Pharmaindustrie Milliarden ein. Allein Deutschland kaufte 50 Millionen Impfdosen, von denen nur ein Bruchteil Verwendung fand. Es hatte sich, so das Fazit des Europarats in seiner Untersuchung, um eine »stinknormale Grippe« gehandelt. Erboste Regierungen hatten daraufhin der WHO gedroht, solche Panikmache künftig zu vermeiden.

Zudem waren in den Jahren zuvor dem regionalen Büro die Mittel gekürzt worden, die WHO ist seit langem chronisch unterfinanziert. Das Budget für 2014/15 hatte, im Vergleich zum vorherigen, fünfzig Prozent der Mittel für Krankheits- und Krisenmanagement eingebüßt (von 375 Mio. auf 180 Mio. Euro).

So berechtigt die Kritik an der WHO war, darf sie doch nicht über die eigentlichen Gründe für den Ausbruch von Ebola hinwegtäuschen. Die schlecht ausgestatteten und personell unterbesetzten Gesundheitseinrichtungen des Landes waren von Anfang an überfordert. Viele waren eher Orte der Ansteckung als der Behandlung. Misswirtschaft, falsche Prioritätensetzung und eine völlige Abhängigkeit vom Weltmarkt hatten das nationale Gesundheitssystem bis zur Unkenntlichkeit ausgehöhlt. Sierra Leone zählt zu den Ländern mit der geringsten Ärztedichte der Welt (mehr sierra-leonische Ärzte arbeiten in OECD-Ländern als in ihrem eigenen Land).

Wie könnte eine erfolgreiche Bekämpfung von Epidemien aussehen? In allen Dörfern des Landes hängen weiße Transparente: »*National Polio Campaign. 27.–30. October 2017. All children under 5 years stay at home.*« Die Bill & Melinda Gates-Stiftung erreicht selbst das abgelegenste Dorf. Das ist gut. Die Zahl der Polio-Erkrankungen wird abnehmen. Doch was wird dafür getan, um einen wiederholten Ausbruch von Ebola oder

anderen extrem ansteckenden Krankheiten zu verhindern?
Weiterhin sind die Menschen in den Dörfern nicht eingebunden in einen Aufbau von Frühwarnsystemen. An der kaum
vorhandenen Gesundheitsversorgung ändert sich nichts. Der
Tod wird verhindert, ohne das Leben wesentlich zu verbessern.
Wie müssten die sozialen Grundlagen beschaffen sein, um ein
wirklich gesundes Leben zu gewährleisten?

Das Bürgermanifest

Wer sich in Kenema fortbewegen will, ohne zu Fuß gehen zu
müssen, hebt den Arm, hält die Hand raus, ruft oder pfeift, und
schon hält ein Motorrad. Die bike riders sind zahlreich und
effizient. Nach dem Bürgerkrieg erhielten ehemalige Kämpfer,
viele von ihnen noch minderjährig, finanzielle Unterstützung,
um sich ein Motorrad als zweirädriges Taxi kaufen zu können.
Eine Investition in junge Männer ohne greifbare Zukunft. Allein in Kenema kurven nun etwa tausend von ihnen an den
Schlaglöchern vorbei, stellen den öffentlichen Transport, verdienen für sierra-leonische Verhältnisse gut, etwa 40000 Leones im Monat. Eine Notwendigkeit, solange die Straßen nicht
repariert sind und ein öffentliches Transportsystem nicht aufgebaut ist.

Das *Movement for Restoring Democracy* trifft sich in einem
unauffälligen Haus in dieser Stadt voller unauffälliger Häuser.
Vor dem Haus ein Freiluftfrisörsalon. Eine Frau mittleren Alters harrt seit zwei Stunden geduldig ihrer aufwendigen Durchlockung. Einige Freundinnen leisten ihr Gesellschaft. Drinnen im ersten Stock eine Frau und mehrere Männer: Fatmata
Mabew (Koordinatorin der *Women's Development Association*),
Patrick Alu (Aktivist, Lehrer), Lahai Galiwa (*Movement for
Research & Rural Development*), Madieu Barre (*Movement for*

Direct Democracy). Lahai reißt als allererstes die Fenster auf.
Damit ein wenig frische Luft reinkommt.

Sie sind alle Teil einer erstaunlichen landesweiten Bewegung, die vor kurzem ein Bürgermanifest mit sieben Forderungen formuliert hat, erstellt nach langwierigen Diskussionen
in jedem Distrikt des Landes, bei Versammlungen mit bis zu
hundert Leuten aus allen Bereichen der Gesellschaft. In jeder
Region wurde schließlich über die wichtigsten politischen
Prioritäten abgestimmt. Das Manifest fordert unter anderem
eine Offenlegung der Vermögen aller politischen Kandidaten,
eine Frauenquote von vierzig Prozent, Maßnahmen gegen Ju-
gendarbeitslosigkeit, Beteiligung der Gemeinden an den Erlö-
sen aus dem Abbau von Bodenschätzen und Vorrang von
Gesundheit, Bildung und Infrastruktur. »Dies sind die Ideen
des Volkes«, sagt Madieu, »das allererste Mal, dass die Bürger
solche Forderungen stellen. Deswegen haben die Parteien zu-
gehört, sie haben Vertreter geschickt und einige haben einige
unserer Forderungen in ihr Programm aufgenommen.«

»Was wir bislang zustande gebracht haben, ist erst das Fundament. So etwas geschieht ja zum ersten Mal, wir müssen also
sehen, wie es sich weiterentwickelt. Die wenigsten wissen, was
bei uns in der Politik vor sich geht. Stimmen werden gekauft,
durch Geschenke, durch subventionierten Sprit und Reis. Nach
der Wahl tun die Politiker, was sie wollen. Wir müssen ihnen
zeigen, dass unsere Macht größer ist als ihre.«

»Die Armut steht uns im Wege. Die Menschen sind so be-
dürftig, wenn wir eine Versammlung abhalten, müssen wir ihnen erst einmal zu essen geben, bevor wir uns den angesetzten
Fragen widmen können.«

»Die entscheidende Frage ist, was werden wir tun, wenn die
Politiker ihre Versprechen nicht einhalten? Einer von ihnen
weigerte sich, eine unserer Versammlungen zu besuchen, weil
die Menschen dort seiner Ansicht nach unrealistische Forde-

rungen erheben würden – das ist eine Beleidigung. Das lassen wir uns nicht gefallen. Die Politiker sind gerissen, sie informieren dich falsch, sie belügen dich. Und nie wird einer von ihnen dafür bestraft, dass er seine Versprechen bricht. Wir benötigen einen Mechanismus, um sie zur Rechenschaft zu ziehen. Was hast du getan? Wenn die Antwort lautet: nichts oder wenig, dann organisieren wir eine Kampagne gegen dich.«

»Wir müssen die *chiefs* einbinden, die sind mächtig, wie kleine Könige, die stützen sich gegenseitig, wir müssen ihnen ihre Grenzen aufzeigen, sie sind wichtig als Vermittler, als Richter in kleineren Angelegenheiten. Aber sie müssen der Gemeinschaft unterstellt sein.«

»Es ist höchste Zeit«, mischt sich Fatma ein, »dass wir Frauen unsere Rechte erkämpfen. Wir müssen uns mobilisieren. Doch die Hälfte der Frauen sind Analphabeten. Sie kennen ihre Rechte nicht einmal. Alle *chiefs* sind Männer. Sie rufen immer die Tradition herbei, wenn es darum geht, die Frauen zu unterdrücken. Tradition und Brauchtum, das sind ihre Ausreden.«

Die allermeisten versammelten Mitglieder der Zivilgesellschaft sind im Hauptberuf Mitarbeiter einer Nichtregierungsorganisation. Sie treffen sich einmal die Woche, sie laden Gäste, Lehrer etwa, zu Diskussionen ein. Vielleicht liegt darin eine ungeahnte Wirkung von Entwicklungshilfe. Die vielen NGOs ermöglichen – ob beabsichtigt oder nicht – ein kritisches politisches Engagement, weil sie einer Reihe von Menschen Zeit und Mittel geben, sich mit solchen Themen intensiv zu beschäftigen, ein Nebeneffekt, der sich vielleicht als Haupteffekt entpuppen könnte, wenn die Vielzahl an NGOs eine kritische Masse an unabhängigen Akteuren hervorbringen sollte.

In Freetown sitzt Abu Brima, der Leiter vom *Network Movement for Justice and Development* und sinniert über Grundsätzliches. Er war der Erste in seiner Familie, der studieren konnte. Er engagierte sich in der *Young Christian Students Group*, die die Abschottung der Studenten vom Rest der Gesellschaft zu überwinden suchte. Er studierte Landwirtschaft und gründete 1988 NMJD, zunächst in Kenema, dann breitete sie sich im ganzen Land aus. Eine Bürgerbewegung; Graswurzelmobilisierung.

»Proteste und Aktivismus sind die einzigen Wege. Die Menschen müssen sich selbst helfen, wir können sie nur bei ihrem Widerstand unterstützen, ihnen Mut machen. Manchmal verlieren sie jegliche Hoffnung. Die Macht, die ihnen gegenübersteht, ist zu groß, sie haben das Gefühl, überflüssig zu sein, nicht Teil der modernen Wirtschaftsentwicklung.

Vor einigen Jahren haben wir uns selbst hinterfragt. Da sich nichts ändert – in den letzten zehn Jahren ist die Lage ja eher schlechter geworden –, könnte es sein, dass wir Teil des Problems sind? Wir haben eine Vision für die nächsten 25 Jahre entwickelt, mit dem Ziel, dass dann die Bürger die Entwicklungsarbeit selbst übernehmen, als unabhängige, freie, autonome Akteure. Wir müssen uns von dem momentan vorherrschenden Projektansatz befreien. Entscheidend ist eine Änderung des Wertesystems. Statt Konkurrenz mehr Kooperation. Das kann Ausdruck finden in kleinen gemeinsamen Strukturen, im alltäglichen Verhalten.«

Abu Brima ist eine Kämpfernatur. Er legt eine lange Gedankenpause ein, bevor er das sagt, was er ungern ausspricht.

»Wir degenerieren als Gesellschaft. Wir haben nicht mehr die Kontrolle über unser Leben.«

Angesichts dieser Zustände wurde in den letzten Jahren zunehmend ein »Marshall-Plan« für Afrika gefordert. Im Rahmen eines solchen Plans will die deutsche Entwicklungszusammenarbeit in den nächsten Jahren 20 Millionen Arbeitsplätze in Afrika schaffen, die Infrastruktur und den Aufbau von Gesundheitssystemen fördern und – als Voraussetzung hierfür – deutsche Unternehmen zu einer Steigerung privater Investitionen ermuntern. Es ist zwar richtig, dass mit Entwicklungshilfe den Problemen der Welt nicht beizukommen ist, doch die Hoffnung, global tätige Unternehmen würden in Afrika etwas anderes als einen billigen Rohstofflieferanten bzw. den profitablen Absatzmarkt für eigene Produkte sehen, ist illusionär und gefährlich. Voraussetzung für die soziale und wirtschaftliche Entwicklung Afrikas ist die Revision der vielen Freihandelsabkommen, die dem Kontinent – durch die Europäische Union und nicht zuletzt auf Druck der Bundesregierung – aufgezwungen worden sind. Solange den Ländern Afrikas untersagt bleibt, die eigene Wirtschaft zum Beispiel durch Zölle und Subventionen zu schützen (bzw. die EU ihre Subventionen und Zölle nicht abbaut), wird es keine nachhaltige Veränderung geben. Die vielen neuen Jobs, die sich Entwicklungspolitiker an der Schnittstelle zwischen Landwirtschaft und Nahrungsmittelverarbeitung erhoffen, werden nicht über jene prekären Beschäftigungsverhältnisse hinausreichen, die weltweit in der Textilproduktion zu finden sind. Weiterhin werden Afrikaner Grund zur Klage haben, der Kontrolle über das eigene Leben beraubt worden zu sein.

Geld und Hilfe

»Mit Krediten Gutes tun!«, »Rendite machen und den Armen helfen«, »Impfungen gegen die Armut«, »Empowerment von Frauen«: Die Slogans, die viele Jahre durch die Öffentlichkeit geisterten und so manche Hochglanzbroschüren von Banken und Hilfsorganisationen schmückten, haben große Erwartungen geweckt. Fast schien es, als habe Muhammad Yunus das Allheilmittel gegen die grassierende Armut gefunden. Der Gründer der Grameen Bank begann 1983 im bettelarmen Bangladesch damit, kleinere Geldbeträge ohne die üblichen Sicherheiten an Arme, zumeist an Frauen zu verleihen.

Auch in anderen Ländern legten Hilfsorganisationen, kirchliche Banken und Selbsthilfegruppen Programme zur Vergabe von Mikrokrediten auf, um Bedürftigen eine ökonomische Basis zu verschaffen. Entsprechend groß waren die Hoffnungen, und schnell nahm die Zahl der Mikrofinanzinstitute zu: Weit über 3500 mit über zweihundert Millionen Kundinnen und Kunden soll es heute weltweit geben. Zwischen 2005 und 2010 wuchs die Mikrofinanzbranche um jährlich vierzig Prozent. Unversehens hatte sich aus einer wohlmeinenden Idee eine veritable Industrie entwickelt, deren Finanzvolumen längst die hundert Milliarden-Dollar-Grenze überschritten hat.

Viele der aus gemeinnützigen Organisationen hervorgegangenen Mikrofinanzinstitute sind inzwischen privatisiert worden und haben sich für private Kapitalanleger geöffnet. Einschlägige Großbanken und lokale Kredithaie haben die Regie übernommen. Immer seltener ist seitdem von Empowerment

(Ermächtigung) die Rede, immer öfter von Rückzahlungs-schwierigkeiten. Insbesondere kreditnehmende Frauen, die in vielen Ländern des Südens die wirtschaftliche Sicherung der Familien zu tragen haben, gerieten unter Druck. Als 2010 die Blase platzte, wurde deutlich, dass sich – von einzelnen Ausnahmen abgesehen – das Ziel, Gutes zu tun, längst zugunsten eines knallharten Geschäfts verflüchtigt hatte.

Verzweifelte Schuldnerinnen, vor allem im indischen Bundesstaat Andhra Pradesh, sahen keinen anderen Ausweg, als sich umzubringen. Zwei Selbstmordwellen mit weit über hundert Toten brachten die Mikrofinanzindustrie ins Gerede. Berichte über wuchernde Zinssätze zwischen 30 und 150 Prozent machten die Runde. Und obwohl über die Hälfte aller Haushalte in Andhra Pradesh bereits mit vier und mehr Krediten bei Banken, Mikrofinanzinstituten, Hilfsorganisationen und Kredithaien hoffnungslos verschuldet war, drangen private Kapitalgeber auf weitere Kreditvergabe. Zu verlockend war das Geschäft mit der Armut angesichts der hohen Renditeerwartungen.

»Mikrokredite sind wie schmutziges Wasser, das man Verdurstenden verkauft«, klagte der britische Professor für Unternehmensentwicklung Malcolm Harper. Bis zum Crash war er als Gründer der ersten großen indischen Mikrofinanzinstitution BASIX selbst im Geschäft tätig gewesen: Für die Kapitalgeber seien Mikrokredite ein subtileres und möglicherweise dauerhafteres Mittel, um diejenigen auszubeuten, die nur ihre Arbeitskraft zu verkaufen haben, so sein Fazit. Die Not der Armen werde ausgenutzt, um Verträge abzuschließen, die vor allem eins förderten: die Abhängigkeit.

Das Geschäft mit der Armut

Tatsächlich lässt sich kein positiver Nutzen von Mikrokrediten für die Armen nachweisen. Das befand schon 2011 eine von der britischen Entwicklungsbehörde, *Department for International Development* (DIFD), in Auftrag gegebene Studie. Den immer wieder als Beleg für den Erfolg von Mikrokrediten angeführten Messgrößen ist zu misstrauen. Hohe Rückzahlungsquoten sagen ebenso wenig über tatsächliche Erfolge in der Armutsbekämpfung aus wie die Zahl aufgenommener Kredite oder eine hohe Frauenquote.

Die Befürworter von Mikrokrediten ficht das nicht an: Sie verweisen auf den hohen Anteil von selbständigen Unternehmern in den Ländern des Südens. Mit zwanzig bis dreißig, in Afrika gar mit fünfzig Prozent, liegt dieser tatsächlich weit höher als etwa in Europa. Daraus zu folgern, dass Menschen im subsaharischen Afrika eine ausgeprägte Neigung zur unternehmerischen Existenz haben, ist zynisch. Viele der heutigen Schuldner in Afrika waren früher Subsistenzbauern, die im Zuge der Industrialisierung der Landwirtschaft ihre Lebensgrundlagen verloren haben. Sie nehmen Kleinkredite auf, weil sie keine Alternativen haben, um sich Schneiderwerkstätten, mobile Straßenläden oder Verkaufskioske für aus China importiertes Plastikspielzeug aufzubauen. Nicht aus freier Entscheidung werden sie Rikschafahrer, Müllsammler oder Lastenträger, sondern weil allein solche für den informellen Sektor typischen selbständigen Beschäftigungen noch ein spärliches Einkommen versprechen.

Auch aus makroökonomischer Sicht sind Mikrokredite fragwürdig: Sie lenken Finanzmittel in wenig produktive, dafür höchst prekäre, meist als Familienunternehmen geführte Betriebe, die keine gesicherten Arbeitsplätze und keinerlei Ar-

beitsschutz für die Beschäftigen bieten und in den harten Auseinandersetzungen um Kundschaft schnell wieder untergehen
können. In Nordafrika und Lateinamerika ist etwa die Hälfte
der arbeitenden Bevölkerung im informellen Sektor tätig, im
subsaharischen Afrika sind es mehr als zwei Drittel – eine Existenz voller Entbehrungen, und für viele nun auch noch mit
Schulden belastet.

So verwundert es nicht, dass Mikrokredite in ihrer Mehrzahl gar nicht mehr für die Gründung von Betrieben, sondern
zur Sicherung von Grundbedürfnissen aufgenommen werden. Etwa zwei Drittel werden benötigt zur Begleichung von
Arztkosten, Hausreparaturen, Hochzeitsfeiern, für das Schulgeld der Kinder oder den Kauf einer Ziege. Die muss aus Not
in aller Regel bald wieder verkauft werden. Um anstehende
Zinszahlungen leisten zu können, verdingen sich Frauen als
Dienstmädchen oder Prostituierte. Andere Schuldner finden
vorübergehend Jobs als Wanderarbeiter, Tagelöhner oder in
einschlägigen Weltmarktfabriken. Wer dennoch mit dem
Schuldendienst in Rückstand gerät, sieht sich nicht selten
Drohungen durch bezahlte Schlägertrupps, mitunter auch der
Polizei ausgesetzt. Einschüchterung und Entwürdigung sind
die Folgen dieser vermeintlichen Mikrokredit-Erfolgsstory.

Weil Mikrokredite die trügerische Hoffnung wecken, der
Not persönlich entkommen zu können, fördern sie die Vereinzelung von Menschen und unterminieren alle Formen eines
gemeinsamen Bemühens um politische Einflussnahme. Mikrokredite privatisieren gesellschaftlich verursachte Not. Statt
eine womöglich aufmüpfige Kollektivität zu fördern, dienen
sie durch die Atomisierung der Gesellschaft der Disziplinierung und Kontrolle. Das gilt auch für Gruppenkredite, die
von der viel gelobten Grameen Bank vergeben wurden und in
aller Regel der Absicherung des Kreditgebers dienten. Denn
die Gruppe der Kreditnehmer wacht untereinander verlässlich

darüber, dass jede einzelne Schuldnerin ihren Verpflichtungen nachkommt.

Wirksam ist diese Disziplinierung auch deshalb, weil die Propagierung und Verbreitung von Mikrofinanzprodukten mit der Ausdünnung solidarisch finanzierter Formen sozialer Sicherung einherging. Die Vorstellung, dass Mikrokredite und Mikroversicherungen den Ausfall öffentlicher Sozialleistungen kompensieren könnten, erwies sich schon aus prinzipiellen Gründen als fatal. Mikrofinanzprodukte stellen das Prinzip solidarischer Sicherung auf den Kopf. Die Inanspruchnahme von Versorgungsleistungen ist nicht mehr nur an die individuelle Zahlungsfähigkeit gekoppelt, sondern obendrein auch noch mit Zinsen belastet. Um einen aufgenommenen Kredit abzahlen zu können, müssen Kreditnehmer ihre Erträge im Wettbewerb mit anderen erwirtschaften. Mikrokredite tragen dazu bei, Solidarität durch Konkurrenz zu ersetzen. Nicht die Befreiung aus Armut und nicht einmal die finanzielle Absicherung für Notfälle ermöglichen sie, sondern vor allem eine »Finanzialisierung der Armut«: Wenn aus allem Profit geschlagen werden kann, wieso dann nicht auch aus Armut?

Hierin liegt der Unterschied zu solidarischen Kreditsystemen, die gerade in Afrika eine lange Tradition haben, oder zu den Spar- und Versicherungsvereinen, die auf dem Prinzip solidarischer Gegenseitigkeit beruhen und uns in selbstverwalteten Gemeinden in Mexiko oder in Nicaragua begegnet sind. Überschüsse, die im Rahmen genossenschaftlich vergebener Kredite erwirtschaftet werden, verbleiben in selbstbestimmten Kreisläufen und werden nicht von privaten Kapitalanlegern von außen abgeschöpft.

Es gehört zur traurigen Bilanz der zurückliegenden Jahrzehnte, dass die Spaltung zwischen Arm und Reich keineswegs kleiner geworden ist, darüber hinaus aber Millionen Menschen über Mikrofinanzprodukte in einen Kreislauf aus Schulden und Schuldentilgung hineingezogen wurden.

Der »social business dollar«

Der Nobelpreisträger Muhammad Yunus, in aller Welt gefeierter Guru der Mikrokredite und geschätzter Gesprächspartner vieler CEOs multinationaler Konzerne, wollte mehr. Mit der Gründung von »Yunus Social Business« öffnete er die herkömmliche Entwicklungshilfe für Unternehmensaktivitäten – unter marktwirtschaftlichen Vorgaben, versteht sich. Sozialunternehmen, die sich im Gegensatz zur Entwicklungshilfe selbst tragen und vielleicht sogar Profit abwerfen, sollen nach seinen Vorstellungen mithelfen, die Lebensumstände der Armen zu verbessern.

Die erzielten Profite könnten dann für neue soziale Programme nutzbar gemacht werden. »*A charity dollar has one life, a social business dollar can be invested over and over again*« (Ein Wohltätigkeitsdollar hat nur ein Leben, ein sozialer Geschäftsdollar kann immer und immer wieder investiert werden), verkündet die Webseite des im Frankfurter Bankenviertel residierenden Yunus Social Business. Ziel sei die Umwandlung philanthropischer Spenden in Investments – die Armen der Welt verwandeln sich von Hilfsempfängern in Kleinunternehmer. Nur über deren Einbindung in die globalen Wertschöpfungsketten könne eine nachhaltige Alternative zur klassischen Wohlfahrt und Wohltätigkeit entstehen: »Ein Win-Win-Szenario zwischen Nachhaltigkeit und finanzieller Performance«, heißt es im Kauderwelsch der Fondsmanager.

Es verwundert nicht, dass die Idee vom Social Business rasch viele Freunde in Politik und Wirtschaft gefunden hat. Sie sahen darin die Chance, mit der Öffnung für unternehmerische Aktivitäten sowohl den Wettbewerb zu fördern, wie auch die öffentliche Hand von lästigen sozialen Verpflichtungen zu befreien.

Zahlreiche CEOs führender Wirtschaftsunternehmen gaben sich bei Yunus die Klinke in die Hand. Das erste Experimentierfeld sollte Bangladesch sein. In Joint Ventures mit der Grameen Bank investierte der Nahrungsmittelmulti Danone in eine »soziale Joghurtfabrik«, adidas in einen »Turnschuh für Arme«, Veolia, einer der größten Wasserproduzenten der Welt, in sauberes Trinkwasser, der Handelskonzern Otto in eine »Fabrik der Zukunft«, gedacht als künftiges Vorbild für die Textilproduktion in aller Welt, und BASF in eine Chemiefabrik, die neben den Vitaminen für den Danone-Joghurt auch insektizidbeschichtete Moskitonetze produzieren sollte.

Viele dieser Vorhaben sind nicht über das Versuchsstadium hinausgekommen; manche mussten feststellen, dass die gepriesenen Win-Win-Szenarios sich doch nicht so einfach verwirklichen lassen. Vergeblich aber ist das Engagement nicht gewesen: »Wir lernen in Bangladesch viel über die Preisbereitschaft der Verbraucher und die Distributionskanäle in Schwellenländern und in der Dritten Welt«, bekannte Saori Dubourg, bei BASF für das Asien-Geschäft zuständig, in der »Wirtschaftswoche«. Social Business als betriebswirtschaftlicher Erkenntnisgewinn.

Diesen Lernprozess ermöglichen die vielen hundert Verkäuferinnen und Verkäufer, die für den Vertrieb der Produkte gewonnen wurden und auf der untersten Stufe der Wertschöpfungskette stehen. Als selbständige Kleinunternehmer, die nicht selten Mikrokredite aufnehmen mussten, um zum Beispiel als »sales ladies« von Danone von Dorf zu Dorf zu gehen und Menschen, die selbst am Hungertuch nagen, einen viel zu teuren industriell gefertigten Joghurt aufzuschwatzen. Umgerechnet etwa 1,30 Euro haben die Frauen für drei Tage Arbeit bekommen – ein Hungerlohn weit unter dem

vorgeschriebenen Mindestlohn. Fürwahr ein lukrativer Deal,
der zu Hause Anerkennung findet und vor Ort sämtliche Risiken bei der Markteinführung von neuen Produkten auf Menschen abwälzt, die kaum eine andere Wahl haben, als sich solchen Ausbeutungsverhältnissen zu unterwerfen.

Die große Hilfsmesse

Es ist keineswegs neu, dass sich aus der Not Kapital schlagen
lässt. Quacksalber, Kirchenfürsten oder Sektengründer sind
schon länger in diesem Geschäft. Auch Entwicklungshelfer
sind nicht dagegen gefeit, persönlichen Vorteil aus der eigenen
Tätigkeit zu schlagen. Was das im Extrem bedeuten kann, das
zeigte vor einigen Jahren die »Gesellschaft für Internationale
Zusammenarbeit« (GIZ), die im Auftrag des Bundesministeriums für wirtschaftliche Zusammenarbeit und Entwicklung
tätig ist. Als eines der Jahresziele für 2014 formulierte die für
den Fach- und Methodenbereich zuständige Abteilung die Entwicklung »innovativer Produkte zur Erschließung der neuen
Märkte und zur Weiterentwicklung des Kerngeschäfts ...«

Ein solcher Jargon ist sonst eher aus Unternehmensberich-
ten bekannt. »Produkte« meint Hilfe und mit »der Erschließung von neuen Märkten« sind ganze Länder gemeint, die im
Elend versinken; das Ganze mündet in das Ziel: »Die Liefer-
fähigkeit des Unternehmens im Wachstumsmarkt fragile und
Post-Konflikt-Staaten ist sichergestellt / erhöht.« Fragile Staaten? Post-Konflikt-Staaten? Werden hier »failing states« als
Wachstumsmarkt ausgemacht? Für die Lieferung von Hilfsgütern, vulgo: »innovative Produkte«? Im Klartext heißt das:
Wenn 's kracht, klingelt die Kasse. Hilfe wird zur Handelsware,
Bedürftige werden zu Kunden, Helfer zu Unternehmern.

Wie sehr sich das Bemühen um Not- und Entwicklungshilfe

in den letzten Jahren verändert hat, lässt sich auf den Fachmessen der Branche beobachten. Zum Beispiel auf der jährlich in Brüssel stattfindenden AidEx, wo 2017 über zweihundert Dienstleister aus aller Welt ihre Angebote präsentierten: Zelte für den Notfall, umweltfreundliches Kochgeschirr, das Handling von Nahrungsmittellieferungen, satellitengestützte Kommunikationstechnik, wartungsarme Wasserfilter, Schutzanzüge aller Art, geländegängige Fahrzeuge, Transporthubschrauber plus dazugehörige Fallschirme für die Lieferung von Hilfsgütern in unzugänglichen Gebieten.

So sinnvoll und hilfreich solche Produkte im Einzelnen sind, ihre Zurschaustellung auf Messen hinterlässt einen bitteren Nachgeschmack. Beworben werden technische Antworten auf bestehende Krisen, nicht aber Ideen, wie den Ursachen des in der Welt dramatisch wachsenden Krisengeschehens begegnet werden könnte.

Vergeblich suchte man auf der AidEx 2017 nach Ständen, die den Klimawandel, die Flüchtlingspolitik der Industrieländer oder zwischenstaatliche Regulierungen thematisieren. Der simple Gedanke, der durch solche Messen geistert, lautet: Alle – Helfer, Service Provider, sogar die Bedürftigen – sollen als kleine Unternehmer selbst initiativ werden, um mit den immer widriger werdenden Lebensumständen zurechtzukommen. Konsequent konzentrierten sich die wenigen Stände, die keine technischen Lösungen anzubieten hatten, auf die Präsentation von Business-Modellen und Managementtools. Mit ein wenig Knowhow könnten bisherige Hilfsempfänger lernen, in ihren Dörfern zu Wasserverkäufern zu werden, um sich als Kleinunternehmer am eigenen Schopf aus dem Elend zu ziehen. Dort, wo vor einigen Jahrzehnten noch die im Christentum wurzelnde herrschaftskritische »Pädagogik der Befreiung« versuchte, die Menschen von Ausbeutung zu befreien, geht es heute nur noch um eine in vielen entwicklungspoliti-

schen Programmen betonte »financial literacy«: eine Schulung
im betriebswirtschaftlichen ABC.

Höchst ambivalent auch der alljährlich auf der AidEx
vergebene »Innovationspreis«, um den meist junge Start-up-
Unternehmer konkurrieren, die entweder aus der Praxis kommen oder gerade ihre universitäre Ausbildung abgeschlossen haben. So sehr einem die für jede Klimazone geeigneten
Hightechzelte oder die futuristisch anmutenden, heliumge-
füllten Solarballons zur Stromversorgung in Flüchtlingslagern
einleuchten mögen, so haftet solchen Innovationen doch ein
Makel an: Bereits heute leben viele Millionen Menschen in Lagern, und mit jeder Katastrophe kommen weitere hinzu. Die
Kreativität der hier versammelten Hilfsindustrie konzentriert
sich darauf, die Folgen der Katastrophe zu lindern, nicht sie
zu verhindern. In einem solchen Fortschrittsbegriff offenbaren
sich jene technokratischen Züge, die die Entstehung autoritärer Gesellschaften begünstigen. Unausgesprochen künden alle
Ideen, wie das Leben in Lagern erträglicher gestaltet werden
kann, zugleich auch davon, dass die Lagerexistenz zu einer sich
künftig noch weiter ausbreitenden Lebensform werden wird.

Die gegenwärtige Krise ist auch eine Krise der Vernunft. Niemand hält es für ratsam, die Umwelt zu zerstören oder Kriege
vom Zaun zu brechen, und doch werden die ökologischen
Schäden immer größer, und doch vergeht kaum ein Tag, an
dem nicht geschossen wird. Dass die Überwindung mitunter
schlimmer ausfällt als das Überwundene, liegt nicht zuletzt in
einer Vernunft begründet, die perfekt die Mittel zu optimieren
weiß, sich aber ihrer Ziele nicht mehr sicher ist. Eine Vernunft,
die akribisch etwas zu entwickeln meint, ohne eine Idee davon
zu haben, was eigentlich eine wirklich menschliche Entwicklung ist. Eine nur noch instrumentelle Vernunft, gemäß Max
Horkheimer, die schließlich selbst irrational geworden ist. Vernunft, die nicht von ethischen Überzeugungen getragen wird,

ist anfällig für Herrschaft und Eigennutz. Wo soziales Handeln nicht mehr auf Gleichheit und Solidarität zielt, trägt es dazu bei, bestehendes Unrecht zu stabilisieren.

Anreize für private Kapitalgeber

Nachhaltige Hilfe, so forderte der belgische Unternehmer, Vizepremier und Entwicklungshilfeminister Alexander De Croo auf der AidEx 2017, verlange nicht nach mehr »Geben«, sondern nach mehr »Investieren«. Aufgabe von Politik sei es nicht, immer mehr Mittel für Entwicklungshilfe bereitzustellen, sondern für politische Stabilität und wirtschaftsfördernde Rahmenbedingungen zu sorgen. Ohne Stabilität keine langfristigen Investitionen und ohne Investitionen keine Entwicklung. Wie erfolgreich ein solcher Ansatz sein könne, verdeutliche Äthiopien. Dort seien die Entwicklungseffekte sehr viel größer als etwa in der Demokratischen Republik Kongo, obwohl Letztere viel mehr Hilfsgelder bekäme. Ja, er wisse schon, dass die äthiopische Regierung es nicht allzu ernst mit den Menschenrechten nehme und die Lage im Kongo nicht zuletzt deshalb so misslich sei, weil dort multinationale Konzerne nahezu ungehindert Rohstoffe ausbeuten könnten. Seine Ausführungen, so vage sie bleiben, offenbaren ein sonderbar instrumentelles Verständnis von Menschenrechten. Selbstverständlich seien diese der Maßstab für Entwicklung, schließlich könnten Frauen nur dort, wo sie Rechte haben, Jobs ausüben und zum Wirtschaftswachstum eines Landes beitragen.

Ein triftiges Argument aber bringt der Minister doch vor. Um die breitgefächerten Nachhaltigkeitsziele der SDG-Agenda 2030 umzusetzen, bedarf es sehr großer Anstrengungen und sehr viel Geld. Vorsichtige Schätzungen belaufen sich auf drei bis vier Billionen Dollar pro Jahr. Mit den knapp 150 Milliarden Dollar, die gegenwärtig von den Industrieländern für »öffentliche Entwicklungszusammenarbeit« (ODA) aufgewendet werden, kommt man nicht weit. Auch die 64 Milliarden Dollar, die von privaten Philanthropen beigesteuert werden, bleiben, gemessen am Bedarf, nur ein Tropfen auf den heißen Stein. Um die erforderlichen Billionen aufzutreiben, wäre die Umverteilung von bestehenden Ressourcen naheliegend, aber genau dieser Weg ist in den Ausführungsrichtlinien der Agenda, dem Kleingedruckten, verbaut worden. Mit einem überlegenen Lächeln formuliert der Entwicklungshilfeminister die Lösung: Die wundersame Umwandlung von Milliarden in Billionen (»transforming billions to trillions«) gelinge nur, wenn die unzureichenden öffentlichen Mittel genutzt würden, um Anreize für private Kapitalgeber zu schaffen.

Zukunftsmusik? Keinesfalls. Seit einigen Jahren befasst sich die internationale Entwicklungszusammenarbeit, allen voran die Weltbank, mit der Entwicklung innovativer Finanzierungsinstrumente, die sich alle um die Frage drehen, wie privates Kapital für soziale und entwicklungspolitische Zwecke nutzbar gemacht werden kann. An Geld mangelt es ja nicht. Es ist sogar im Überfluss vorhanden. Aufgrund der verfehlten Finanz- und Steuerpolitik der letzten Jahrzehnte nur nicht dort, wo es gebraucht wird. Während die öffentlichen Kassen in vielen Ländern der Welt zunehmend klammer werden, haben sich auf den Kapitalmärkten riesige Vermögen angehäuft, deren Verwalter händeringend nach lukrativen Anlageoptionen suchen.

Hier schließt sich der Kreis: In dem Maße, wie Gesundheit, Bildung, Kultur, Hilfe in Not und andere Gemeingüter zu Handelswaren heruntergewirtschaftet werden, erscheinen sie interessant für Akteure, die an guter finanzieller Performance, sprich: Profit, Interesse haben und die nun den Druck auf die verbliebenen Reste der Sozialsysteme erhöhen. Nicht zuletzt das Geschäft mit der Gesundheit berge ein enormes Wachstumspotential, betonen die »Gesundheitsexperten« der Deutsche Bank Research. Vor allem in den Schwellenländern, wo sich zahlungskräftige Mittelschichten herausbilden, gebe es einen expandierenden Markt, der höchste Renditen verspreche.

Und so machen sich heute private Unternehmen die Lücke, die der neoliberale Kahlschlag in der Sozialpolitik hinterlassen hat, zunutze und investieren in Bildung, Gesundheit, Jugend- und Altenhilfe und andere öffentliche Belange. Von der Schaffung einer Sozialbörse ist bereits die Rede, die privaten Investoren über Sozialanleihen renditeträchtige Anlageoptionen sichern soll. Darum drehte sich der erste sogenannte »*Social Impact Bond*«, der im September 2010 in England ausgegeben wurde und schnell Schule gemacht hat. Stolz vermeldet das in New York ansässige »Global Impact Investing Network« (GIIN), dass innerhalb von nur wenigen Jahren das Geschäft mit Sozialanleihen auf über dreißig Milliarden Dollar angewachsen sei. Bis 2020 sollen es 400 Milliarden bis hin zu einer Billion werden. Vor allem in Großbritannien und den USA boomt der Markt.

Impact Bonds oder »wirkungsorientiertes Spenden«

Zum Board of Directors des GIIN gehört Judith Rodin, bis 2017 Präsidentin der Rockefeller Stiftung, die einen großen Anteil an der Umwandlung der Stiftung in einen zentralen Akteur »strategischer Philanthropie« hat. Zwei Konzepte hat sie dabei bahnbrechend vorangetrieben, beide bringen das neoliberale Verständnis von Hilfe auf den Punkt: die Öffnung sozialer Sicherung für *Impact Investing* und das Abschieben der Verantwortung für die Bewältigung von Krisen ins Private durch *Resilience*. *Impact Investing* (deutsch: »wirkungsorientiertes Investieren«) soll Kapitalanlegern das Gefühl geben, Geld und Gutes zugleich zu mehren. Investitionen fließen in Unternehmen und Projekte, die sich vorgenommen haben, soziale, gesellschaftliche oder Umweltprobleme zu lösen. Resilienz wird uns im Kapitel »Fatale Lösungen« beschäftigen, wiederum mit Judith Rodin in einer Hauptrolle.

In Deutschland hat sich die Idee des *Impact Investing* bisher nicht durchgesetzt. Noch stehen ihr sozialstaatliche Strukturen und die Arbeit der Wohlfahrtsverbände entgegen. Noch immer ist in Deutschland Daseinsvorsorge vor allem eine öffentliche Aufgabe. An diesem Prinzip wollen Akteure wie die Bertelsmann Stiftung, die Deutsche Börse AG und Wirtschaftsprüfungsgesellschaften wie KPMG nun rütteln. Gemeinsam engagieren sie sich in der PHINEO gAG, die sich als Servicestelle für Kapitalanlagen im Sozialwesen versteht und eine neue Partnerschaft zwischen Geschäftswelt, staatlichen Einrichtungen und zivilgesellschaftlichen Initiativen propagiert.

Nur so ließen sich die komplexen Probleme des 21. Jahrhunderts bewältigen, sagt Andreas Rickert, der Vorstandsvorsitzende der PHINEO gAG, im Gespräch. Zivilgesellschaftliches Engagement könnte viel wirksamer sein, wenn es betriebswirtschaftliches Management beherzigen und sich an Marktmechanismen orientieren würde. Wie groß die Gefahr ist, dass sich soziales Handeln dabei zu einer Ware wandelt, zeigt die Kontaminierung der Sprache mit Begriffen aus der Finanzbranche. Zu den von der PHINEO gAG propagierten Anlageoptionen zählen Direktinvestitionen im *Health Care Business*, die Beteiligung an *Social Impact Bonds*, aber auch Einlagen in hybride Fonds, in denen die Beimischung von öffentlichen Zuschüssen und philanthropischen Spenden für eine Hebelung der Eigenkapitalrendite sorgt, Stichwort: *Blended Finance*, klassische Ausfallbürgschaften, Kreditabsicherungen.

Social Impact Bonds sind vertraglich geregelte Partnerschaften zwischen staatlichen Stellen, zivilgesellschaftlichen Organisationen und Investoren, um dringend gebotene soziale Maßnahmen zu finanzieren. Dabei steuern private Investoren das für ein Projekt notwendige Kapital bei, sorgen Hilfsorganisationen für die Umsetzung und bürgen Regierungen dafür, dass Investoren nach Abschluss der Maßnahmen ihr Geld aus öffentlichen Mitteln – auf der Grundlage der erreichten Erfolge – zurückerhalten, zuzüglich einer zuvor vereinbarten Rendite, wie bei anderen festverzinslichen Wertpapieren auch. Wo es keine zahlungskräftigen staatlichen Stellen gibt, wie dies in vielen Ländern des Südens der Fall ist, übernehmen ausländische Geldgeber oder private Stiftungen die Rückfinanzierung des eingebrachten Kapitals. Dann spricht man von *Development Impact Bonds*, von Entwicklungsanleihen.

Impact ist das neue Zauberwort der Branche. Hilfe solle Wirkung erzielen, betont der Vorstandsvorsitzende der PHINEO gAG, die seit einigen Jahren auch Susanne Klatten berät, die Großaktionärin von BMW und reichste Frau Deutschlands. 2016 machte Susanne Klatten mit der Ankündigung Schlagzeilen, in den nächsten fünf Jahren bis zu 100 Millionen Euro aus ihrem Privatvermögen für gemeinnützige Projekte zur Verfügung zu stellen. Mit ihrer SKala-Initiative will sie nicht einfach nur spenden, sondern Wirkung erzielen. Spenden heißt investieren, und ohne Rendite, ohne Wirkung, ist alles Helfen nichts. Nur leistungsfähige Initiativen, die ein hohes Wirkungspotential versprechen, kommen für eine Förderung durch die SKala-Initiative in Frage. Die zu finden ist die Aufgabe der PHINEO gAG. Über 800 soziale Organisationen hat sie in den letzten Jahren auf Herz und Nieren geprüft und gut 200 für effizient befunden. Darunter durchweg Initiativen, die sich mit viel Engagement und Leidenschaft für soziale Belange stark machen – Demenzkranken zur Seite stehen, sich um die Integration von Menschen mit Behinderungen kümmern, Wohnprojekte fördern oder Hilfen für Kinder organisieren. Projekte, die dringend gebraucht werden und mithelfen, Not und Elend abzufedern.

Bis 2016 hatte sich Susanne Klatten mit der von ihr geleiteten Herbert Quandt-Stiftung noch in der Wissenschaftsförderung, für politische Debatten zum Thema »Bürger und Gesellschaft« und einen »Trialog der Kulturen« engagiert. Der verfolgte das ambitionierte Ziel, über Begegnungen von Christen, Juden und Muslimen zu mehr interkulturellem Verständnis beizutragen und Fremde nicht als Bedrohung wahrzunehmen. So bedeutend solche Förderprogramme sind, aus betriebswirtschaftlicher Sicht scheinen sie ein Fass ohne Boden zu sein und mit Blick auf die gegenwärtigen Verhältnisse ohne Aussicht auf rasche und messbare Erfolge. Im Zuge ihrer Neuausrichtung hat die Quandt-Stiftung diese kurzerhand beendet.

Warum die plötzliche Fixierung auf Wirkung? Warum der Wahn, alles und jedes messen zu müssen? Woher der naive Glaube, Wirkungen vorhersagen zu können, wo doch bekannt ist, dass es selbst bei einer so einfachen Sache wie Fußball, ein Spiel mit einem klar umrissenen Feld, genau definierten Regeln und einer begrenzten Zahl von Akteuren, noch niemandem gelungen ist, ein Tor vorherzusagen?

Perplex hört Andreas Rickert, promovierter Molekularbiologe und ehemaliger Projektleiter bei McKinsey, zu und versichert, dass ein derartiges Messen und eine solche Vorhersagbarkeit natürlich nicht gemeint seien. Durch die Anwendung von Managementtools, durch genaue Umfeld- und Wirkungsanalysen, über die Definition von Zielen und Indikatoren, die eine Überprüfung der Ziele zulassen sowie durch eine professionelle Finanzplanung solle die Hilfe doch nicht in Frage gestellt, sondern wirksamer gemacht werden. Überzeugt, nur das Gute zu wollen, verliert das »wirkungsorientierte Geben«

den Blick dafür, dass die Welt nicht an zu wenig Hilfe leidet, sondern an Verhältnissen, die immer mehr Hilfe erforderlich machen. Ob man sich unter solchen Umständen eher für das Verbot einer unermessliches Leid anrichtenden Waffe, wie etwa der Landmine, engagieren sollte oder für die Versorgung ihrer Opfer, da will sich Andreas Rickert nicht festlegen.

Dafür überreicht er das »Kursbuch Wirkung«, das PHINEO in Kooperation mit der Bertelsmann Stiftung erstellt hat, ein Praxishandbuch für alle, die Gutes noch besser tun wollen. Fragend blättert man die Seiten mit nützlichen Tipps durch, die mit Empfehlungen erstaunlicher Schlichtheit einhergehen. So als gäbe es in der Welt keine konkurrierenden Interessen und keine von Macht und Herrschaft durchzogene Realität, die auch noch das am besten geplante, auf alle Wirkungen hin analysierte soziale Projekt scheitern lassen könnte. Je länger man in der Fibel liest, desto mehr verstärkt sich der Eindruck, dass es nicht primär um Wirkung, sondern um Entpolitisierung geht. Dass dem sozialen Handeln durch Ver-Betriebswirtschaftlichung die Chance auf eine echte, die Verhältnisse verändernde Wirkung genommen werden soll, denn deren Kontinuität ist erwünscht.

Für eine vernünftige Wirkungsplanung empfiehlt die Fibel die sogenannten SMART-Kriterien, die von einem Washingtoner Unternehmensberater schon in den frühen 1980er Jahren entwickelt wurden und heute weltweit ihr Unwesen treiben. Die Ziele von Projekten sollen »Spezifisch«, »Messbar«, »Angemessen erreichbar«, »Realistisch« und »Terminierbar« sein. Was aber helfen solche aus dem Management stammenden Orientierungen im Kampf gegen die zunehmende Fremdenfeindlichkeit, gegen die Ursachen von Hilfsbedürftigkeit, gegen die strukturelle Gewalt, die den Armen und Benachteiligten gar keine Chance lässt, ihre Misere jemals überwinden zu können, gegen ungerechte Macht- und Herrschaftsverhältnisse? Ist das Engagement gegen einen übermächtigen Gegner oder für neue globale Übereinkünfte, das anfangs womöglich aussichtslos erscheint, mit unzähligen Rückschlägen behaftet sein kann und sich schließlich über Jahre, ja sogar Generationen hinzieht, deshalb unnütz? Die Lektüre offenbart, dass bei der Analyse der Wirkungen gemessen werden soll, dass metrische Verfahren selbstverständlich Anwendung finden sollen. »Wirkungsorientiertes Spenden« soll vor allem mithelfen, soziales Handeln mit unternehmerischen Vorgaben kompatibel zu machen und so die Voraussetzung dafür schaffen, dass sich Profit und Philanthropie nicht länger ausschließen, unter der Maßgabe freilich, dass alles grundsätzlich beim Alten bleibt.

Im Herbst 2017 machte der erste »*Humanitarian Impact Bond*«, herausgegeben vom Genfer »Internationalen Komitee vom Roten Kreuz« (IKRK) Schlagzeilen. Längst reichen dem IKRK die 1,7 Milliarden Franken Jahresbudget nicht mehr, um auf die immer größer werdenden humanitären Aufgaben zu reagieren. Zusätzliche Mittel sollen nun über Anleihen hereinkommen. Noch geht es nur um ein Experiment, erklärt der Präsident des IKRK, Peter Maurer, und noch ist die herausgegebene Anleihe recht klein. Die Linien künftiger Finanzierungen aber zeichnen sich bereits ab.

Mit den Mitteln des *Humanitarian Impact Bond* sollen in Afrika drei dringend gebrauchte Rehabilitationszentren aufgebaut werden. Eins im malischen Mopti, ein weiteres in Maiduguri in Nigeria und ein drittes in Kinshasa, der Hauptstadt der Demokratischen Republik Kongo. Der Bedarf, Kriegs- und Unfallopfer mit Prothesen zu versorgen, liegt auf der Hand. Mit dem IKRK gibt es eine Organisation, die dies mit ausgewiesener Kompetenz gewährleisten könnte. Um Menschen in ihrer Not nicht warten zu lassen, bleibt dem IKRK kaum eine Alternative, als einen Pakt mit privaten Kapitalgebern, in diesem Falle europäischen Rückversicherungsgesellschaften, einzugehen. Die decken den Kapitalaufwand von 26 Millionen Franken, der im Erfolgsfalle durch die Regierungen von Belgien, der Schweiz, Großbritannien und Italien refinanziert wird. Werden die Projektziele nicht erreicht, bekommen die Investoren nur siebzig Prozent ihrer Einlagen zurück. Im Erfolgsfall wird die Einlage komplett erstattet und obendrein mit einer Rendite von sieben Prozent verzuckert. Mit Blick auf die derzeit üblichen Renditen (selbst im boomenden Immobilienmarkt liegen sie darunter) ein hervorragendes Geschäft. In der Logik solcher Anleihen ist nicht ausgeschlossen, dass Rüstungskonzerne demnächst gleich zweifach verdienen: das erste Mal beim Verkauf von Kriegswaffen und dann noch einmal bei der Versorgung der Kriegsopfer, Letzteres hochsubventioniert aus Steuermitteln.

Verwundert fragt man sich, warum Regierungen den Umweg über private Kapitalgeber gehen, wenn sie am Ende doch bezahlen müssen? Wäre nicht die direkte Finanzierung viel sinnvoller? Oder gar eine politische Initiative zur Korrektur eines offenkundig bestehenden Marktfehlers? Die Antwort der Befürworter von Sozialanleihen entpuppt sich bei eingehender Betrachtung nicht nur als naiv, sondern auch als gefährlich: Über *Impact Bonds* ließen sich Unternehmen an den Risiken sozialen Handelns beteiligen.

Die Rückversicherungsgesellschaften, die das Kapital für den Aufbau der Rehabilitationszentren des IKRK bereitstellen, wollen nicht einfach nur geben, sondern am Ende Geld sehen. Ob aus Anlagen in Sozialanleihen schließlich ein »*return on investment*« herausspringt, hängt davon ab, ob die gesetzten Ziele erreicht werden. Je komplexer diese sind, desto größer das Risiko des Scheiterns. Dagegen lassen sich weniger ambitionierte Ziele mit sehr viel geringerem Risiko sehr viel schneller erreichen. Der Einzug unternehmerischer Risikoabwägungen in die Planung von Hilfe bleibt nicht ohne Rückwirkung auf die Hilfe selbst.

Im Falle des vom IKRK ausgegebenen *Humanitarian Impact Bond* haben sich die Vertragspartner darauf verständigt, das Erreichen der Ziele an der Zahl der produzierten und bedürftigen Menschen angepassten Prothesen zu messen; wobei per Gewichtung berücksichtigt werden wird, dass die Herstellung eines künstlichen Arms aufwendiger ist als die einer Unterschenkelprothese. Auch ob Patienten mit den angepassten Prothesen schließlich zurechtkommen und ihre physische Mobilität wiedergewonnen haben, soll berücksichtigt werden.

Und hier beginnt das Problem: Lässt sich die Zahl produzierter Prothesen noch verlässlich messen, wird es mit der Frage wiedergewonnener Mobilität schon schwieriger. Mangelnde Mobilität kann mit einer schlecht angepassten Prothese zusammenhängen, aber auch mit gesellschaftlichen Verhältnissen. Noch immer werden in vielen Ländern Menschen mit Behinderungen pauschal ausgegrenzt. Eindeutige Ursache-Wirkung-Zusammenhänge dürften kaum auszumachen sein.

Ob Rehabilitationsbemühungen gelingen, geht weit über die Frage hinaus, wie viele Prothesen angepasst wurden. Finden Menschen mit Behinderungen einen Platz in der Gesellschaft, oder bleiben sie Opfer von Stigmatisierung? Haben sie Zugang zu Sozialrenten oder anderen Formen der Kompensation? Wie ist der Stand gesellschaftlicher Inklusionsbemühungen, die von Land zu Land sehr unterschiedlich sein können? All das bleibt im vorliegenden *Humanitarian Impact Bond* ausgeblendet, obwohl erst die Antworten auf solche Fragen zeigen würden, ob Rehabilitationsbemühungen nachhaltige Wirkungen haben. Die Weltgesundheitsorganisation (WHO) begreift Behinderung nicht als eine am einzelnen Menschen feststellbare Abweichung von einer Norm, sondern als einen Prozess sozialer Beeinträchtigungen, der etwa mit dem Verlust eines Gliedmaßes beginnt. Ohne Berücksichtigung des Vermittlungsprozesses, der zwischen Menschen mit Behinderungen und der Gesellschaft zu leisten ist, bleiben Rehabilitationsbemühungen unvollständig.

Für unternehmerisch denkende Investoren, die gerne von *Impact* reden, lauern in solchen Zusammenhängen obskure Unwägbarkeiten und Risiken. Lukrativer und daher attraktiver sind Maßnahmen, die zeitnah und einfach zu verwirklichen sind. Für eine holistische Sichtweise gibt es dort, wo betriebswirtschaftliche Kennziffern dominieren, keinen Platz. Der Anspruch der Wirkungsmessung hat das soziale Handeln verarmen lassen. Große Ziele wie Völkerverständigung, Frieden und Gerechtigkeit oder eben gesellschaftliche Einbindung – Ziele mithin, die sich metrisch kaum messen lassen und einen langen Atem brauchen – sind aus dem Portfolio vieler Hilfsorganisationen und Sozialverwaltungen verschwunden.

Philanthrokapitalisten

Szenenwechsel: Die ehrwürdige Salle des Assemblées im Genfer Palais des Nations, Mai 2011. Unter dem Applaus der Delegierten betritt Bill Gates die Bühne. Der Gigant der strategischen Philanthropie, der Superreiche unter den Gebern, wird zu den versammelten Exzellenzen, Ministerialbeamten, Journalisten und NGO-Vertretern sprechen. Letztere zwängen sich auf die viel zu kleine Besuchertribüne und beobachten von oben, wie dem Gast gehuldigt wird. Eine Mitarbeiterin des Bundesentwicklungshilfeministeriums beschwert sich, dass Bill Gates mehr Aufmerksamkeit zuteil wird als den gewählten Staatsoberhäuptern, die in der ersten Reihe Platz genommen haben. Nun verstehe sie, was mit »Refeudalisierung« gemeint sei.

Es ist nicht das erste Mal, dass Bill Gates zur Eröffnung der Weltgesundheitsversammlung, dem höchstem Gremium der Weltgesundheitsorganisation (WHO), eine Rede hält. Aufmerksam hört der Saal zu. Schon der erste Satz des Redners hat es in sich: Vor dreißig Jahren, bei der Gründung von Microsoft, habe er die ambitionierte Vision gehabt, dass jeder Mensch über einen Computer verfügen solle, heute sei er hier, um ein noch ambitionierteres Ziel zu verfolgen – alle Menschen sollten in den Genuss von Gesundheit kommen.

Auch wenn der Beitrag, den die Bill & Melinda Gates-Stiftung zur Lösung der weltweiten Probleme bislang geleistet hat, eher begrenzt ist, umgibt Bill Gates doch längst die Aura eines Menschen, der quasi im Alleingang die Welt rettet. Auch er selbst lässt kaum eine Gelegenheit aus, sich als Apostel der Weltgesundheit zu präsentieren. Während Mäzene früher meist nur als Namensgeber des mit ihrer Spende errichteten Museums, Internats oder Altenheims in Erscheinung getreten sind, wollen die strategischen Philanthropen von heute ihren Einsatz auch allen kundtun. Gewohnt, aus dem eigenen Vermögen finanziellen Profit zu erzielen, streben sie nun nach gesellschaftlicher Rendite. Stifter (wie leider auch große Teile der Öffentlichkeit) übersehen dabei, dass die Mittel, die Stiftungen bereitstellen, in hohem Maße durch Steuerbefreiungen subventioniert sind. Über den Verzicht auf Steuereinnahmen ist es nicht zuletzt die gesamte Bevölkerung, die dafür aufkommt, dass einzelne reiche Leute ihren persönlichen Willen, ihr Einzelinteresse öffentlich geltend machen können.

Die Gesellschaft habe es gut mit einem gemeint, man wolle ihr etwas zurückgeben, hört man Stifterinnen und Stifter mitunter sagen. Im Falle strategischer Philanthropen gilt dies nur eingeschränkt: Sie wollen ihr Geld nicht einfach weggeben, sondern weiterhin unter Kontrolle behalten. Die Gegenleistung, die sie für ihre Wohltaten erwarten, ist Anerkennung, vor allem aber Einfluss. Der prekäre Zustand der Welt zeige doch, dass zuvor nur Amateure am Werk gewesen seien. Nun müssten Könner ran, erfolgreiche Unternehmer, die wissen, wie die Dinge funktionieren. Wer die ganze Welt mit Computern versorgen und dabei ein Privatvermögen von über 90 Milliarden Dollar anhäufen kann, dem ist alles zuzutrauen. Ohne unternehmerisches Handeln gehe nichts, so die Botschaft von Bill Gates: Nur eine strategische Verbindung von Kapital, Management und Knowhow helfe, die Probleme zu lösen.

Es sei die Zeit der »Philanthrokapitalisten«, schrieb das Wirtschaftsmagazin »The Economist«, das 2006 den Begriff geprägt hat. Mit der gleichen rücksichtslosen Konsequenz, mit der Bill Gates Microsoft aufgebaut und schließlich sein Vermögen begründet hat, soll nun das Leben von Millionen von Menschen gerettet werden. Die Profis des Gebens sind nicht nur steinreich, sondern voller Hybris. »Die magischste Zahl, die wir kennen: Es ist die Null. Für diese Zahl strengen wir uns jeden Tag in der Stiftung an. Null Malaria. Null TB. Null HIV. Null Unterernährung. Null vermeidbare Todesfälle«, schreiben Bill und Melinda Gates in ihrem Jahresbrief 2017. Das Bemühen um Beteiligung derjenigen, um deren Lebensumstände es geht, gilt ihnen beim täglichen Kampf für Gesundheit eher als Hemmschuh, als Ausdruck von Sozialromantik. Die Förderung von Selbsthilfeprozessen und Graswurzelbewegungen, die solidarische Unterstützung von Menschen an der Basis, die eigentlich selbst sehr genau wissen, wo sie der Schuh drückt, lenke von den wirklichen Aufgaben nur ab.

Die Bill & Melinda Gates-Stiftung ist die mit Abstand größte private Stiftung der Welt. Ihr Stiftungsvermögen beträgt gut vierzig Milliarden Dollar; darin enthalten ist auch eine milliardenschwere Zustiftung von Warren Buffett, ebenfalls einer der reichsten Menschen der Welt. Warren Buffett ist bekannt dafür, Klartext zu reden. 2006 bekannte er im Interview mit der

»New York Times«: »Es herrscht Klassenkrieg, richtig, aber es ist meine Klasse, die Klasse der Reichen, die Krieg führt, und wir gewinnen.«

Von den rund vier Milliarden Dollar, die die Gates-Stiftung alljährlich ausgeben kann, fließt der überwiegende Teil in Programme, die sich mit Fragen globaler Gesundheit beschäftigen. Das Gesundheitsbudget der Gates-Stiftung ist inzwischen ähnlich groß wie das der gesamten WHO, in manchen Jahren sogar größer. So manchem gilt die Stiftung als eine alternative WHO, als das eigentliche Machtzentrum der Genfer Behörde. Nach den USA ist die Gates-Stiftung der zweitgrößte Geldgeber der WHO. Würde sich Gates heute aus der WHO zurückziehen, geriete die zentrale Koordinierungsinstanz für internationale Gesundheit in enorme Schwierigkeiten.

Mehrere Faktoren erklären den großen Einfluss von Bill Gates. Einer ist hausgemacht und reicht zurück in die 1980er Jahre. Damals begann die WHO, sich von den Interessen der pharmazeutischen und medizintechnischen Industrie zu befreien und die sozialen Voraussetzungen von Gesundheit in den Vordergrund zu rücken. Das passte nicht allen Mitgliedstaaten. Vor allem die reichen Industrieländer waren dagegen. Um die WHO wieder auf Business-Kurs zu bringen, froren sie ihre Pflichtbeiträge, die der WHO eine gewisse Autonomie sicherten, ein und ergänzten sie durch freiwillige zweckgebundene Beitragsleistungen, mit denen sich auf die Politik der WHO Einfluss nehmen ließ. Heute beträgt der Anteil der Pflichtbeiträge nur noch etwa fünfzehn Prozent des WHO-Budgets, gerade noch ausreichend, um den Apparat zu finanzieren, der nun mit der Umsetzung der zweckgebundenen Mittel beschäftigt ist.

Die Abhängigkeit von freiwilligen Beitragsleistungen betrifft längst nicht mehr nur die WHO. Viele öffentliche Institutionen in aller Welt stehen vor ähnlichen Problemen. Es sind die unzureichend ausgestatteten öffentlichen Etats, die Stiftungen wie der Gates-Stiftung so viel Macht verleihen. Über sogenannte *Matching Funds* nimmt sie Einfluss auf die Verwendung von öffentlichen oder gemeinnützig eingeworbenen Mitteln. Zuwendungen bekommen nur Maßnahmen, die dem Zweck der Gates-Stiftung entsprechen, und dabei nur solche, in die auch nennenswerte Eigenmittel der Zuschussempfänger einfließen. Über ein solches Matching von Geldmitteln vergrößern strategische Philanthropen die Reichweite ihrer Projekte. Weil Bill Gates, in Zusammenarbeit mit dem Rotary Club und der US-Regierung, beschlossen hat, schwerpunktmäßig Polio zu bekämpfen, ist die Bekämpfung von Polio heute auch ein Schwerpunkt der WHO. Zwanzig Prozent ihres Budgets fließen in die Bekämpfung nur einer Krankheit, während die pharma- und patentkritische Befassung mit essentiellen Arzneimitteln aus Geldmangel kaum noch stattfindet. Inzwischen buhlen die einzelnen WHO-Abteilungen um die Geber; wer 200 000 Dollar mitbringt, bekomme auch sein eigenes Projekt, heißt es spöttisch im Kreise von WHO-Mitarbeitern.

Doch damit nicht genug. Um der Geschäftswelt eine direkte Mitbestimmung an wichtigen praxisrelevanten Entscheidungsprozessen zu eröffnen, half Bill Gates mit, neben der WHO eine ganze Reihe von Public-Private-Partnerships (PPPs) aufzubauen, in deren Gremien nun die Industrie ganz formell vertreten ist. Hier muss nicht mehr über Spenden, Hinterzimmergespräche oder lobbyistischen Druck Einfluss genommen werden, hier sitzt die mächtige Industrie mit am Tisch.

Zu den bedeutendsten PPPs in der Gesundheitsarbeit zählen der Globale Fonds zur Bekämpfung von Aids, Tuberkulose und Malaria (GFATM) sowie die Globale Impfallianz (GAVI). An beiden Gründungen hatte Gates maßgeblichen Anteil. Mit einem 100 Millionen-Dollar-Zuschuss half er 2002, den Globalen Fonds als Stiftung nach Schweizer Recht aus der Taufe zu heben, die außerhalb der UN eingerichtet wurde, um, wie es hieß, deren bürokratische Strukturen zu umgehen.

Angesichts der damals weltweit eskalierten HIV-Krise, die nicht zuletzt in unerschwinglich teuren Behandlungen in Höhe von zehntausend Dollar und mehr zum Ausdruck kam, wurde ein solcher Fonds dringend gebraucht. Längst hatte der Widerstand gegen die Macht der Pharmakonzerne die Straßen Südafrikas und die Universitäten der USA erreicht. Immer lauter wurde die Forderung, den Patentschutz für essentielle Medikamente zu streichen, der die exzessive Preispolitik der Konzerne erst ermöglicht hat. Wie nie zuvor stand das Thema intellektueller Eigentumsrechte auf der Agenda. Auch in der WHO begann man, sich über Alternativen zum bestehenden Patentrecht Gedanken zu machen. Mit der Einrichtung des Globalen Fonds nahm der Protest spürbar ab. Über öffentliche und philanthropische Zuwendungen wurde der Zugang zu Aidspräparaten massiv verbilligt, ohne das Patentregime grundlegend reformieren zu müssen. So notwendig die Versorgung Aidskranker war, die Chance auf eine strukturelle Veränderung wurde verpasst. Auch der Globale Fonds ist übrigens auf freiwillige Zuwendungen angewiesen. Seit seiner Gründung kämpft er um eine ausreichende Finanzierung und muss sich so immer wieder mit den Erwartungen der Industrie arrangieren.

Aufschlussreich ist die Zusammensetzung des GAVI-Vorstandes. Neben WHO, Weltbank, UNICEF und der Gates-Stiftung, die jeweils einen permanenten Sitz haben, gehören dazu Regierungen von Industrie- und Entwicklungsländern, Einrichtungen des öffentlichen Gesundheitswesens, eine Vertreterin von Nichtregierungsorganisationen sowie Pharmaunternehmer aus Industrie- und Schwellenländern, die nun über die Einführung neuer Impfstoffe und deren Preisgestaltung mitentscheiden. So fließen öffentliche Mittel (die Bundesregierung will sich bis 2020 mit insgesamt 600 Millionen Euro beteiligen) systematisch in Richtung privater Akteure. Die vollständige Immunisierung eines Kindes kostet heute 68-mal so viel wie im Jahr 2000, kritisieren die »Ärzte ohne Grenzen«. In den zurückliegenden Jahren hat die Gates-Stiftung ihre Machtposition kontinuierlich ausgebaut. Inzwischen ist sie in hundert Ländern tätig. Heute bestimmt die Gates-Stiftung, welche gesundheitlichen Herausforderungen angegangen werden und welche nicht. Die »unsichtbare Hand«, die Adam Smith zufolge dafür sorgen würde, dass privates Handeln schließlich in Gemeinwohl mündet, hat sich in eine höchst sichtbare Hand verwandelt, die mit der Macht des Geldes dafür sorgt, dass sich das Gemeinwohl an den Überlegungen eines privaten Stifters ausrichtet. Dass in der globalen Gesundheitspolitik heute vertikale Programme, die mit hohem technischem Einsatz einzelne Krankheiten bekämpfen, Vorrang vor in die Breite gehende präventive Gesundheitsprogramme genießen, daran hat nicht zuletzt Bill Gates maßgeblichen Anteil, der nie ein Hehl daraus gemacht hat, dass es ihm um unternehmerische Lösungen gehe. Vor allem die Ausrottung der verbliebenen Reste von Polio, ein Kampf, der zeitnah zu gewinnen ist, liegt ihm am Herzen. Von den Vertriebswegen von Coca-Cola könne man lernen, wie selbst noch im letzten Winkel der Erde die erforderlichen Impfstoffe verfügbar gemacht werden können. Inzwischen hat sich auch der niederländische Bierbrauer Heineken als Partner der Stiftung ins Spiel gebracht.

Impfungen gegen mörderische Krankheiten wie Kinderlähmung sind gewiss nicht falsch. Sie sind aber nur ein kleiner Ausschnitt dessen, was getan werden muss, um Gesundheit für alle zu schaffen. Die Fokussierung auf spezifische Krankheiten lenke von den politischen und sozialen Pathologien der globalen Verhältnisse ab, klagt der britische Gesundheitswissenschaftler David McCoy: Statt die Schwächen des Gesundheitssystems anzugehen, werden diese durch Wohltätigkeit nur noch zementiert. Gegen soziale Ungleichheit, den Killer Nummer 1, gibt es keinen Impfstoff, zumindest keinen, der sich industriell herstellen und mit dem sich Geld verdienen lässt. Das Wohlbefinden von Menschen erfordert viel mehr, als ein rein biomedizinischer Begriff von Gesundheit umfasst.

Um die Armut zu bekämpfen, so Bill Gates in seinen Empfehlungen an die G20, bedürfe es eines marktfreundlichen Investitionsklimas, liberaler Handels- und Finanzpolitik und Anreize für Innovation, beispielsweise im Rahmen der Erforschung und Entwicklung neuer Impfstoffe. Und natürlich geht es auch hier wieder um den Schutz des geistigen Eigentums. Bei Microsoft weiß man, wie das geht. Nur mit einem höchst aggressiven Kampf um Patente und mit anderen monopolistischen Strategien hatte Microsoft seine beherrschende Marktstellung, Bill Gates seinen Reichtum aufbauen können. Was für einen Unterschied zu früheren Wohltätern, etwa Jonas Salk, dem Erfinder des ersten Polioimpfstoffes, der mit seiner Erfindung nie reich geworden ist und sie nicht einmal patentieren ließ. Kurz nach der Freigabe des Impfstoffs 1955 sagte Salk im Interview:»Es gibt kein Patent. Kann man die Sonne patentieren?«

Um den unternehmerischen Zugang zu Gesundheit nach allen Seiten abzusichern, unternimmt die Gates-Stiftung große Anstrengungen zur Beeinflussung des öffentlichen Diskurses. Sie fördert die universitäre Forschung, sie sitzt in unzähligen multi- und unilateralen Kommissionen, berät die G20 und die Bundesregierung, steuert über Zuwendungen an NGOs die zivilgesellschaftliche Advocacy-Arbeit und – besonders beunruhigend – finanziert Berichterstattung über globale Gesundheit. Laut einer Analyse der»Columbia Journalism Review« aus dem Jahre 2010 sponsert die Stiftung die Arbeit von»The Guardian«,»El Pais«,»ABC News«,»PBS« und anderen Medien. Der Einfluss von Sponsoren ist allerdings nie präzise nachzuweisen. Unverkennbar aber sind die Anzeichen eines immer mächtiger werdenden »humanitär-industriellen Komplexes« auszumachen, der den Handlungsrahmen von Politik für eigene Initiativen immer weiter einengt. Stolz präsentierte Bundesentwicklungshilfeminister Gerd Müller Anfang 2017 ein mit der Gates-Stiftung verabschiedetes *Memorandum of Understanding*, das sich unter anderem für die finanzielle Inklusion von Menschen im Süden stark macht. Deren Zugang zu Bankkonten und Krediten soll erleichtert werden. Das Rahmenabkommen lässt den Minister an der Aura des Weltretters teilhaben und gibt dem Philanthrokapitalisten den Schein demokratischer Legitimität.

Bei allen Huldigungen, die Bill Gates entgegengebracht werden, sind kritische Nachfragen der Öffentlichkeit nicht ausgeblieben, insbesondere die Frage, wie die philanthropischen Mittel erwirtschaftet werden. Für die Verwaltung des Stiftungsvermögens sei ein von der Stiftung organisatorisch getrenntes Unternehmen, der Bill & Melinda Gates Foundation Trust, zuständig, teilte die Gates-Stiftung lapidar mit. Allzu genau möchte man über die Anlagepolitik vermutlich nicht Auskunft geben. So hält die Vermögensverwaltung auch Anteile der Coca-Cola FEMSA, die den Verkauf von gezuckerten Softdrinks in Entwicklungsländern in Südostasien und Lateinamerika betreibt, ausgerechnet dort, wo kindliche Fettleibigkeit schon jetzt zu einem gravierenden Gesundheitsproblem geworden ist. Der größte Teil des Stiftungsvermögens, fast 50 Prozent (Stand 2018), ist in Warren Buffetts Berkshire Hathaway Holding investiert, deren Anlagepolitik nicht unbedingt in dem Ruf steht, in Unternehmen zu investieren, die der Gesundheit von Menschen förderlich sind – das Portfolio investiert in Coca-Cola, Johnson & Johnson, Sanofi, Procter & Gamble, Monsanto, Teva Pharmaceutical Industries und andere pharmazeutische Unternehmen. So ist die Gates-Stiftung selbst zwar nicht direkt an Unternehmen der Pharmaindustrie beteiligt, wohl aber mittelbar über Warren Buffetts Berkshire Hathaway Holding. Der Interessenskonflikt scheint für die Stiftung kein Hindernis zu sein – dient er doch schließlich der Optimierung der eigenen Wohltätigkeit: Je größer der Profit solcher Unternehmen, desto mehr kann die Stiftung als Retter der Welt auftreten.

»Jeder Außenseiter ist nur vorübergehend anwesend.«
Mexiko

Mitten in der Ciudad de México, im Palacio Nacional, zeigen drei Wände die Geschichte des Landes, ein gemaltes Triptychon von Auflehnung und Gewalt. Die *murales* von Diego Rivera sind ein erschütterndes Breitwandpanorama mexikanischen Leidens, weil der Rundblick offenbart, dass sich seit der Aztekenherrschaft zwar vieles verändert hat, nicht aber das Prinzip der Herrschaft, der systematischen Knechtung und der wiederholten Zerschlagung von Widerstand.

Die Wandmalereien in der Zufluchtsstätte »La 72« in Tenosique im tiefsten Süden Mexikos sind künstlerisch weniger virtuos, zeugen aber von einem vergleichbaren Impetus. Auf einer grünen Wand sieht man den auf den Kopf gestellten amerikanischen Kontinent, die USA unten werden dominiert vom *Star-Spangled Banner* und der Fratze von Donald Trump, der Rest des Kontinents (die Spitze Patagoniens berührt fast das Dach) ist von unzähligen dichtgedrängten Gesichtern bevölkert, manche ausdruckslos, andere mit traurig heruntergezogenen Mundwinkeln oder strengen Blicken. Daneben steht: *Trump, serás el que encienda el fuego de la resistencia de los pueblos* (Trump, du wirst das Feuer des Widerstandes unter den Völkern entfachen). Gegenüber, auf blauem Untergrund, innerhalb der Umrisse Mexikos, eine Migrationskarte, eine Navigationshilfe für Flüchtende, auf der die gängigen Fluchtwege eingezeichnet sind: die Eisenbahnlinien (Güterzüge, auf die aufgesprungen wird), die Wüsten (wo man genug Wasser mit sich tragen sollte), die gefährlichen Orte (repräsentiert durch Pistolen), die Orte, an denen Kriminelle Geld erpressen (markiert durch Dollarscheine) und die Aufnahmeorte (gelbe Häuschen mit roten Dächern). Der Weg in eine gefährdete Zukunft ist präzise vorgezeichnet, eine Übersetzung der Vision Diego Riveras in universell verständliche Piktogramme. Auch das zu entrichtende Schutzgeld wird genau beziffert: Es braucht 700 Dollar, um nach Mexiko-Stadt zu gelangen, etwa der halbe Weg bis zur US-amerikanischen Grenze, was bedeutet, dass die »Illegalen« viel mehr zahlen müssen als die Legalen, obwohl sie nicht einmal dritter Klasse reisen.

Flüchtlinge verursachen nicht nur Kosten, sie sind ein Wirtschaftsfaktor, Einnahmequelle für eine ganze Industrie, die Branche der Fluchtgewinnler. Die Undurchdringlichkeit der Grenze und die komplizierten Fluchtwege lassen die Preise entlang der gesamten Route ansteigen. Am alten Bahnhof von Tenosique ist ein Stadtteil mit billigen Absteigen und Lokalen entstanden, hier wirken die *polleros* (die Schlepper, wortwörtlich: die Hühnchenrupfer).

Die Karawane der Mütter

Wenn Millionen von Menschen auf der Flucht sind, seit Jahren und Jahrzehnten, verschwinden manche von ihnen. Spurlos, wie man gemeinhin sagt, was nicht wirklich zutrifft, denn viele werden nie gesucht. Die einen melden sich einfach nicht mehr. Andere geraten entlang des Weges in mafiöse Strukturen, aus denen sie sich nicht selbst befreien können. Und manche werden umgebracht. Die Verschwundenen tauchen selten wieder auf, die Morde werden fast nie aufgeklärt. Weil Flüchtlinge als »Illegale« angeblich die Gesetze brechen, haben sie offenbar kein Recht auf Aufklärung der an ihnen begangenen Verbrechen. Das muss man wissen, um zu verstehen, wieso die siebzigjährige Marta Sanchez vom *Movimiento Migrante Mesoamericano* einmal im Jahr mit fünfzig Müttern zu einer Reise durch Mexiko aufbricht, um nach Verschwundenen zu suchen. Und wieso diese dreiwöchige Karawane der Erinnerung und des Mitgefühls, begleitet von Sozialarbeitern und Journalisten, so ein breites Echo in der Öffentlichkeit ausgelöst hat.

»Wir wollen durch die bei uns weithin verehrte Mutterfigur die Solidarität und Empathie der Menschen wecken«, sagt Marta. »Wer könnte schon ›Nein‹ sagen zu einer Mutter, die mit bohrenden Blicken beharrlich nach ihrem Sohn fragt? Einige Male haben wir einen Verschwundenen gefunden, aber stets nur Männer, nie eine der Frauen, nie eines der Mädchen! Manchmal erhalten wir Beweise vom Tod der Verschwundenen. Es gibt Mütter, die wollen nicht akzeptieren, dass ihr Sohn, ihre Tochter nicht mehr leben, sie beharren darauf, es müsse ein Fehler vorliegen, sie verweigern sich der Evidenz der Fakten. Weil sie die Tatsache nicht akzeptieren, können sie nicht trauern.«

Inzwischen wird die »*Caravana de Madres Centroamericanas*« von regionalen, nationalen wie auch internationalen Journalisten begleitet. Das ist im wahrsten Sinne des Wortes überlebenswichtig. Denn die Sicherheitsbehörden schützen die Karawane nur, weil sie so berühmt geworden ist.

Die Karawane ist weit mehr als eine symbolische Aktion; sie schafft eine neue Realität von Wahrnehmung und emotionaler Reaktion, und das macht inzwischen Schule. Die internationale Vernetzung innerhalb Mittelamerikas ist weit vorangeschritten, in anderen Ländern arbeiten Frauengruppen mit den Richtlinien, die in Mexiko entwickelt worden sind, ein »*Cumbre de Madres*« (ein Müttergipfel) ist geplant.

Die Karawane beginnt oder endet in Tenosique, unbemerkt von den Besuchern der Maya-Ruinen in dieser Region, sei es Palenque in Chiapas oder Tikal in Guatemala. Nicht wenige

Reisende sind entsetzt über den religiösen Brauch der Maya, Menschen zu opfern, um die Götter zu besänftigen. Wie blutig, wie grausig! Die Beschreibungen der Reiseführer jagen dem schockierten Touristen Schauder über den Rücken. Unfassbar! Was für eine Bestialität.

La 72 – ein Refugium

Das grenznahe Städtchen Tenosique liegt auf halbem Weg zwischen Palenque und Tikal. La 72 befindet sich gleich an der Ortseinfahrt. 72 ist keine Jahreszahl, keine bürokratische Zuordnung. 72 ist die Zahl der Leichen nach einem Massaker an Flüchtlingen in San Francisco Tamaulipas am 24. August 2010, begangen von dem Narco-Kartell »Los Zetas«. In der Kirche dieses Zufluchtsortes hängen die Namen der identifizierten Opfer um das Kreuz herum wie bei einem Mahnmal für Märtyrer – geopfert auf dem Altar wirtschaftlicher Sachzwänge und politischem Zynismus. Wer sowohl die Maya-Stätten als auch diesen Ort aufsucht, kommt unweigerlich zu dem Schluss, dass wir die Schrecken der Gegenwart im Gegensatz zu den Schrecken der fernen Vergangenheit mit abgestumpfter Gleichgültigkeit zur Kenntnis nehmen.

Fray Tomás, der Franziskanerbruder, der dieses Refugium gegründet hat, kennt einige der Angehörigen der Ermordeten persönlich. Sie sind bei Behörden und Rechtsanwälten hochverschuldet, weil sie die Täter vor Gericht bringen wollen. Bislang ist noch niemand angeklagt worden. Trotz des Mahnmals ist La 72 ein trostspendender Ort. Hier wird Not gelindert, hier können die Flüchtenden durchatmen auf ihrem langen Weg durch Mexiko hindurch und hinauf in den gelobten Norden. Zogen früher die meisten schon nach wenigen Tagen weiter, bleiben die Menschen nun häufig länger. Manche beantragen sogar Asyl, jeder Dritte – vor allem Familien – bleibt hier und wartet auf den Ausgang seines Gesuchs. In den letzten Jahren hat die Zahl der unbegleiteten Jugendlichen stark zugenommen. 2016 stellten sie mehr als die Hälfte der neu registrierten Flüchtlinge. Auch sind immer mehr Mädchen allein unterwegs. Deren Zahl hat sich in den letzten drei Jahren verdreifacht. Die Zufluchtsstätte muss immer wieder anbauen, um den wachsenden Anforderungen zu genügen. Sie besteht aus einer Vielzahl unterschiedlicher Gebäude, jedes in einer anderen Farbe gehalten, freundlich und zuversichtlich. Alle Mauern sind bemalt, auch die Decke, als Sternenhimmel: Die von lokalen Künstlern gemalten Szenen sind mal naturalistisch – das riesige Gesicht eines Jugendlichen, der zu viel erlebt hat –, mal verfremdet – die schemenhaften Konturen von Menschen in Bewegung, die so flüchtig erscheinen wie ihr Status. Sie stellen nicht nur Entbehrungen dar, sondern auch Träume, die gemeinsamen, die zu Veränderung und Verwandlung führen können, im Gegensatz zu den individuellen Sehnsüchten, die meist Illusionen bleiben.

»Letzte Woche sind fünfzehn Flüchtlinge an den Gleisen von Gangstern überfallen worden«, erzählt Fray Tomás. »Einer von ihnen bekam einen Lungenschuss ab. Die anderen trugen den Verletzten ins Krankenhaus, dort ist er gestorben. Sie haben beschlossen, sich nicht aus dem Staub zu machen, sondern zu bleiben, um Anzeige zu erstatten. Sie haben die Verantwortung übernommen, sie fordern Aufklärung vom Staat, denn ansonsten würden Fälle wie dieser unter den Tisch fallen. Sie haben ihre eigenen Interessen zurückgestellt. So verwandeln sich Ausgestoßene in soziale Kämpfer. Ich hoffe, dass sich jene, die hier waren, für soziale Veränderung einsetzen werden, auch wenn sie die USA erreichen.«

Es bedarf, erklärt er, wegen der vielen Gefährdungen entlang des Weges eines humanitären Korridors, um die Flüchtlinge vor Überfällen und Betrug zu schützen. Kaum einer durchquert Mexiko, immerhin dreitausend Kilometer, ohne mindestens einmal Gewalt zu erfahren. Über Facebook bleibe er mit vielen in Kontakt, nur ein kleiner Teil berichte von einem glücklichen Ausgang, der sich für die meisten, nicht nur in Zentralamerika, als Chimäre erweist. Schon hört man Kritik, durch La 72 werde die illegale Migration befördert.

Fray Tomás zeichnet ein düsteres Panorama. Migration habe es schon immer gegeben, junge Männer auf der Suche nach dem Glück im Norden, doch die gegenwärtige Massenflucht sei ein neues Phänomen, es gehe nicht mehr um die Verbesserung von Lebensbedingungen, sondern um das nackte Überleben.

In Honduras wird die Lage zunehmend schlimmer, Fluchtursache dort sind verstärkt Schutzgelderpressungen durch die *maras*. Diese kriminellen Banden entstanden, als die USA Mitglieder von Gangs aus den »*inner cities*« abgeschoben haben. Nun terrorisieren sie große Teile Mittelamerikas. Die Erpressungen strangulieren die eh schon armen Menschen; wer nicht zahlt, wird ermordet. Die *maras* unterstützen in der Folge die Kinder der Getöteten, rekrutieren sie für die eigenen Banden. Eines Tages werden die neuen Mitglieder diese Investition zurückzahlen müssen, indem sie andere erpressen. So breitet sich das System aus, erobert Stadtviertel für Stadtviertel und ersetzt die Stärke des Rechts durch das Recht des Stärkeren.

In Guatemala sind allein in der Grenzregion die Bewohner von dreißig Dörfern von Vertreibung durch agroindustrielle Großprojekte bedroht. Immer wieder flüchten Kleinbauern nach Mexico, wenn das Militär anrückt, um sie fortzujagen. La 72 setzt sich für deren Land- und Rückkehrrechte ein. Mexiko mache aber gerade zu, sagt Fray Tomás, denn die USA verlangen härteres Durchgreifen gegen Flüchtlinge. Es drohe ein Kollaps der Hilfe, ein Zusammenbrechen der solidarischen Energie, eine Überforderung der empathischen Kräfte. »Wenn wir mit den Behörden zusammenarbeiten könnten, wäre vieles einfacher. Aber das ist unmöglich. Dieses Problem kann man nicht verwalten. Natürlich müssen wir bei den Fluchtursachen ansetzen, aber das geht nicht in Zusammenarbeit mit den hiesigen Regierungen.«

Immer wieder gibt es juristische Angriffe gegen La 72, immer wieder Anzeigen vonseiten der Immigrationsbehörde. Gegen Fray Tomás selbst sind mehrere Verfahren wegen Schlepperei anhängig, ihm droht eine hohe Haftstrafe. In der Stadt nehmen die Übergriffe gegen Flüchtlinge zu, ebenso wie die Angst vor ihnen.

Tenosique hat jüngst den Titel *pueblo magico* (magisches Dorf) verliehen bekommen. Ein Titel, den der mexikanische Staat zur Tourismusförderung vergibt. Die Folge: Sozial Anrüchiges – Flüchtlinge etwa – wird aus dem Städtchen verdrängt. Das ist der Unterschied zu den Maya: Die Geopferten von heute sollen unsichtbar bleiben.

Auch deswegen ist die Karawane von Marta so wichtig. Wer Vergessene und Überflüssige zu einer Karawane zusammenschließt, der macht sie wieder sichtbar. Und das ist der erste Schritt zur Veränderung der Verhältnisse.

Helfen? Nein. Gemeinsam kämpfen? Ja!

Die Zufahrt nach San Cristóbal de las Casas, die alte Hauptstadt von Chiapas, ist aufgrund eines Streiks gesperrt. Taxis haben die Straßen blockiert. Wer aus Tuxtla Gutierrez anreist, muss einige Kilometer vor der Stadt aus seinem Fahrzeug aussteigen und die letzten Kilometer zu Fuß zurücklegen. Selbst wer einen schweren Koffer zu schleppen hat. Niemand schimpft, niemand schreit, die Blockade wird hingenommen, obwohl sie der Verteidigung von Besitzständen dient: Die legalen Transportunternehmen wehren sich gegen jene, die in den Markt hineindrängen, ein Kampf zwischen Arrivierten und Emporkömmlingen auf dem Rücken der restlichen Bevölkerung. Straßensperren sind ein beliebtes politisches Kampfmittel in Chiapas. Die Straße nach Palenque ist seit achtzehn Monaten nicht frei befahrbar. Zunächst wurde sie von Dorfbewohnern gesperrt, die gegen die Regierung des Bundeslandes protestierten. Mangels politischer Einflussmöglichkeiten bleibt ihnen nichts anderes übrig, als auf diese Weise Widerstand auszuüben. Sie warten, bis sich eine kilometerlange Fahrzeugschlange gebildet hat, dann verlangen sie für die Durchfahrt eine Gebühr, die nach den vermeintlichen finanziellen Möglichkeiten der Reisenden bemessen wird, mal 50, mal 100, mal 200 Pesos. Inzwischen ist eine zweite Straßensperre entstanden, aus Protest gegen die erste, vielleicht aber auch nur als Versuch eines anderen Dorfes, an dieser Zollkonjunktur zu partizipieren. Niemand weiß das so genau, die meisten umfahren diese Unsicherheit lieber weiträumig.

San Cristóbal hat eine guterhaltene – manche würden sagen herausgeputzte – Altstadt, eine große, neue Shopping Mall und ein Cacao-Café, das heiße Schokolade und selbstgefertigte Bonbons kredenzt. Die sind so delikat und elegant wie die Erzeugnisse von Marcolini in Brüssel, der Kakao wird in verschiedenen Schokointensitäten angeboten. Das ist ungewöhnlich, weil derartige Veredelung selten dort vorgenommen wird, wo die Rohstoffe produziert werden.

Gabriel und Leonel scheinen im Aufbruch begriffen zu sein. Ihre schweren Rucksäcke lehnen an der Wand. Sie waren uns als die Gründer der Gesundheitsorganisation *Equipo de Apoyo en Salud y Educación Comunitaria* (EAPSEC) vorgestellt worden, was sie allerdings sogleich korrigieren:»Nicht mehr.«

Sie haben aufgegeben. Sie sagen das ohne Wehmut. Die Rahmenbedingungen hätten sich zu sehr verändert. Die Solidarität habe abgenommen, die Konditionen für die Finanzierung
ihrer Projekte seien zunehmend belastender und einengender
geworden. »Es war keine selbstbestimmte Arbeit mehr möglich.«
    Es entsteht eine erste Pause, kaum hat das Gespräch begonnen. »Geld ist ein Instrument«, sagt Leonel nach einer Weile,
»um bestimmte Prozesse zu befördern, Geld sollte nicht die
Begünstigten erniedrigen, indem die Geber paternalistisch in
ihre Arbeit hineinreden.« Genau diese Tendenz verstärke sich
gegenwärtig. Den Begriff »Hilfe« lehnen die beiden inzwischen
grundsätzlich ab.
    »Helfen? Nein. Gemeinsam kämpfen? Ja!«
    Ein Großteil der von außen kommenden Hilfe, vor allem
aber die staatlichen Unterstützungsprogramme dienten der
Bekämpfung des lokalen Widerstands. Sie schafften Abhängigkeiten, verfestigten Bedürftigkeit, fesselten die Notleidenden an die Opferrolle.
    »In unserem Fall wollte der Finanzgeber sogar unseren Namen ändern, wir sollten uns in ihre Strukturen eingliedern. Es
wären neue Zwänge auf uns zugekommen – wir haben das oft
genug bei anderen erlebt, wir wären in administrativer Arbeit
versunken, im Verfassen von Berichten. Der gesamte Prozess
hätte am Ende einer externen Kontrolle unterlegen. Wir wären
zu Subunternehmern degradiert worden. Geben und nehmen
muss auf Augenhöhe erfolgen, sonst ist der Preis zu hoch.«
    Viele NGOs in Chiapas werden von US-amerikanischen Organisationen finanziert, der mächtigste Strippenzieher unter
ihnen ist die Kellogg Foundation. Benannt nach dem Erfinder
der Cornflakes, der nicht nur exquisite arabische Hengste züchtete, sondern auch – schon 1934 – eine der größten US-amerikanischen philanthropischen Stiftungen gründete. Die Kellogg

Foundation, überwiegend innerhalb der USA tätig, konzentriert sich in Mexiko auf die Provinzen Chiapas und Yucatán (dort wo die Nachfahren der Maya, die Maismenschen, leben). Sie dominiert den Hilfsmarkt, indem sie bestimmte Projekte, Partner und Dörfer auswählt und Millionen in sie hineinpumpt. Die NGOs, die an diesem warmen Regen partizipieren wollen, müssen sich den Vorgaben der Stiftung unterwerfen. »Natürlich halten die Menschen aus Not die Hand auf.«

Von anderen Aktivisten werden wir am nächsten Tag erfahren, dass 80 Prozent der NGO-Mittel ausländischer Herkunft in Chiapas von dieser einen Stiftung stammen. In der reichhaltigen zivilgesellschaftlichen Landschaft des Chiapas herrscht Geldmangel, dafür ist aber viel Lokalkenntnis vorhanden. Durch diese Programme schöpft Kellogg Informationen ab, erhält eine »Röntgenaufnahme der Region«. Wohltätigkeit als Erwerb von zweckdienlicher Information!

»Niemand stellt die Wirkung dieser Programme kritisch in Frage«, fährt Gabriel fort, »es gibt keine Debatten mehr, nur die Dominanz und Macht der Stiftung. Kein politischer Diskurs, alles entkoffeiniert. Das ist Pseudo-Aktivismus, der allein aus technologischen Lösungen besteht. Kurzfristige Erfolge sind erwünscht. Eine rein betriebswirtschaftliche Ausrichtung. Ich kenne die in der Stiftung für Mexiko Zuständigen«, fährt er fort, »das sind Leute, die etwas bewegen wollen, sie tun es nicht aus böser Absicht, sie sind nur blind gegenüber den Folgen ihres Wirkens.«

Nicht nur die Agenda von Kellogg entpolitisiert die Arbeit der NGOs.

»Auch der Staat versucht, uns das Wasser abzugraben, indem er Veranstaltungen mit Präsenzpflicht (wer nicht kommt, erhält keine Zuwendungen mehr!) gleichzeitig zu unseren ansetzt und somit absichtlich eine Konkurrenzsituation schafft. Außerdem ist der staatliche Laden im Dorf stark subventioniert, er erhält sogar kostenlose Lieferungen, etwa Genmais aus den USA. Dagegen können unsere Bauern natürlich nicht konkurrieren.«

Die Arbeit der großen Stiftungen entlässt die Kommunen weitgehend aus der Verantwortung. Durch die Arbeit der NGOs entstehen Parallelstrukturen, von denen die Menschen abhängig werden, ohne sich auf diese langfristig verlassen zu können. Zudem gibt es negative Folgen der Konkurrenz zwischen den NGOs, vor allem im Bereich Gesundheit. Dabei geraten die auf Partizipation ausgerichteten langwierigeren sozialmedizinischen Ansätze, die Erkrankungen verhindern wollen, unter den Druck der punktuellen kurativen Programme, die erst dann aktiv werden, wenn Erkrankungen eingetreten sind. In ihrer Not verlangen die Leute nach unmittelbaren Hilfen und nicht nach nachhaltiger Prävention. Der Verdrängungswettbewerb unterschiedlicher Ansätze schadet vor allem den unterversorgten Menschen.

Gabriel bildet heute traditionelle Hebammen aus, Leonel und seine Frau sind als Dentalpromotoren tätig, unentgeltlich ziehen sie von Dorf zu Dorf und kümmern sich um faule Zähne, die Gemeinden tragen die Reisekosten und zahlen kleine Aufwandsentschädigungen, der Familienhaushalt wird finanziert von ihren berufstätigen Töchtern. Sie genießen es, keine Berichte mehr schreiben, keine Belege mehr sammeln zu müssen – es geht ihnen besser.

»Es ist ein Fehler, wenn die Wohltätigkeit konkreter und spürbarer ist als die Utopie. Notwendig wäre eine andere Art des Gebens, eine solidarische, bei der nicht das Geld im Mittelpunkt steht. Willst du nur helfen, dann geh wieder! Willst du mit uns kämpfen, dann bleib!«

»Wie sollen wir eine alternative Perspektive aufbauen?«, fragt Leonel am Ende. »*Es muy complicado.*« Er wiederholt dies dreimal. »Es ist sehr kompliziert.«

Die Zukunft zurückerobern

Chiapas ist weltberühmt geworden durch den Aufstand der »Zapatistas«. Am Neujahrstag 1994 besetzten bewaffnete Einheiten des *Ejército Zapatista de Liberación Nacional* (EZLN) San Cristóbal de las Casas und einige Kreisstädte. Getragen wurde der Aufstand von der Verzweiflung von Menschen, die sich gefangen sahen zwischen staatlichen und mafiösen Repressionen. Ihre Revolution zielte auf autonome Selbstverwaltung und die Stärkung der Rechte der indigenen Bevölkerung. Seitdem ist viel erreicht worden, und doch seien die Zapatistas nach 24 Jahren Dauerangriff zermürbt, ihr Einfluss nehme eher ab. Vorbei! So wurde es uns beschrieben in Ciudad de México, in San Cristóbal, in Palenque. Doch wie sieht die Lage in den Dörfern selbst aus?

Die Fahrt dauert. Schwer zu überwindende Bergketten erstrecken sich von Norden nach Süden, dazwischen dünn besiedelte Täler, die *cañadas*, durchzogen von einer Straße, die einzige Verbindung zur Außenwelt. Viele Dörfer haben keine andere Verbindung zur Welt als alte Saumpfade. Die Abgeschiedenheit bedeutet nicht, dass die Siedlungen von den historischen Stürmen verschont geblieben sind. Arroyo Granizo, unser Ziel, ist wie viele andere Dörfer eine Neugründung aus den fünfziger Jahren. Eine Folge interner Vertreibung und Migration, entstanden aus einem Lager der »Chicleros«, der Kaugummisammler. 1859 kam der US-amerikanische Unternehmer Thomas Adams auf die Idee, aus dem Harz des Chicozapote-Baumes, das schon die Maya zur Beruhigung nutzten, kleine Kügelchen zu formen und als Kaugummi zum Verkauf anzubieten. Die Idee setzte sich durch, die New Yorker, so Egon Erwin Kisch, würden »die Wälder Mexikos zerbeißen«. Inzwischen werden die Rohstoffe für den Kaugummi synthetisiert, und der Regenwald von Chiapas dient wieder als Zuflucht von Menschen, die anderswo vertrieben wurden. Nach einer Flucht eröffnen sich neue Möglichkeiten: Das Korsett des Traditionellen kann brechen, ebenso die althergebrachten Dorfstrukturen, die Dominanz der älteren Männer. Entwurzelung kann auch Räume öffnen, für Frauen etwa, für die Jüngeren.

Der erste Eindruck überrascht positiv. Das Dorf wirkt gepflegt, mit seinen ausgebauten Pistenstraßen, den soliden Häusern, gesäumt von Blumenbeeten, dem großen Dorfplatz neben der Schule mit gestutzten Baumreihen, auf dem während unseres mehrstündigen Gesprächs die Kinder Fußball und Volleyball spielen, herumhüpfen und sich gegenseitig um die Wette jagen. Wie in vielen anderen Dörfern von Chiapas leben hier Zapatistas und Menschen, die sich der Bewegung nicht angeschlossen haben, nebeneinander, gelegentlich miteinander.

Wir sitzen auf der Terrasse des autonomen Gesundheitszentrums, das sich direkt neben dem staatlichen befindet, so als sollte ein Vergleichstest ermöglicht werden. Das Ergebnis fällt vernichtend aus: Der Staat stellt eine Krankenschwester, die kaum mehr tun kann, als die Namen der Kranken zu erfassen, ihre Daten zu erheben und Vitamintabletten zu verschreiben. Wenn das nicht ausreicht, verweist sie die kranke oder schwangere Person an das nächstgelegene Krankenhaus. Im autonomen Zentrum ist hingegen das ganze Jahr über eine Ärztin und die Versorgung kostenlos. In einem der Behandlungsräume hängt ein Wörterbuch der zahnärztlichen Begriffe an der Wand, auf Spanisch sowie auf das in dieser Umgebung gesprochene Tzeltal, ein Maya-Idiom. Solche Umsicht deutet auf einen funktionierenden Mikrokosmos hin, an dem die Betroffenen beteiligt sind.

Auf der Terrasse sitzen die Vertreter dieses Kosmos. Wie bei jedem Treffen dieser Art ein Sekretär, der alles protokolliert, ein junger Mann im deutschen Fußballdress. Neben ihm Carlos vom Gesundheitskomitee, Martin, ein Gemeinderat sowie Juan vom geheimen Komitee der EZLN (die Waffen ruhen seit langem, aber diese politisch-militärische Keimzelle der Bewegung existiert weiterhin).

»Wir mussten uns organisieren, es gab hier nicht einmal eine Krankenschwester. Aber viel Not und Leid. Wir haben uns gefragt, wie können wir unsere indigenen Dörfer aufbauen? Indem wir Eigenes entwickeln, mit eigenen Kräften, indem wir klein anfangen und allmählich gemeinsam wachsen. Also haben wir den Gesundheitsrat gegründet. Die meisten in unserem Dorf sind keine Zapatistas, es gab Kritik, es gab Attacken. In Santo Domingo (*einem nahe gelegenen Städtchen*) wurde ein großes Hospital errichtet und feierlich eingeweiht, doch schon am Tag danach wurde die ganze Ausrüstung wieder abgezogen, ein Bau ohne medizinische Apparate blieb zurück. In unserer Provinz sind 32 Hospitäler gebaut worden, die allesamt nicht funktionieren. Heute sagen alle Bewohner unseres Dorfes, dass unsere autonome Klinik besser als die staatliche ist, in der es keine Ärzte und keine Medizin gibt. Unser Kampf ist für alle, wir behandeln in unserer Klinik jeden, unabhängig von seiner politischen Haltung. Wir leben gemäß unseren Prinzipien. Krankheit hat keine Religion, Krankheit kennt keine Partei.«

Projekte in autonomen Gemeinden in Chiapas unterscheiden sich von anderen darin, dass die Sozialarbeit auf konkreten politischen Überzeugungen basiert. Wie nicht anders zu erwarten, schlägt der mexikanische Staat zurück, bekämpft alle lokalen Strukturen der Selbstverwaltung, jegliches autonome Handeln, indem er Spaltungen herbeizuführen, Einzelne zu bestechen versucht. Ein Staat, der nicht funktioniert, verteilt punktuell Almosen. Hilfe erweist sich als kleine Münze des sozialen Scheiterns.

»*La resistencia es muy dura.* Widerstand ist kein Zucker-
schlecken. Die Armut zwingt die Menschen, rund um die Uhr
zu arbeiten, sie haben keine Zeit mehr für Gemeinschaftsak-
tivitäten. Kommen nur, wenn es dafür Geld gibt. Wir Zapatistas nehmen keine Geschenke von Staat oder von Parteien
an. Die Regierung ist rassistisch, sie betrachten uns als eine
Plage, nicht als Mexikaner, nur als Indios. Wie könnten wir ihre
Gaben annehmen?«

Die Zapatistas im Dorf arbeiten in einer Kooperative zusammen, auf Land, das sie besetzt haben (die Eigentümer
wurden vom Staat entschädigt); sie treffen gemeinsam die
Entscheidung, was sie anbauen, Zuckerrohr zum Beispiel, um
vom Industriezucker unabhängig zu werden; wie sie anbauen,
etwa auf Kunstdünger zu verzichten, keine Brandrodung anzuwenden, weniger Holz zu schlagen. Das meiste, was sie anbauen, wird lokal vertrieben und konsumiert, die einzige Ausnahme bildet der Kaffee, der geht nach Palenque. An solchen
Maßnahmen werden die Vorteile eines kleinbäuerlichen Wirtschaftens sichtbar. Kleinbauern hegen und pflegen ihr Land,
sie reagieren subtil und flexibel auf veränderte Gefährdungen
und Bedürfnisse.

Die Bewegung bleibt auf manche Familien und Dörfer begrenzt. »Ein Großteil meiner Familie«, sagt Juan, »steht auf der
anderen Seite, wir kommen gelegentlich zusammen, wir reden
miteinander, aber die Risse gehen mitten durch die Familie.«
Manche Kinder wollen nicht den Weg ihrer Väter gehen. Die
Jungen werden nicht agitiert, es scheinen unsichtbare Mauern
im Dorf zu existieren, die von beiden Seiten mit passiver Toleranz geachtet werden. Der Zapatismus wirkt nur in einzelnen
Familien fort.

In der ersten Phase waren die Zapatistas sehr rigide in ihrer Ablehnung jeglicher Zusammenarbeit mit anderen gesellschaftlichen Kräften. Inzwischen haben sie sich geöffnet, ge-

hen Zusammenschlüsse mit anderen Gruppen ein, beteiligen sich an einem landesweiten Kampf um kulturelle Repräsentation.

Während unseres Gesprächs danken die anwesenden Männer – es sei reiner Zufall, beteuern sie, dass die weiblichen Vertreter an diesem Tag verhindert seien – mehrfach SADEC (*Salud y Desarrollo Comunitario*), einer NGO aus Palenque, die sie unterstützt, indem sie unter anderem die Ärzte stellt. Joel und Saul von SADEC sitzen daneben und hören zu, ebenso die junge mexikanische Ärztin und eine argentinische Praktikantin. Zuhören ist offenkundig ein wichtiges Element des gemeinsamen Wirkens.

Jedes Jahr vermittelt SADEC Ärzte, die nach dem Studium ein soziales Jahr ableisten müssen, in eines der Dörfer – derzeit insgesamt 25 Ärzte, 13 davon Zahnärzte. Die jungen Ärztinnen und Ärzte kennen die Realität in den mexikanischen Dörfern überhaupt nicht. Ihr Einsatz ist zwar befristet, aber er verändert die meisten von ihnen profund. Sie werden in Palenque empfangen und vorbereitet. Zu Beginn fällt ihnen die Umstellung schwer, es sind zwei bis drei Monate der Anpassung nötig. Es braucht viel Geduld.

»Die Ärzte«, sagt Joel, »benötigen lokale Partner, sie müssen mit den Dörflern interagieren, Vertrauen schaffen, um sich ihre Handlungsfreiheit zu verdienen. Die meisten Mediziner hängen einer anderen Logik an als wir. In den Dörfern geht es nicht nur um Viren und Bakterien, nicht nur um Tabletten und Spritzen, wir müssen den rein technischen Zugang überwinden. Gesundheit ist so viel mehr – fast alles. Die jungen Mediziner müssen lernen, dass Gesundheit zuallererst von sozialen Faktoren abhängt, von Bildung, Ernährung, dem Zugang zu Trinkwasser, Einkommen, den Wohnverhältnissen, von Kultur und – nicht zuletzt – dem Gefühl, anerkannt zu sein. Darüber haben sie im Studium nichts gelernt. Was sie nun in den

Dörfern erfahren, verändert sie. Manche von ihnen bleiben in Chiapas. Andere ziehen in andere arme Provinzen.« Joel, Professor an der UAM, der *Universidad Autonoma Metropolitana*, spricht überlegt, klar und deutlich.

»Wir waren überrascht, dass die Zapatistas Interesse an Pflanzenkunde und an umfassender Gesundheitsversorgung hatten, denn andere bewaffnete Organisationen, die wir aus unserer Arbeit kannten, zum Beispiel die Guerilla in Guatemala, haben wenig Interesse an solchen Fragen gezeigt. Deswegen bieten wir in den autonomen Kliniken auch alternative Medizin an. Das wird teilweise vom Staat als illegal kriminalisiert, etwa die traditionelle Geburtshilfe. Unser Ansatz ist komplementär: sozial wie auch medizinisch, traditionell wie auch modern.«

An der Wand der autonomen Klinik prangt ein Gemälde, überwiegend in Grün gehalten, dominiert von einem gewaltigen, blühenden Baum des Lebens, dahinter ein Fluss, daneben viele kleine Zapatistas um eine stachelige orangefarbene Frucht versammelt, in der die kürzeste Formel des Protests steht: »*Ya basta*« – »Es reicht«. Das Bild ist idyllisch und kämpferisch zugleich.

Auf der Rückfahrt erzählen Joel und Saul weiter. Saul ist ein gedrungener Nachfahre der Maya mit ergrauten Haaren; er ist für das Programm und die Finanzen von SADEC zuständig. »Die zapatistischen Dörfer waren die ärmsten, mit der höchsten Müttersterblichkeit. Wir führten eine Vielzahl von Maßnahmen ein, um das zu bekämpfen, auch Veränderungen an den sozialen Rahmenbedingungen. Die staatliche Gesundheitsversorgung konzentriert sich auf die Krankenhäuser, diese sorgen aber kaum für die bäuerlichen Frauen, die Sterblichkeit nimmt daher kaum ab. Außerdem gibt es in den Krankenhäusern keine Hebammen mehr, die Folge: 45 Prozent der Geburten erfolgen durch Kaiserschnitte. Die autonomen Kliniken in den Dörfern sind Teil einer weitreichenden, selbstverwalteten politischen Struktur, integraler Bestandteil eines Konzepts, das viele andere Aspekte erfasst: Gesundheit von unten wachsen lassen; Gegenstaatlichkeit; keine Vorgaben von außen und oben. Unser Vorteil sind unsere sozioökonomischen Ortskenntnisse. Aber wir sind die einzigen Akteure in Palenque, die so vorgehen.«

Wir setzen das Gespräch im Zentrum von SADEC fort, in einem auf drei Seiten hin offenen Versammlungsraum mit Bühne, Tischtennisplatte und einem Basketballkorb. Ein Refugium, mit Schlafräumen für Besucher und Schutzbedürftige. SADEC betreibt eine eigene Kaffeerösterei, um damit etwa die Hälfte ihres Budgets zu finanzieren und um die lokalen Bauern zu unterstützen, denn die *coyotes*, die Zwischenhändler, zahlen 30 Pesos pro Kilo, sie hingegen 45 Pesos.

»Diese Einnahmen sind notwendig, wir haben erlebt, dass wunderbare Organisationen nicht mehr existieren. Wir müssen unabhängig werden von äußerer Unterstützung. Wir sind nicht die Einzigen, die sich so finanzieren. Es besteht natürlich die Gefahr, dass uns der Überlebenskampf auffrisst und zu viel Energie für die Finanzierung der eigenen Arbeit verwendet wird.«

Die Nacht bricht rasch an, um uns herum zirpt es fröhlich, ein Mädchen mit leuchtenden Schuhen trippelt umher. Wir trinken den hauseigenen Kaffee.

»Die Zapatistas lehnen jegliche staatliche Hilfe ab. Früher haben sie diesen Grundsatz streng durchgesetzt, heute wird er flexibler gehandhabt. Viele Menschen verstehen diese Haltung nicht. Aber sie hat ihren guten Grund. Jede staatliche Hilfe geht mit bestimmten Forderungen einher, als Empfänger wird man zu ›seinem Wohl‹ gezwungen. Vor den Wahlen gibt es Geschenke, viele Familien sind davon abhängig, um zu überleben. Die verarmte Bevölkerung erhält gerade genug, um von der Not nicht stranguliert zu werden. Sie unterliegt wegen all der Zuwendungen einer weitreichenden sozioökonomischen Kontrolle, die Behörden bestimmen sogar, was sie anbauen sollen. Die medizinischen Maßnahmen haben meist den Zweck, der Weltbank und anderen internationalen Organisationen zu zeigen, dass man die gesetzten sozialen Ziele erreicht habe.« Ein junger Mann kommt zu Besuch, Umarmungen unterbrechen die Diskussion über die Strategie der Zapatistas. »Die Zapatistas entscheiden, wer in ihr Dorf hineinkommen darf. Sie erlauben keine Einmischung der Regierung im Bereich Bildung, Gesundheit, Justiz und Ernährung. Doch sie sind umzingelt vom globalen Kapitalismus, von Bergbau, Monokultur, vor allem von Ölpalmen, von Landraub, von touristischen Projekten. In den gemischten Dörfern gibt es entsprechend gelegentlich Konflikte. Sie sehen sich einer repressiven Militärpräsenz gegenüber, die die Interessen der Palmölfarmer wenn nötig mit Gewalt durchsetzt. Das Militär pflanzt teilweise sogar selbst an. Es herrscht Dauergewalt auf allen Ebenen, nicht nur militärisch. Die Großfarmen führen Agrarchemie ein, es werden viele soziale Projekte zerstört, ökologischer Anbau ist wegen des Einsatzes von Glyphosat nicht möglich. So wird der Zapatismus zurückgedrängt. Andere Dörfer entwickeln andere Formen des Widerstands, sie besetzen etwa Straßen.«

Das Perfide an der Moderne sei, sagt Joel, dass sie nicht nur den Menschen ausbeutet, sondern auch seine Zukunft zerstöre. Wer widersteht, müsse also nicht nur sich selbst befreien, sondern seine Zukunft zurückerobern.

»Wird es zu einem neuen Aufstand kommen?«

»Wir hoffen darauf, aber wahrscheinlich ist es nicht!«

Fatale Strategien

Stellen Sie sich vor, Sie sind zu einer Konferenz der Vereinten Nationen über Wirtschaft und Menschenrechte nach New York eingeladen. Nehmen wir an, Sie verknüpfen mit Ihrer Teilnahme die Erwartung, dass multinationale Konzerne endlich zwingend verpflichtet werden, die Menschenrechte einzuhalten. Die Forderung ist nicht neu, seit einem halben Jahrhundert wird darüber eifrig diskutiert. Es wäre ungerecht zu behaupten, in dieser Zeit habe sich nichts getan. Es wurden einige Richtlinien verabschiedet, 1981 etwa der »Internationale Kodex zur Vermarktung von Muttermilchersatzprodukten« (vielleicht waren Sie ja schon damals dabei und mussten sich von Vertretern der Nahrungsmittelmultis als »Psychopath« und »Kommunist« beschimpfen lassen, weil Sie etwas dagegen haben, dass Säuglinge unnötig erkranken und sterben).

Aber trotz aller Anstrengungen gibt es weiterhin keine globale, an den Menschenrechten ausgerichtete Regulierung der transnational agierenden Geschäftswelt. Sie erinnern sich mit Bauchschmerzen an eine Initiative aus dem Jahre 1999, bei der sich zahlreiche Unternehmen freiwillig bereit erklärten, soziale und Umweltbelange sowie Menschenrechte in ihrer Tätigkeit zu berücksichtigen. Sie haben damals vergeblich darauf hingewiesen, dass dadurch existierende Regulierungen, die vielerorts in nationales Recht übergegangen waren, wieder zu Absichtserklärungen ohne Sanktionsmöglichkeit degradiert würden. Der vom damaligen UN-Generalsekretär Kofi Annan initiierte »Global Compact« zwischen UNO und Unternehmen – eine

Willenserklärung jedes unterschreibenden Unternehmens, soziale, ethische und ökologische Mindeststandards einzuhalten
und die Menschenrechte zu respektieren – hat sich als Augenwischerei erwiesen. Der Versuch, die beteiligten Unternehmen
an solche Standards verpflichtend zu binden, ist gescheitert;
Verstöße können nicht geahndet werden, die Unternehmen
hingegen können sich mit der Mitgliedschaft werbewirksam
schmücken. Seitdem reden die Vertreter der Staaten und der
Wirtschaft bevorzugt von »Verantwortung« – »Verpflichtung«
sei nicht nötig, so die Argumentation, die Einhaltung der Menschenrechte läge doch im ökonomischen Eigeninteresse der
Unternehmen.

An runden Tischen sitzen

Was sich völlig geändert hat – und es fällt Ihnen immer noch
schwer, sich daran zu gewöhnen –, ist die Atmosphäre, die auf
solchen Konferenzen herrscht. Früher haben Regierungen und
Konzerne sowie NGOs ihre jeweilige Ecke besetzt, wie Boxer
zwischen zwei Runden. Sie haben sich bekämpft und gestritten. Nun sitzen sie zusammen an einem großen Tisch und
äußern Verständnis füreinander. Die Konzerne beteuern, ihnen lägen die Menschenrechte durchaus am Herzen, es gehe
nur darum, wie man diese am besten durchsetzen könne. Die
Regierungsvertreter sind flexibel eingestellt; mal sehen sie die
Notwendigkeit internationaler Abkommen ein, mal nicht, aber
die »Freiräume« des Handels und der Wirtschaft dürften nicht
eingeschränkt werden. Und die Vertreter aus den Reihen der
NGOs haben zu einem gefälligen Miteinander mit den anderen gefunden.

Fassungslos beobachten Sie, wie seit einigen Jahren nicht
mehr von Konflikten die Rede ist, in denen gegensätzliche

Interessen deutlich werden, sondern von konsensorientierten
Begegnungen, in denen die verschiedenen »Stakeholder« (grob
übersetzt: »Anteilshalter«) gemeinsam nach Lösungen suchen.
Es sei völlig out, sich noch länger auf Macht und Herrschaft
zu beziehen, behauptete kürzlich gar ein Experte aus der Frie-
densforschung. Statt Ausbeutung und struktureller Gewalt gibt
es offenbar nur noch konkrete Probleme, die pragmatisch zu
lösen sind: der Hunger in Afrika, die Jugendbanden in Mittelamerika, die Arbeitsbedingungen in asiatischen Textilfabriken. Und immer wieder der Appell, gemeinsam nach Auswegen zu suchen, auf »unkonventionelle« Weise Eigeninitiative
zu zeigen, statt weiterhin nur Forderungen an die Politik zu
richten. Wie absurd, denken Sie mitunter, dass diejenigen, die
den weltweiten sozialen und ökologischen Zerstörungsprozess
vorantreiben und dafür hoch bezahlt werden, nun mit Aktivisten zusammensitzen, von denen erwartet wird, dass sie – möglichst ehrenamtlich – das nötige Wissen zur Bewältigung der
Krise beisteuern. Besonders ärgert Sie, wenn sich Regierungsvertreter nur als Moderatoren begreifen, die zwischen Profit
und Menschenrechten vermitteln, ohne selbst regulierend ein-
zugreifen. Da eigene Visionen fehlen, bleibt es beim Abwägen,
von welcher Seite der größere Druck droht: aus der Öffentlichkeit oder von den Konzernen.

Sie ärgern sich auch über die NGOs, die nun leiser schimp-
fen und seltener beschimpft werden. Viele hängen in ihrer finanziellen Existenz von Regierungen (zum Beispiel über die
Entwicklungshilfebudgets) oder Unternehmensstiftungen ab,
zudem hat in letzter Zeit die Zahl der Public-Private-Partnerships auch im sozialen Bereich stark zugenommen. Die Privatisierung öffentlicher Politik hat zu einer »Staatswerdung«
der NGOs geführt. Auch äußerlich scheinen die Rollen ge-
tauscht worden zu sein – während die Regierungsbeamten
immer legerer daherkommen, erscheinen die NGO-Vertreter

mehr und mehr in perfekt sitzenden Anzügen und strahlen Bedeutung aus.

Man hat sich darauf geeinigt, dass die einen sich um Verbesserung bemühen, die anderen diese Anstrengungen im Grundsatz gutheißen, aber aus pragmatischen Überlegungen heraus einschränken müssen, und allen Beteiligten ist klar, dass die Bemühungen letztlich scheitern werden.

Aber es hat auch Erfolge gegeben. Gerne erinnern Sie sich an politische Auseinandersetzungen, die sich nicht der Illusion hingaben, man würde »auf Augenhöhe« miteinander reden und Teil einer gepflegten »multi-track-diplomacy« sein. Damals garantierte der Druck von breit getragenen öffentlichen Bewegungen, dass Bewegung in das Konferenzgeschehen kam. Beim Drängen auf den Schutz der Biodiversität, im Kampf für ein Verbot von Landminen, in den Bemühungen, den Zugang zu Aids-Präparaten zu verbessern, wäre wohl auch noch das triftigste Argument verhallt, hätte es nicht in der Öffentlichkeit Nachhall gefunden.

Nacheinander lehnen sich die Versammelten vor und sprechen auf ein dutzendfach variiertes Englisch in eines der kleinen Mikrophone, die man durch Druck auf den roten Knopf einschaltet. Jedes Mal wird das Gleiche gesagt: Wir sind für Menschenrechte, für Maßnahmen gegen den Klimawandel, für die Gleichstellung der Frau, für einen Mindestlohn. Darüber ist man sich einig. Auch wenn man unterschiedliche Akronyme bevorzugt: die einen SDG (*Sustainable Development Goals*), die anderen CSR (*Corporate Social Responsibility*), die dritten BNG (*Bruttonationalglück*). Am Ende reicht man sich die Hände.

Die eigentlichen »*Stakeholder*«, die, um deren Lebensumstände es geht, deren Ansprüche auf dem Spiel stehen, sitzen fast nie am Tisch. Und das ist kein Zufall. Die können sich die Teilnahme an solchen Konferenzen nicht leisten, und sie werden selten eingeladen. Die NGOs sollen ja für sie sprechen. Aber mit welcher Legitimation? Weil sie in den Medien präsent sind? Verfolgen nicht NGOs auch eigennützige Interessen? Nur zu gut erinnern Sie sich an das Gerangel von NGOs, wer mit am Tisch eines Forums für globale Gesundheit sitzen dürfe, das die WHO vor einigen Jahren einrichten wollte. Es solle kein Zirkus werden, der Kreis klein gehalten werden, befanden einige der großen international aufgestellten NGOs, die gar nicht erst darüber nachdachten, dass sie sich womöglich längst meilenweit von denen, die sie zu vertreten glauben, entfernt haben.

Sie sind inzwischen frustriert, es reicht Ihnen nicht, nur das Ohr eines Ministers zu haben, das Vorgespräch mit einem der »Sherpas«, die internationale Gipfeltreffen für ihre Regierungen vorbereiten. Sie sind durchaus für den Dialog, auch für das Streiten um Kompromisse, aber Sie haben kein Interesse an rituellen Begegnungen, die Gegensätze nur kaschieren. Begegnungen, von denen schon im Vorhinein feststeht, dass sich nichts bewegen wird. Zwar haben Sie grundsätzlich nichts gegen Harmonie, aber Sie wissen aus Ihrer täglichen Arbeit, aus Ihren häufigen Reisen nach Bangladesch, Tansania und Honduras, dass die Welt sich keineswegs so zufriedenstellend verbessert hat, wie die große Allianz der selbstbezogenen Philanthropen es sich selbst und der Öffentlichkeit weismachen will. In Bangladesch sind die Arbeitsbedingungen in den Textilbetrieben weiterhin so brutal menschenverachtend wie vor dem Einsturz der Rana Plaza. In Tansania schürfen immer noch Kinder in instabilen Schächten nach Gold, inmitten von Staub und Quecksilber. Und Honduras ist weltweit führend im Ausbau von Sonderwirtschaftszonen, ZEDE (*zonas de empleo y desarollo*) genannt, quasi exterritoriale Gebiete, in denen ausländische Investoren steuerbefreit und rechtlos nach Belieben schalten und walten können.

Sie diskutieren abends mit Kollegen an der Hotelbar, nicht jeder sieht die Entwicklung so skeptisch wie Sie. Es gehe doch darum, sich gegenseitig kritisch über die Schulter zu schauen, sagt eine Aktivistin, es gehe darum mitzugestalten. »Wir wollen doch nicht ewig an der Seitenlinie stehen und die zwei Mannschaften beschimpfen, die das Match austragen. Wir wollen mitspielen.« Ein skandinavischer Kollege stimmt ihr zu: »Die alten Strategien funktionieren nicht mehr. Unsere Forderungen sind stumpf geworden, und außerdem können wir sie eh nicht durchsetzen. Die Verbraucher haben die gleichen Geschichten zu oft schon gehört, die regen niemanden mehr auf. Und angesichts der global verschachtelten Lieferketten ist es so verdammt schwierig geworden, mit dem Finger auf ein bestimmtes Unternehmen zu zeigen.« Ein weiterer Mitstreiter mischt sich ein: »Da muss ich dir recht geben, das haben wir bei unserer Kobalt-Kampagne erfahren. Die Lebenserwartung der Kinder, die in den kongolesischen Minen arbeiten, ist niedriger als die der Lithium-Batterien, die damit produziert werden, und was haben wir erreicht? Nichts!«

Sie treten hinaus, Sie brauchen dringend frische Luft. Trotz aller Verwirrung erscheint Ihnen eine Sache als klar: Nicht die Menschenrechtsverstöße, nicht der weitverbreitete Rechtsbruch, nicht einzelne Krisen sind das zentrale Problem, sondern ein Weltsystem, das sich auf eine »organisierte Unverantwortlichkeit« (Ulrich Beck) gründet. So gerne und so oft alle von Verantwortung reden, übernehmen will sie keiner mehr. Alle berufen sich auf systemimmanente Zwänge, die schon die Andeutung einer Alternative der Lächerlichkeit preisgeben. Wie oft haben Sie sich anhören müssen, ein Idealist zu sein, ein Spinner, der nicht begreifen will, wie es in der Welt zugeht. Sie aber gestatten sich das Ideal, wohl wissend, wohin der Realismus der anderen geführt hat, und dass es zwischen Recht und Unrecht, zwischen gesellschaftlicher

Teilhabe und sozialem Ausschluss keinen Mittelweg gibt, zumindest nicht auf Dauer.

Mit NGOs Staat machen

Die Empörung war groß, als die Essener Tafel Anfang 2018 entschied, Nahrungsmittelhilfen künftig nicht mehr an Bedürftige ohne deutschen Pass auszugeben. Doch nur einzelne Stimmen, darunter die Sozialverbände, wiesen in der Folge auf den eigentlichen Skandal hin: dass in Deutschland zwischen ein und zwei Millionen Menschen aufgrund von Altersarmut, prekären Arbeitsverhältnissen und unzureichenden Beihilfen auf Lebensmittelspenden angewiesen sind.

Eine Forschungsgruppe der Universität Duisburg-Essen und der TU Dortmund hat die Verbreitung von Suppenküchen, Kleiderkammern oder Sozialkaufhäusern untersucht. Das Ergebnis: Die Zahl aller Hilfsangebote, knapp fünftausend im ganzen Land, ist um ein Vielfaches höher als zuvor angenommen. Der »Bundesverband der Tafeln« spricht von 900 Tafeln, die Wohlfahrtsverbände von etwa 1200 bis 1300 Angeboten. Es gibt also eine hohe Dunkelziffer, die in den gängigen Verlautbarungen nicht auftaucht. Klar ist, dass die Existenzsicherung eines beschämend hohen Teils der Bevölkerung von Spenden abhängt. Unzähligen Menschen bleibt nur noch das Mitleid von Gebern und Helfern.

Die Armut in Deutschland deutet an, wie gewaltig die Probleme im globalen Kontext sein müssen. Angesichts überall zunehmender Ungleichheit und ökologischer Zerstörung kann von einer Politik mit dem Ziel der Gestaltung menschenwürdiger sozialer Verhältnisse nicht mehr die Rede sein. Immer offenkundiger verabschieden sich viele Staaten aus der Sozialpolitik und konzentrieren sich auf ein autoritäres Management von Gefahren und Krisen. Der Rückzug aus einer öffentlich garantierten Daseinsvorsorge fällt den Staaten umso leichter, da private Initiativen die Aufgaben übernehmen. Eine Vielzahl von NGOs bemüht sich, die Lücken zu füllen: private Vereine wie die Tafeln, Bürgerinitiativen, die sich um die Unterstützung von Flüchtlingen kümmern, Wohlfahrtsverbände und global agierende Hilfsorganisationen. Manche wurzeln in der Arbeiterbewegung und den Wohltätigkeitsvereinen des 19. Jahrhunderts, andere sind kirchlicher Herkunft, die meisten aber entstanden erst in den letzten Jahrzehnten in Europa und Nordamerika als Antwort auf wachsenden Sozialabbau und Umweltzerstörung. Der überwiegende Teil der NGOs ist lokal tätig, einige tausend operieren international.

Ohne die Arbeit von NGOs sähe es um den Zustand der Welt sehr viel schlechter aus. Millionen von notleidenden Menschen blieben unterversorgt. Mit ihrer Bereitschaft, anderen zur Seite zu stehen, verteidigen private Hilfsstrukturen die zutiefst menschliche Fähigkeit zur Solidarität. Das ist in Zeiten gesellschaftlicher Fragmentierung nicht wenig und impliziert zudem eine Kritik an Verhältnissen, die von Kälte und Egoismus geprägt sind. Der Vorsatz »Nicht-Regierung« meint aber keineswegs eine radikale Opposition zu den herrschenden Verhältnissen und auch keine systemkritische Ablehnung von Staatlichkeit. Viele NGOs suchen die Nähe zu staatlichen Institutionen und übernehmen Aufgaben, die eigentlich in öffentlicher Verantwortung liegen sollten. Sie helfen bei der Benennung gesellschaftlicher Probleme und kümmern sich um die Beeinflussung der politischen Tagesordnung. Sie fungieren als Frühwarnsysteme, stellen Wissen für mögliche Lösungen bereit und organisieren deren Umsetzung. Sie sorgen für jene Sozialfürsorge, die Staaten nicht mehr leisten, sei es, weil ihnen dazu die fiskalischen Mittel fehlen oder weil sie darin keine öffentliche Aufgabe mehr sehen. Mit der »Privatisierung des Staates« kommt es zur »Staatswerdung der NGOs«.

Gegen private Initiative ist an sich nichts einzuwenden, es sei denn, sie muss für Politikversagen entschädigen. Die öffentlichen Debatten über die Entscheidung der Essener Tafel haben deutlich gemacht, dass private Hilfe nie umfassend allen Bedürftigen, sondern immer nur selektiv gewährt wird. Aktivisten, die mitgeholfen hatten, in Indien Lebensmittel zu verteilen, verwiesen gar auf das aus der Militärmedizin bekannte Dilemma der Triage, wenn Ärzte nach einer Kampfhandlung entscheiden müssen, wem sie helfen und wem nicht, wer unter Umständen überlebt und wer nicht. Auch in den indischen Lebensmittelprogrammen übersteigt der Bedarf die zur Verfügung stehenden Mittel; es muss selektiert werden. Kinder, die in Großstädten hungern, bekommen nichts, von ihnen wird erwartet, dass sie sich mit Betteln über Wasser halten.

Die oft hervorgehobene Nähe von NGOs zu den Menschen hat auch ihre Schattenseite. Es stimmt, dass NGOs weniger bürokratisch handeln als Sozialbehörden im Lokalen und UN-Hilfswerke im Globalen, aber sie können nie für eine allgemeine soziale Sicherung sorgen. Der sind öffentliche Einrichtungen zumindest dem Anspruch nach verpflichtet, ihnen gegenüber können Bedürftige Rechte geltend machen, nicht aber gegenüber NGOs. Mit dem Abdrängen von Daseinsvorsorge in private Verantwortung geht der menschenrechtlich und oft auch in Verfassungen verbriefte Anspruch auf Existenzsicherung verloren. Gegenüber NGOs treten hilfsbedürftige Menschen immer als Bittsteller auf. Deswegen schrieb Pestalozzi vor über zweihundert Jahren: »Wohltätigkeit ist die Ersäufung des Rechts im Mistloch der Gnade«.

Aber nicht einmal die Frage, wem NGOs Hilfe zukommen lassen, können sie auf Dauer eigenständig entscheiden. Auch sie unterliegen Zwängen. Sie finanzieren ihre Arbeit aus Spenden und Zuschüssen. Um ihr öffentliches Profil zu schärfen, neigen sie zu Aktivitäten, die den Medienzugang erleichtern. Über eine Naturkatastrophe lässt sich einfacher berichten als über strukturelle Probleme oder vergessene Konflikte. Aus Sorge vor einer möglichen Reaktion der Spender fallen gerade umstrittene Themen unter den Tisch, etwa die Legalisierung von Drogen, die Ländern wie Mexiko oder Afghanistan mehr helfen würde als alle anderen Maßnahmen (wie eine Reihe von wissenschaftlichen Untersuchungen belegt). Nicht jedes Thema lässt sich öffentlich ansprechen, ohne negative Folgen für die eigene Arbeit befürchten zu müssen. Konjunkturen in der medialen Berichterstattung entscheiden darüber, ob syrische Flüchtlinge, bedürftige Nachbarn, afrikanische Hungernde oder die Opfer eines Erdbebens bedacht werden.

Bürgerliche Wohltätigkeit trägt nach wie vor deutlich die Züge feudaler Gönnerhaftigkeit. Das widerspricht nicht der Tatsache, dass Leben und Überleben unzähliger Menschen von Hilfen seitens privater Initiativen und Organisationen abhängen. Bei aller Hochachtung vor ihrer Arbeit darf nicht übersehen werden, dass sie zur Kompensation mangelnder Demokratie beitragen.

Die Ambivalenz von NGOs zeigt sich in ihrem Selbstverständnis. Sie können Herrschaftsverhältnisse unterminieren, aber auch stabilisieren. Sie können durch Expertisen machtkritische Positionen stärken und so an der Seite von sozialen Bewegungen Regierungen unter Druck setzen. Sie können mithelfen, dass sich Menschen mit alternativen Lebensentwürfen auf der politischen Bühne zu Wort melden, sie können zur Überwindung von Bürgerkriegen beitragen, wie in den 1990er Jahren in Mosambik, oder gar den Rücktritt von Regierungen erzwingen, wie es vor einigen Jahren pakistanischen Juristen gelang. NGOs können aber auch im Schulterschluss mit Staaten zur Stabilisierung herrschender Verhältnisse beitragen.

Im Zuge ihrer Professionalisierung haben viele NGOs den Nimbus einer Lichtgestalt und ihre anfängliche Unabhängigkeit verloren. Aus Demonstranten, die in sozialen Protestbewegungen verankert waren und nur naserümpfend im etablierten Politikbetrieb akzeptiert wurden, sind geschätzte Fachleute geworden. Nicht wenige NGOs haben sich kooptieren lassen, um heute nur noch Reparaturen am System durchzuführen und die ärgsten Auswirkungen der Globalisierung abzumildern. Die Gefahr eines auf staatliche Institutionen ausgerichteten Handelns ist der Verlust von Eigenständigkeit. Die NGOs sind in Gefahr, ihre »zivilgesellschaftliche« Anbindung, ihre Verankerung in der eigenen sozialen Basis zu verlieren. Sie werden zu Akteuren eines erweiterten Staates und als solche in Dienst genommen. Inzwischen ist es üblich, dass Geldgeber wie die EU-Kommission oder deutsche Ministerien die Grundzüge von Hilfsprogrammen selbst festlegen und NGOs nur noch zur kostengünstigen Umsetzung hinzuziehen. Im ministeriellen Auftrag sorgen NGOs für ein Abfedern der Kollateralschäden des Marktradikalismus. Gelegentlich organisieren sie Foren im Dienste des gesellschaftlichen Konsens, etwa indem Politikern eine exklusive Bühne geboten wird. Staatliche Unterstützung für eigene Initiativen zu beantragen, wird hingegen immer schwieriger.

Einige Hilfsorganisationen versuchen, der Vereinnahmung durch Staaten zu entkommen, indem sie auf Neutralität und einen unpolitischen Pragmatismus pochen. Sie übersehen dabei, dass sich Hilfsorganisationen immer in einem politischen Umfeld bewegen. Hilfe mischt sich ein, beeinflusst bestehende Kräfteverhältnisse und hinterlässt Spuren, die über den Moment der Hilfe hinausreichen. Es ist umso leichter, NGOs zu kooptieren, wenn sie keine gesellschaftspolitische Vision verfolgen und sich daher ihrer eigenen Rolle nicht bewusst sind. Als Helfer sind sie willkommen, üben sie aber Kritik und drängen auf sozialen Wandel, werden sie nicht ernst genommen oder gar bekämpft, etwa indem ihnen vom Finanzamt die Gemeinnützigkeit entzogen wird (wie das Beispiel *attac* in Deutschland zeigt).

Die Unsicherheit absichern

New York, 10. März 2017. Noch immer mitgenommen von den Eindrücken einer Reise in die Krisen- und Hungergebiete Ostafrikas tritt der UN-Nothilfekoordinator Stephen O'Brien vor den UN-Sicherheitsrat. Seine Rede wird ein dramatischer Appell. 20 Millionen Menschen drohe der Hungertod: die größte humanitäre Katastrophe seit Gründung der Vereinten Nationen. Wenn nicht rasch gehandelt werde, würden die Menschen sterben. Die Kapazitäten der internationalen Hilfsorganisationen, wie des WFP (World Food Programme) und des UN-HCR (United Nations High Commissioner for Refugees), seien erschöpft; sie hätten bereits alles ihnen Mögliche getan. Nun müsse dringend politisch gehandelt werden, höchste Zeit, die Ursachen des Hungers anzugehen.

Ganz bewusst hat sich der UN-Nothilfekoordinator an den UN-Sicherheitsrat gewandt. Das Verbindende der katastrophalen Zustände im Jemen, dem Süd-Sudan, in Somalia und in den anderen Krisenländern sind bewaffnete Konflikte, die, so unterschiedlich sie gelagert sind, einige Gemeinsamkeiten aufweisen. Sie werden angefeuert durch ungelöste Landkonflikte, ethnische Diskriminierungen, einen ungerechten Zugang zu Ressourcen, verantwortungslose Waffenexporte und kriegsverbrecherische Interventionen.

Die Katastrophe in Ostafrika war schon lange absehbar. Gewaltforscher wie Paul Collier haben vor bald zwanzig Jahren auf die Prozesse hingewiesen, die lokale Auseinandersetzungen zu blutigen Bürgerkriegen eskalieren lassen. Fast immer sind wirtschaftliche und soziale Verwerfungen die Ursache. Menschen schließen sich bewaffneten Gruppen an, wenn sie darin eine Chance sehen, ihre Lebensumstände zu verbessern. Es ist die Erfahrung von Mangel, der zur Gewalt führt: der Mangel an Zugang zu Land und Ressourcen, ohne die gesellschaftliche Teilhabe nicht möglich ist, die fehlende Anerkennung von kulturellen, ethnischen oder religiösen Differenzen. Mit humanitärer Hilfe ist solchen Konfliktursachen nicht beizukommen. Seit das Elend, das es in der Welt zu lindern gilt, überhandgenommen hat, steht Hilfe vor unlösbaren Aufgaben. Schon heute sind laut Stephen O'Brien 135 Millionen Menschen in über 35 Ländern auf Nothilfe angewiesen. Auf dramatische Weise übersteigt der Bedarf an Hilfe die zur Verfügung stehenden Mittel. Die ungebremste Krisendynamik der letzten Jahrzehnte hat das internationale humanitäre System in seinen Grundfesten gesprengt.

Auch der Einsatz militärischer Mittel bietet fast nie eine Lösung. Kurzfristig mag die Entsendung von UN-Blauhelmsoldaten Kriegsparteien trennen, lebensrettend sein, Korridore für humanitäre Hilfe öffnen und so für eine Entlastung der Zivilbevölkerung sorgen, langfristig aber ändert sie nichts an den Ursachen eines Konflikts. Dass sich Stephen O'Brien an den UN-Sicherheitsrat gewandt hat, ist mit Blick auf die anhaltenden Kampfhandlungen verständlich. Politik, die sich ernsthaft der Ursachen von Gewalt und Hunger annehmen will, muss aber mehr zu bieten haben als kurzfristige sicherheitspolitische Interventionen. Globale Lösungen sind gefragt, bei deren Erarbeitung dem »Wirtschafts- und Sozialrat« (ECOSOC) der Vereinten Nationen eine zentrale und koordinierende Rolle zufallen könnte.

Was ist das für ein Rat, werden Sie vielleicht fragen? Gibt es den überhaupt? Selbst Politiker im Bundestag schauen mit-

unter verstohlen zur Seite, wenn man sie auf den 1946 gleichzeitig mit dem »UN-Sicherheitsrat« eingerichteten »UN-
Wirtschafts- und Sozialrat« anspricht. Die Rolle, die ihm damals zugedacht wurde, klingt einleuchtend. Er sollte über die
Anhebung des allgemeinen Lebensstandards für eine präventive Friedenssicherung sorgen, damit der Sicherheitsrat, der für
Eingriffe in akuten Krisen gedacht war, gar nicht erst bemüht
werden muss. Es ist kein Zufall, dass der Wirtschafts- und
Sozialrat heute im Schatten des Sicherheitsrates verkümmert
und praktisch keine Rolle mehr spielt. Der visionäre Über-
schwang, der bei der Gründung der Vereinten Nationen
herrschte, ist der Politik längst abhandengekommen. Sie wird
erst dann auf Konflikte aufmerksam, wenn sie in den Schlagzeilen auftauchen. Erstaunt schaut man dann auf Missstände,
die man zuvor selbst befördert hat, als noch Ruhe herrschte
und »business as usual« möglich war.

Seit O'Briens Rede vor der UN ist es um die Hungerkrise in
Ostafrika wieder ruhiger geworden, in den Medien; der Appell,
die Ursachen anzugehen, ist verpufft, der Kurswechsel vertagt.
Geblieben ist das, was Politik heute am besten kann: Krisenmanagement. Mit allen Mitteln soll der Status quo gesichert
werden, und sei er noch so prekär. So werden Missstände nicht
beseitigt, sondern letztlich sogar noch verstärkt. Es sei »eine
ganz, ganz unruhige Welt«, sagt Angela Merkel, eine Welt, in
der man nur »auf Sicht fahren« könne. Einer solchen Politik,
die gar nicht mehr den Anspruch erhebt, Alternativen zur herrschenden Krisendynamik zu denken, und jegliche Idee nachhaltiger Friedenssicherung aufgegeben hat, bleibt nur noch die
Verwaltung des Bestehenden, die Krisen inklusive.

Die Idee, den Frieden in der Welt über eine allgemeine auf
Integration drängende wirtschaftliche und soziale Entwicklung zu fördern, ist einem pragmatischen Realismus gewichen,
der nichts mehr verändern will, sondern nur noch bemüht

ist, bestehende Privilegien und die sie begründenden Machtverhältnisse abzusichern. Im Ergebnis resultiert daraus eine
securitization (Versicherheitlichung) von Politik, in der Polizei
und Militär, Finanz- und Handelspolitik und sogar die Ent-
wicklungs- und Menschenrechtspolitik zu Instrumenten von
Gefahrenabwehr werden. Nicht die herrschenden Missstände
sind in ihren Augen das Problem, sondern die von ihnen aus-
gehenden Gefahren. Nicht die generell prekären gesundheitlichen Verhältnisse eines Landes wie Sierra Leone geben Anlass
zur Sorge, sondern die Seuchen, die sich von dort aus grenzüberschreitend ausbreiten können. Immer häufiger sprechen
westliche Gesundheitsminister heute von *health security*. Sie
fragen in der Logik einer Gesundheitspolizei, wie mit Vorschriften, Disziplin und medizinischen Einsatztruppen, die
tatsächlich »Weißhelme« genannt werden, möglichst schnell
Infektionsquellen ermittelt und beseitigt werden können.

Wie eine Weltgesundheitsorganisation der Zukunft aussehen könnte, hat Hollywood in dem Thriller »Inferno« bereits
ausgemalt: im Mittelpunkt ein Professor, eine Ärztin und eine
technisch hochgerüstete Spezialeinheit, die die Welt retten, als
gefährliche Krankheitskeime ihre Sicherheit bedrohen.

Die offiziellen Risikoanalysen zeichnen ein ähnlich einsei-
tiges Bild. Die Gründe für die Bedrohungen werden nicht mit
der ökonomischen und politischen Vorherrschaft des Nordens
in Verbindung gebracht, sondern allein in den Ländern des
Südens selbst verortet. Nicht in der Marktradikalität mit all
ihren negativen Auswirkungen auf die Lebensumstände der
Menschen im Süden sehen die Sicherheitsberater in Washington, London und Berlin den Grund für Fehlentwicklungen,
sondern in dem, was daraus resultiert: Bevölkerungsdruck,
Migration, Verstädterung, Gewalt. Nicht die internationalen
Trawler-Flotten, die die Gewässer entlang der afrikanischen
Küste leer fischen, sind das Problem, sondern die Piraterie, mit

der einstige Kleinfischer zu überleben versuchen. Nicht die Freihandelsabkommen, die Europa Afrika aufzwingt, stehen im Fokus, sondern die Flüchtlinge, die sich auf den Weg nach Europa machen, weil die Erträge ihrer Landwirtschaft mit den subventionierten Produkten aus Europa nicht konkurrieren können.

Nicht um eine Politik des Ausgleichs geht es in den heutigen sicherheitspolitischen Überlegungen, sondern um die Absicherung eines begrenzten Teils von Menschen, genauer: um die Absicherung der rentablen Regionen der Welt gegen die Zonen der Ausgegrenzten und »Überflüssigen«, sowohl innerhalb eines Landes wie auch im Verhältnis zwischen einzelnen Ländern. Damit werden ausgerechnet diejenigen in ihren Lebensumständen verunsichert, die am meisten sozialer Sicherung bedürften: die sozial Chancen- und Mittellosen.

Am Ende solcher Spiralen steht nicht selten weitere Gewalt und schließlich der Ruf nach dem, was mitunter als einzig noch verbliebenes Mittel erscheint: das Militär.

Die Versicherheitlichung von Politik hat viele Facetten. Sie zeigt sich etwa in dem politischen Druck, der Hilfsorganisationen zu einer Zusammenarbeit mit Militärs bewegen soll. Bereits im Irak-Krieg 2003 war das der Fall. Unverblümt nannte der damalige US-Außenminister Colin Powell die Hilfsorganisationen »Machtmultiplikatoren und einen wichtigen Teil der eigenen Truppe«. Mit der Strategie einer »vernetzten Sicherheit« verfolgt die Bundesregierung etwas Ähnliches. Ein ganzheitlicher Ansatz sei notwendig, in dem Entwicklungshelfer »ihre Samthandschuhe« ausziehen müssten, so 2008 der frühere Generalinspekteur der Bundeswehr Klaus Naumann, um gemeinsam mit Militärs und Polizei für Sicherheit zu sorgen. Ohne Sicherheit keine Entwicklung!

Mit Blick auf die Lage in Ostafrika und die Verhältnisse, die in Syrien, Afghanistan oder Libyen herrschen, mögen viele spontan zustimmen. Wie sollen Entwicklungsprozesse im Krieg befördert werden? Muss nicht zunächst für ein sicheres Umfeld gesorgt werden? Das Scheitern der Intervention in Afghanistan zeigt, wie solche Annahmen in die Irre führen. Zwischen einer und zwei Billionen Dollar soll der 2001 begonnene Einsatz in Afghanistan bislang verschlungen haben, aber noch immer rangiert Afghanistan im Human Development Index der Vereinten Nationen weit hinten auf Platz 169. Noch immer herrscht in Afghanistan Krieg, für dessen Finanzierung neunzig Prozent der weltweit für Afghanistan aufgebrachten Mittel verwendet wurden. Ein Krieg, der nicht geführt wurde, um Gerechtigkeit und Entwicklung zu schaffen, sondern um dafür zu sorgen, dass von Afghanistan keine Gefahr mehr für die internationale Ordnung ausgehen könne. Am Hindukusch, so der damalige Bundesverteidigungsminister Peter Struck, werde die Sicherheit Deutschlands verteidigt.

Da es in der Logik von Sicherheit immer um die Abwehr von Gefahren geht, gilt es, sofort zu handeln. Die Schaffung von Sicherheit verträgt sich nicht mit Entwicklungsbemühungen, die auf langfristige Veränderungsprozesse setzen. Sicherheit verlangt den »*quick impact*«, und das hatte in Afghanistan Folgen für die entsandten Soldaten wie auch für die Entwicklungshelfer.

Wenn dort Soldaten Brunnen gebohrt oder Schulen gebaut haben, dann taten sie das nicht, um den Krieg zu zivilisieren, sondern – so steht es in den Manualen – um die Effektivität des militärischen Handelns zu steigern. Erklärtes Ziel war die Erweiterung des soldatischen Aktionsradius, die Informationsbeschaffung und der Schutz der Truppen vor Übergriffen, militärisch gesagt: *force protection*. Mitunter hatten die zivilen Helfer den Eindruck, dass sie zur Absicherung des militärischen Handelns beizutragen, und nicht umgekehrt, die Soldaten ein sicheres Umfeld für den Wiederaufbau zu schaffen hatten. Welch abstruse Blüten die Indienstnahme ziviler Engagements für militärische Zwecke treiben kann, belegt eines der in Afghanistan zum Einsatz gekommenen *US Field Manuals* mit dem vielsagenden Titel:»*Commanders Guide to Money as a Weapon System*«. Wer in Hilfe ein Waffensystem sieht und den Bau von Krankenstationen, das Räumen von Landminen, die Förderung landwirtschaftlicher Alternativen zum Drogenanbau als Teil von Aufstandsbekämpfung betrachtet, darf sich nicht wundern, wenn in militärischen Auseinandersetzungen schließlich auch die zivilen Helfer um Leib und Leben fürchten müssen. In Afghanistan wie in Syrien. Den Taliban jedenfalls galten die im Land tätigen Hilfsorganisationen samt ihrer lokalen Mitarbeiter schon bald als Kriegsteilnehmer. Jahr für Jahr stieg die Zahl der Angriffe auf Entwicklungshelfer, 2013 kamen 36 von ihnen ums Leben, 46 wurden verwundet und 96 entführt.

Inzwischen wohnen die Mitarbeiter der deutschen GIZ in Kabul in Containern auf einem militärisch gesicherten Gelände. Projektbesuche werden auf die nötigsten begrenzt, und sie müssen vorab vom GIZ-eigenen »*Risk Management Office*« genehmigt werden. Immer aufwendiger und immer teurer werden die Sicherheitsvorkehrungen. 2016 entfielen von den 120 Millionen Euro, die der GIZ für den Aufbau Afghanistans zur Verfügung standen, gut 20 Millionen auf Sicherheitsvorkehrungen, wie gepanzerte Fahrzeuge, Mauern, Schutzwesten, Kameras u. ä. Dafür nimmt die Zahl der »Geisterprojekte« zu, die nur noch auf dem Papier stehen: Schulen beispielsweise, in denen schon lange kein Unterricht mehr stattfindet.

Ohne Sicherheit keine Entwicklung? Noch immer steht eine Evaluierung des Afghanistan-Einsatzes aus. Sollte sie je stattfinden, könnte sie an die alttestamentarische Prophezeiung »Der Gerechtigkeit Frucht wird der Frieden sein!« erinnern und fragen, was der Unterschied zwischen Sicherheit und Frieden ist. Frieden ist allumfassend, Sicherheit hingegen selektiv. Frieden verlangt nach Veränderungsprozessen, die auch das Eigene tangieren, dagegen kann sich Sicherheit mit der Absicherung bestehender Vormacht und Privilegien begnügen. Frieden drängt auf Ausgleich; Sicherheit auf Wehrbereitschaft, Abschottung und Mauern. Mauern, die längst zu einem Sinnbild der Gegenwart geworden sind, und das Eigene vor den Gefahren schützen sollen, die von einem vermeintlich bedrohlichen Außen ausgehen.

Das Bedürfnis nach Sicherheit ist ernst zu nehmen. Die Garantie körperlicher Unversehrtheit, der Zugang zu sozialen Sicherungssystemen, die Rechtssicherheit – all das sind fundamentale Menschenrechte, deren Verwirklichung für die Mehrheit der Weltbevölkerung noch immer aussteht. Doch der weitverbreitete Eindruck, dass sich heute Terroranschläge in Westeuropa häufen, täuscht. In den 1970er und 1980er Jahren war die reale Bedrohungslage sehr viel höher. Das permanente Heraufbeschwören von Gefahren und Risiken hat zu einer Wahrnehmungsverzerrung geführt. Heute wächst die Angst, Opfer von Gewaltverbrechen zu werden, obwohl die Polizeistatistiken vom Gegenteil berichten. Die gefühlte Bedrohung entspricht nicht der realen. Aus Ängsten aber lässt sich Kapital schlagen. Ängste beflügeln nicht nur die Geschäfte einer boomenden Sicherheitsindustrie, sondern nützen auch im politischen Wettbewerb um die Gunst von Wählerinnen und Wähler. Wer Bedrohungsszenarien auszumalen weiß und sich darin als zupackender Retter zu inszenieren versteht, punktet bei denen, die Unsicherheit empfinden.

In dem Maße, wie die strukturelle Ungleichheit politisch als unabänderlich gilt, verkümmert Krisenbewältigung zu einer Art Sicherheitsimperialismus, der von der Frage angetrieben wird, wie man sich diejenigen, für die es im prospe-

rierenden Teil der Welt keinen Platz zu geben scheint, vom
Leib halten kann. Die Botschaft, die in der Fokussierung auf
Sicherheit mitschwingt, ist ebenso populistisch wie perfide.
Weil die Welt in Chaos und Gewalt zu versinken drohe, gelte
es, stets wehrbereit zu sein. Es ist dieses permanente Gefühl
von Unsicherheit, das schließlich eine Politik legitimiert, die
sich immer weniger am bestehenden Recht orientieren muss,
sondern an dem, was notwendig erscheint und scheinbar getan werden muss, auch wenn es gegen Gesetz und Völkerrecht
verstößt.

Flüchtlinge bekämpfen

Menschen, die sich mit einem Bündel Habseligkeiten auf den
Weg machen, zeigen, wie schnell man auf sein nacktes Leben
zurückgeworfen werden kann, auf welch tönernen Füßen die
eigenen Privilegien stehen. In Deutschland hat die Ankunft von
Hunderttausenden von Flüchtlingen große Solidarität, aber
auch Verunsicherung ausgelöst. Für die Mehrheit war es keine
Frage, den Flüchtlingen bei der Suche nach Unterkunft und
der Versorgung mit dem Nötigsten beizustehen. Noch heute
kümmern sich Kirchengemeinden um die gesellschaftliche Integration von Geflüchteten, engagieren sich gewerkschaftliche
Initiativen in der Beschaffung von Jobs, streiten kommunale
Vereine für Wohnraum und sorgen Flüchtlingsinitiativen für
Bleiberechte.

Aus den Medien ist der solidarische Beistand für Flüchtlinge in der Folge weitgehend verschwunden. Immer häufiger
werden Verunsicherungen thematisiert: Die »Willkommens-
kultur« wurde zur »Flüchtlingskrise«, die Flüchtlinge zum »Si-
cherheitsrisiko«.

Nachdem die Europäische Kommission mit einem völkerrechtswidrigen Deal mit der Türkei und gegen beträchtliche Zahlungen die Fluchtroute über den Balkan versperrte, ist eine trügerische Normalität zurückgekehrt, die erneut Tausende von Menschen im Mittelmeer ertrinken lässt. Von dem lautstarken Fanal, die Ursachen von Flucht anzugehen, sind nur Floskeln geblieben. Die Kriege in Syrien, Afghanistan und dem Jemen gehen weiter; das Elend in der Welt ist nicht kleiner geworden. Nicht die Bekämpfung von Fluchtursachen steht auf der Tagesordnung, sondern die Bekämpfung der Flüchtlinge. Mit großem Aufwand drängt Europa gegenwärtig auf die Sicherung seiner Außengrenzen. Damit möglichst niemand mehr das Mittelmeer erreicht, sollen Grenzkontrollen bereits in Afrika selbst stattfinden. Im Sudan werden aus Mitteln des Europäischen Entwicklungsfonds Mitglieder der ehemaligen Janjaweed-Milizen, die sich im Darfur-Krieg schwerster Menschenrechtsverbrechen schuldig gemacht haben, zu Grenzschützern ausgebildet. Im Norden des Niger ist das Bus- und Taxigewerbe streng reglementiert worden, was nicht nur die wirtschaftliche Existenz der Bevölkerung gefährdet, sondern die Gesellschaft destabilisiert. Erst Ende der 1990er Jahre waren die damaligen Aufstände der Tuareg mit dem Angebot an die Kämpfer befriedet worden, sich im Transportgewerbe eine neue zivile Existenz aufbauen zu können.

Überall in Westafrika werden die Kontrollen verschärft, die Grenzen sicherheitspolitisch aufgerüstet. Am Flughafen von Freetown passierten wir vier Pass- und Gepäckkontrollen (darunter zwei, die von privaten französischen Sicherheitsdiensten durchgeführt wurden), bevor wir Sierra Leone verlassen konnten. Die Freizügigkeit wird in Westafrika eingeschränkt, dabei gerät die Tradition, kolonial gezogene Grenzen zu ignorieren, unter Druck. Außerdem verlieren die Menschen die Möglichkeit, in Notlagen in Nachbarländer ausweichen zu können. Das ist in Regionen, die immer wieder von Naturgewalten heimgesucht werden, überlebenswichtig. Auf paradoxe Weise schaffen die neuen Programme zur Bekämpfung der Fluchtursachen neuerliche Gewalt und Elend, was wiederum neue Flucht bedingt.

Unter solchen Umständen Flüchtlinge und Migranten zur Rückkehr bewegen zu wollen ist absurd. Niemand geht freiwillig dorthin, wo die Fluchtgründe zunehmen. Abschiebungen sind immer mit menschlichen Härten und Erniedrigungen verbunden. Einige Beispiele von herrschender Abschiebepraxis erzählten uns in Freetown die Mitarbeiter des *Network of Ex-Asylum Seekers* (NEAS), einer Selbsthilfegruppe von ehemaligen Asylsuchenden, die zumeist aus Deutschland abgeschoben wurden.

Abdulai, einer der Sprecher von NEAS, wurde am 22. 3. 2009 von vier Beamten aus seiner Wohnung in Hannover abgeholt und zum Frankfurter Flughafen gebracht. Obwohl er seit Jahren in Deutschland lebte und mit Frau, Kind und Job gut integriert war, sollte er abgeschoben werden. In Handschellen wurde er nach Brüssel gebracht, wo man ihn »wie Reisegepäck« in ein weiteres Flugzeug verfrachtete. Dabei wurde ihm die Hand gebrochen; der Pilot weigerte sich, den unter heftigen Schmerzen leidenden »Passagier« mitzunehmen. Der erste Versuch der Abschiebung war gescheitert. Zurück in Hannover kam er in Abschiebehaft, der Kontakt zu einem Anwalt wurde ihm verweigert. Die Behörden organisierten nun einen Charterflug, der ihn allein von München nach Freetown bringen sollte. In Freetown angekommen, verweigerte der sierra-leonische Immigrationsbeamte die Einreise; es fehlte ein Stempel. Der zweite Abschiebeversuch war gescheitert. Erneut befand sich Abdulai in Deutschland, wiederum in Haft. Den beharrlichen Behörden gelang es, ihn im Juni 2009 beim dritten Versuch auf gleiche Weise abzuschieben.

Alle bei NEAS können ähnliche Geschichten erzählen. Alle

beklagen, dass ihnen im Zuge der Abschiebung alles genommen wurde: ihre persönlichen Habseligkeiten, Guthaben auf ihren Bankkonten und die Beiträge, die sie in die deutschen Sozialkassen eingezahlt hatten. Abschiebung als infame Form der Enteignung.

Zurück im Land ihrer Herkunft gelten die Abgeschobenen, auch wenn viele von ihnen jahrelang monatliche Beiträge an die Daheimgebliebenen überwiesen haben, als Versager, die in der Folge verachtet und stigmatisiert werden. Sie haben fast keine Chance, Arbeit zu finden. Nicht nur kostet die Abschiebung unverhältnismäßig viel, sie degradiert per Verwaltungsakt in der Regel sozial integrierte Menschen zu Unbürgern. Niemandem ist mit diesem destruktiven Prozess geholfen.

Würden Politiker ihre Rhetorik von Eigenverantwortung und Armutsbekämpfung ernst nehmen, müssten sie ganz anders handeln. Die Millionen von Menschen, die heute auf der Flucht sind, wollen sich mit Armut nicht abfinden. Sie nehmen enorme Risiken auf sich und handeln gemäß dem neoliberalen Ideal unternehmerischer Persönlichkeit. Sie appellieren nicht an Staaten, sondern werden selbst aktiv. Tatsächlich, so der Ökonom Kenneth Galbraith, müsse man Flüchtlinge als hochmotivierte Akteure einer wirksamen Armutsbekämpfung verstehen und entsprechend gezielt fördern. Mehr als 500 Milliarden Dollar betragen die Rücküberweisungen, mit denen Migranten die Familien in ihren Herkunftsländern unterstützen. Das ist mehr als dreimal so viel wie die Offizielle Entwicklungszusammenarbeit (ODA). Ohne die Rücküberweisungen würde manch ein Land, auch in Osteuropa übrigens, ökonomisch abstürzen. Stattdessen scheint die Krise bewältigt, wenn das Elend irgendwo in Afrika versteckt worden ist. Ob in Slums, wie denen in Freetown oder Nairobi, oder in der Hölle der Auffanglager, die in Libyen entstanden sind.

Da die Bundesregierung die hohen Kosten der Abschiebungen erkannt hat, beauftragte sie die Unternehmensberatung McKinsey, ein Konzept für ein effektives Rückführungsmanagement zu erarbeiten. Herausgekommen ist ein 14 Punkte-Plan, der von den Ausländerbehörden nun umgesetzt wird. Als wirksamstes Instrument empfahl McKinsey die »freiwillige Rückkehr«. Wer ohne Zwang geht, erhält tausend Euro, sozusagen als Starthilfe vor Ort. Wer die Entscheidung im Asylverfahren nicht abwartet, kommt in den Genuss von »Starthilfe plus«. Für diesen *incentive plan* erhielt McKinsey 1,8 Mio. Euro!

Auch das Entwicklungshilfeministerium hat seine Strategie (neben der Migrationsverhinderung) am Ziel der Rückführung ausgerichtet. 150 Mio. Euro stehen bis 2020 für ein Programm zur Verfügung, das sich »Perspektive Heimat« nennt. Finanziert werden elf »Migrationsberatungszentren«, die gegenwärtig in Ländern wie Tunesien, Marokko, Senegal, perspektivisch auch Nigeria, Irak und Afghanistan von der bundeseigenen GIZ eingerichtet werden, um Flüchtlinge von ihrem Wunsch aufzubrechen abzuhalten. Die Zentren sollen auch mithelfen bei der Reintegration von Rückkehrern, etwa im Rahmen der Verbesserung ihrer Beschäftigungsmöglichkeiten. Was das konkret bedeutet, bleibt im Vagen. Wie sich in Ländern wie Sierra Leone würdige Arbeit schaffen lässt, wissen auch die Berater nicht zu sagen.

Fit für die Katastrophe werden

Auf Einladung der Europäischen Kommission trafen sich im April 2014 in Brüssel Entwicklungsexperten aus aller Welt zu einem ersten »Resilienz Forum«. In ihrer Eröffnungsrede lobte die zuständige EU-Kommissarin für humanitäre Hilfe und Krisenschutz die Idee der Resilienz, weil sie sich auf »[Krisen-]Bewältigungsmechanismen beziehe, die die Menschen selbst schaffen müssen«. Beispielhaft nannte die Kommissarin die Bewohner küstennaher Dörfer in Bangladesch, die – um sich auf kommende Überflutungen vorzubereiten – von der Hühner- auf Entenzucht umgestellt hätten. Im Gegensatz zu Hühnern können Enten schwimmen. Ein letzter Funken von Rationalität ist noch zu erkennen.

Wer heute das Wort Resilienz im Internet aufruft, stößt auf über eine Million Einträge: Resilienz in der Erziehungsberatung, der Behandlung von Traumata, in den Trainingskursen für Führungskräfte, in den einschlägigen Ratgeberspalten der Yellow Press, aber auch beim Aufbau von Gesundheitsdiensten in Westafrika, beim Schutz gegen Klimawandel und terroristische Gewalt, ja selbst im Militär und dem Big Business. Wohin man auch schaut: Resilienz. Ein neuer Stern scheint am Himmel aufgegangen zu sein, der nun den Weg weist, wie Krisen und Problemen begegnet werden kann.

Ursprünglich stammt der Begriff Resilienz aus der Physik, genauer aus der Stoffkunde. Er beschreibt die Fähigkeit eines Werkstoffs, auf Störungen, die von außen auf ihn einwirken, unbeschadet reagieren zu können. Angesichts düsterer Zukunftserwartungen ist es durchaus vernünftig, entsprechende Vorkehrungen zu treffen und die Widerstandskraft von Menschen zu stärken.

Problematisch wird es, wenn Resilienzkonzepte als Ersatz für die grundsätzliche Lösung und Überwindung von Krisen herhalten müssen, wenn es nicht mehr um die Gestaltung menschenwürdiger Lebensumstände, sondern die Anpassung der Menschen an eine bedrohlicher werdende Realität geht. Der Trendforscher Matthias Horx sagt voraus: »Resilienz wird in den nächsten Jahren den schönen Begriff der Nachhaltigkeit ablösen. Hinter der Nachhaltigkeit steckt eine alte Harmonie-Illusion, doch lebendige, evolutionäre Systeme bewegen sich immer an den Grenzlinien des Chaos.«

Von der Krisenvermeidung zum Krisenmanagement? Was Horx als »Harmonie-Illusion« verunglimpft, ist die normative Dimension, die in der Idee der Nachhaltigkeit steckt. Wie auch immer der Begriff Nachhaltigkeit verwendet wird, impliziert er doch Wertvorstellungen, an denen sich politische, ökonomische und technologische Entscheidungen auszurichten haben. Ein solches normatives Konzept fehlt der Idee der Resilienz: Ihr geht es nicht mehr um gesellschaftliche Ideale, sondern nur um die Frage, wie sich Menschen und Systeme »fit für die Katastrophe« machen lassen. Die Klammer aller Resilienzkonzepte ist nicht mehr das Bemühen um eine Korrektur destruktiver Verhältnisse, sondern die Anpassung an den voranschreitenden Zerstörungsprozess.

Es ist ein Geflecht von wirtschaftlichen wie politischen Interessen, das sich mit der Propagierung von Resilienz verbindet. Ein ganzer Berufszweig hat sich auf die Frage spezialisiert, wie auf Verlustängste marktförmig reagiert werden kann. Die Titel einschlägiger Ratgeber sprechen für sich: »Resilienz: Was uns stark macht gegen Stress, Depressionen und Burn-out«; »Resilienz – die Kunst wieder aufzustehen«. Für 25 Euro kann man seine persönliche Resilienz im Online-Schnelldurchgang testen lassen, für 1220 Euro ein Seminar besuchen, um dem Geheimnis der sogenannten »Stehauf-Menschen« auf die Spur zu kommen, die selbst aus Niederlagen noch gestärkt hervorgehen.

Das alles mag im Einzelfall sinnvoll sein; die gesellschaftlichen Rückschritte aber sind enorm. Ein komplett neues Gesellschaftsverständnis macht sich breit. Die Verantwortung für jegliche Krisenbewältigung wird auf die Einzelnen bzw. auf Subsysteme wie Familien, Kommunen, Nachbarschaften und NGOs abgewälzt, die Bewältigung von Armut, die Folgen des Klimawandels, die Überwindung von Gewalt. Das entspricht dem neoliberalen Menschenbild, das stets das Individuum für seine Lage verantwortlich macht und nicht die sozialen Verhältnisse. Ende 2014 ist in den USA ein Buch mit dem bemerkenswerten Titel »The Resilience Dividend. Being Strong in a World Where Things Go Wrong« erschienen. Dessen Autorin Judith Rodin, die langjährige Präsidentin der Rockefeller Stiftung, ist uns schon im Kapitel »Geld und Hilfe« begegnet. Neben *impact investing* hat Resilienz für sie höchste Priorität. Nur so sei den brennenden Fragen der Zeit zu begegnen. Das im Untertitel des Buches mitschwingende Eingeständnis politischen Versagens wurde mit der zweiten Auflage korrigiert: »Growing stronger in an unpredictable world«. »Unvorhersehbar« beschwört die Notwendigkeit herauf, die kommenden Krisen zu antizipieren, damit die nötigen Vorkehrungen getroffen werden können. Und damit sind heute nahezu alle beschäftigt: Stadtplaner bedenken bereits beim Anlegen von Parks, Straßen und U-Bahn-Stationen mögliche Terroranschläge; Bankdirektoren überlegen, wie sich künftige Crashs überstehen lassen; Versicherungsmathematiker berechnen kommende Schäden; Entwicklungsexperten entwickeln in Zusammenarbeit mit der Tourismusbranche resiliente Hotels, die auch in Krisenzeiten noch ferntouristische Reisen erlauben.

Die Weltgesundheitsorganisation plant den Aufbau resilienter Gesundheitssysteme, weil sie davon ausgeht, dass sich die sozialen und politischen Umstände, die den Ausbruch von Epidemien begünstigen, ohnehin nicht verändern lassen. Die EU verspricht mehr Unterstützung für Klimaresilienz, was eben nicht Klimagerechtigkeit meint, so dass die Folgen des Klimawandels weiterhin die einen stärker als die anderen treffen werden. Und die Militärs bereiten sich schon auf die kommenden Klimakriege vor.

Seit 2008 unterzieht die US-Armee derzeit sämtliche Einheiten einem »*Comprehensive Soldier Fitness*«-Programm. Im

Zentrum des 125 Millionen Dollar teuren Trainings, das Psychologen um den Guru der Positiven Psychologie Martin Seligman entwickelt haben, steht die Vorbereitung auf extreme Ereignisse. Die Soldaten lernen, selbst traumatische Erfahrungen als Herausforderung für persönliche Reifungsprozesse anzusehen, die Selbstbewusstsein und Stärke vermitteln. Das Ziel sei »eine unbezwingbare Armee«, so Seligman, die negative Gefühle nicht mehr kennt und an der alles, was die Kampfkraft mindern könnte, abprallt.

Inzwischen nutzt Seligman die im militärischen Kontext gewonnenen Erkenntnisse, um sie auch in Schulen anzuwenden. Schon früh sollen Kinder lernen, wie sie schwierige Lagen überstehen können. Unter dem Eindruck simulierter Terroranschläge üben in Israel Grundschüler, wie sie Angst durch Atemübungen und positive Gedanken bekämpfen können. Fragen, wie die Konfliktlage im Nahen Osten politisch zu lösen wäre, sind nicht Teil des Lehrplans.

Der Anspruch, Menschen gegen Krisen zu immunisieren, muss scheitern. Das gilt erst recht für all diejenigen, die am untersten Ende der Wohlstandspyramide zu leben gezwungen sind. Gutverdienenden Managern mag es vielleicht gelingen, private Schutzschilde gegen beruflichen Stress und andere Misslichkeiten aufzubauen, nicht aber den sozial Ausgeschlossenen, denen jedwede Anerkennung verweigert und deren Lebensumstände systematisch zerstört werden. Wie zynisch ist es, Slumbewohnern beizubringen, ihr Elend stoisch zu ertragen? Wie sollen Kleinbauern im Sahel den Verlust ihrer Felder als Chance zur persönlichen Erneuerung wahrnehmen? Ist es denn damit getan, in asiatischen Textilfabriken Brandmelder einzubauen? Das BMZ hat anlässlich der internationalen Konferenz »New Partnerships for Disaster Risk Management« im Juni 2014 stolz vermeldet: »Bereits ein Jahr nach dem verheerenden Fabrikunglück in Rana Plaza Bangladesch gibt es eine enge Kooperation deutscher Feuerwehren und lokaler Brandschutzbehörden.« Solange sich nichts an den katastrophalen Arbeitsbedingungen der Arbeiterinnen ändert, erweist sich solche Entwicklungspolitik vor allem als Feuerwehr zum Schutz von Betriebskapital.

Der britische Sozialwissenschaftler Mark Neocleous vergleicht Resilienz mit einem »besorgten Blick in die Zukunft«. So zweckrational das Antizipieren von kommenden Katastrophen auch sei, resultiere daraus doch nur ein weiterer Schritt in der Kolonisierung menschlicher Lebenswelten. Denn wenn alle davon ausgehen, dass die Katastrophe unvermeidbar ist, führt dies zur Unterwerfung der letzten noch verbliebenen Sphäre von Freiheit: der menschlichen Vorstellungskraft, die ihrerseits in den Dienst von *business as usual* gestellt wird. Wenn sich alle »fit für die Katastrophe« machen, setzt sich der herrschende Zerstörungsprozess selbst in Zeiten größter Gefahr und Not fort. Darin steckt das Paradox heutiger Resilienzkonzepte: Sie stabilisieren genau jene Verhältnisse, an deren prekären Zustand sich das Bedürfnis nach Widerstand entzündet.

Güte optimieren

Verschwenden Sie nicht Ihr Mitleid. In Zeiten, in denen diese Ressource immer kostbarer wird. Gehen Sie nicht so fahrlässig mit Ihrer Güte um. Wer gibt, der sollte das Maximum aus seiner Gabe holen. Alles andere wäre unrentabel. Zum Glück gibt es eine Schule, die einem bei dieser Optimierung der eigenen Spendierfreude zur Seite steht. »Effektiver Altruismus« nennt sie sich und behauptet, einen radikal neuen Weg aufzuzeigen, wie man die Welt verändern könne.

Jedes Jahr – so die Ausgangslage dieser neuen Strömung –

spenden Millionen von Menschen für wohltätige Zwecke, von
denen sie noch nie etwas gehört haben, nur weil ein überzeu-
gender Fremder sie darum bittet, obwohl sie in der Regel gar
nicht überprüfen können, was mit ihrem Geld passiert. Auftritt: das moderne Allheilmittel vom Dienst, die Effizienz. Um
Gutes zu tun, bedarf es eines wissenschaftlichen Zugangs, der
die Auswirkungen analysieren und den Erfolg garantieren soll.
Der effektive Altruist glaubt an Zahlen und Daten, denn eigentlich ist die Erde nichts anderes als ein Konzern mit vielen
Abteilungen, manche topfit, andere schwer angeschlagen, es
gilt mit betriebswirtschaftlichen *tools* die Schwachstellen zu
beseitigen. Der effektive Altruist ist ein globaler Unternehmensberater; er möchte die Selbstoptimierer in Weltoptimierer
verwandeln.

»Vordenker« ist der Philosoph Peter Singer. In seinem einflussreichen Buch »The Life You Can Save: Acting Now to End
World Poverty« (auf Deutsch: »Leben retten: Wie sich Armut
abschaffen lässt – und warum wir es nicht tun«) wendet er
seine grundsätzlichen Überlegungen zur praktischen Ethik auf
das Problem des Hungers und der Armut an: »Welche mora-
lische Verpflichtung haben wir, denen zu helfen, die in extremer Armut gefangen sind?« Ziel seiner Überlegungen sei es, die
Menschen anzuregen, mehr zu spenden, vor allem: besser zu
spenden. Schon im Vorwort stellt Singer fest, dass »jedes Jahr
18 Millionen Menschen unnötig sterben«. Das ist eine richtige Feststellung, die eigentlich die dringliche Frage nach dem
Warum aufwirft, dessen politischer Lösung Singer allerdings
nur eine einzige Seite unter dem polemischen Titel »Nächstenliebe verhindert politischen Wandel« widmet. Er schließt
mit dem Satz: »Wenn kaum Chancen bestehen, diese Art von
Revolution (*aus dem Kontext wird klar, dass Singer schon fairen
Welthandel als revolutionär erachtet*) zu erreichen, dann sollten Sie sich nach einer Strategie umsehen, die realistischere

Aussichten bietet, die Not bedürftiger Menschen wirklich zu lindern.« Strukturelle Veränderungen, grundsätzliche Problemlösungen, sind also ineffizient. Da die stochastische Kristallkugel Umwälzungen keine Erfolgschancen zugesteht, sollte der praktisch-ethische Mensch sich darauf konzentrieren, das Beste aus dem Möglichen herauszuholen. Folglich reflektieren Singer und seine Adepten zwar ausgiebig über die Ethik des Geldausgebens, versäumen es aber, über die Ethik des Geldverdienens nachzudenken. Weswegen ein ehemaliger Student Singers, Matt Wage, lobend hervorgehoben wird für seine Entscheidung, an der Wall Street Karriere zu machen, weil er dort viel mehr Geld verdienen kann, um viel mehr zu spenden. »Earning to give« wird dieses Prinzip genannt. Ergo kann Singer die Investmentbank Bear Stearns loben, weil sie ihre Mitarbeiter verpflichtet hat, »mindestens vier Prozent ihrer Bezüge und Boni an Hilfswerke zu spenden.« Er kann Sätze schreiben wie: »Wir sind froh darüber, dass Warren Buffett seine erste Million nicht gleich einer Hilfsorganisation gespendet hat.« Denn dann hätte er nicht Milliarden mehr erwirtschaftet, die er nun großzügig zur Hälfte spendet. Es ist schon erstaunlich, dass ein Professor an einer Eliteuniversität (Princeton) nicht erkennen mag, dass die kolossalen Gewinne von Warren Buffett in einem direkten Zusammenhang stehen mit Prozessen der Verelendung.

An anderer Stelle schreibt Singer: »In solchen Situationen (*Länder, in denen das Wirtschaftswachstum an vielen Menschen vorbeigeht*) ist es sicherlich das Beste, wenn sich die Entwicklungshilfe darauf konzentriert, die Nahrungsmittelproduktion vor Ort zu verbessern und dafür zu sorgen, dass der Bildungssektor und das Gesundheitswesen ausgebaut werden.« Kein Wort über die Austeritätspolitik, die solchen Ländern von Weltbank, IMF und anderen internationalen Geldeintreibern aufgezwungen wurde, damit sie die Zinsen tilgen können, die sie internationalen Finanziers wie Warren Buffett schulden. Mit anderen Worten: Hätte dieser weniger gescheffelt, gäbe es weniger Spendenbedarf.

»Doch durch einen außergewöhnlichen Glücksfall«, formuliert ein Schüler Singers, William MacAskill, »sind wir in der entwickelten Welt Erben der erstaunlichsten Phase des Wirtschaftswachstums, die der Planet je erlebt hat, während ein beträchtlicher Teil der Menschen so arm bleibt, wie er es noch nie war.« Ein Lotteriegewinn also? Na, dann bleibt tatsächlich nur noch die Frage, wie man das gewonnene Geld unter die Armen bringt, Arme inklusive.

Im effektiven Altruismus gehen Philosophen und Finanzökonomen eine Liebesbeziehung ein. Es ist kein Zufall, dass zwei New Yorker Hedgefonds-Analysten, Holden Karnofsky und Elie Hassenfeld, »GiveWell« gegründet haben, eine Organisation, die außerordentlich gründlich recherchiert, um zu berechnen, welche Wohltätigkeitsorganisationen den milden Dollar am effektivsten einsetzen – ein von Singer hochgepriesener »Charity-Evaluator«. Und seine eifrigsten Schüler sitzen in der philosophischen Fakultät der Universität Oxford, darunter auch der erwähnte William MacAskill, Autor von »Gutes besser tun. Wie wir mit effektivem Altruismus die Welt verändern können«.

Diese Analysten und Philosophen hegen einen fast religiösen Glauben an die Wahrheit mathematischer Analysen. Die Offenbarung nach der Kosten-Nutzen-Analyse. Die Notwendigkeit vergleichbarer Daten führt zu einer gewöhnungsbedürftigen Bezifferung menschlichen Lebens. Das wichtigste Berechnungsinstrument ist der QALY, das qualitätskorrigierte Lebensjahr, eine Kennzahl, die das Verhältnis zwischen Lebensjahr und Gesundheit bewertet. Obwohl »Qualität« in diesem Begriff vorkommt, wird die Lebensqualität gerade nicht berücksichtigt, denn diese lässt sich so nicht messen. Jede Todes- und Leidensursache in armen Ländern wird in Beziehung gesetzt zu den Kosten ihrer Behandlung oder Verhinderung. Seitenweise wird erörtert, wie viele Moskitonetze ein Kinderleben retten, wie viel es also kostet, afrikanisches Leben um ein Jahr zu verlängern. Laut »GiveWell« gehört die Against Malaria Foundation zu den effektivsten Wohltätigkeitsorganisationen: Sie wendet ungefähr 2300 Dollar auf, um ein Leben zu retten. Die logische Schlussfolgerung: Kostspielige Therapien sind ineffizient. Es wird kein Gedanke daran verschwendet, ob die Lösung nicht darin bestehen könnte, die Kosten radikal zu senken, etwa indem der Patentschutz eingeschränkt wird (Beispiel Aids-Medikamente). Wie wir in Sierra Leone erfahren haben, führt die Polio-Impfung zwar zu weniger Todesfällen, ändert aber nichts an der allgemeinen Misere. Sie ist zwar gut, aber nicht gut genug.

Wäre der effektive Altruismus nur eine Art Stiftung Warentest für die Hilfsindustrie, ein investigativer Ansatz, um schlampige oder betrügerische Angebote zu entlarven, müsste man ihn loben. Aber da Zahlen nicht lügen können, führt eine mathematische Betrachtung der Welt zu ihrer apodiktisch einseitigen Evaluierung und zu gefährlichen ethischen Schieflagen. Zum einen ist die Entwicklung von Geist und Gewissen, die Förderung von Eigenständigkeit und eigenem Willen, nicht messbar, weswegen in einer exemplarischen Vergleichsstudie am Ende des Buches von MacAskill das Projekt am schlechtesten abschneidet, bei dem afrikanischen Schulbibliotheken Bücher geschenkt werden. Es ist in Graphiken und Tabellen schlichtweg nicht abzubilden, was für einen Einfluss die Lektüre eines Romans von Leo Tolstoi auf einen jungen Menschen haben kann. Wir wissen es nicht. Sie kann lebensverändernd, aber auch völlig irrelevant sein. Wenn man diesem Menschen hingegen zehn Dollar in die Hand drückt, lässt sich der wirtschaftliche Effekt berechnen. Und trotzdem würde nur der hartgesottenste Zyniker bezweifeln, dass Leo Tolstoi die Welt mehr vorangebracht hat als Warren Buffett. Ähnliches gilt für einige der Projekte, die wir in diesem Buch beschreiben. Der Kampf der jungen Kenianer von KAPLET könnte noch viele Jahre andauern, bevor er Früchte trägt, bis die Menschenrechte wirklich geachtet werden. Aber eine Welt, in der nur mit logistischer und materieller Hilfe auf die Krisenzone »Slum« reagiert wird, wäre eine grauenvolle Vorstellung.

Zum anderen sind selbst jene Aspekte, die messbar sind, keineswegs so eindeutig zu beurteilen, wie der effektive Altruismus es sich in die Formel lügt. So wird von den Charity-Evaluatoren stets der Anteil der Verwaltungskosten geprüft, ein sehr niedriger Prozentsatz (fast das ganze Geld geht an die Empfänger vor Ort) gilt als optimal. Aber Verwaltungskosten sind nicht nur selbstgefällige Verschwendungen. Das Organisieren von neuen Netzwerken, von alternativen Strukturen, die Fortbildung von Mitarbeiterinnen und Partnern, all das ist notwendig, sinnvoll und manchmal entscheidend. Selbst Singer gibt in einem Nebensatz zu, dass derartige Angaben wenig über die Wirksamkeit der Arbeit aussagen.

Es entbehrt nicht der Ironie, dass Peter Singer einen bemerkenswerten Satz von John Locke zitiert: »Die Nächstenliebe räumt jedem Menschen ein Anrecht auf so viel vom Reichtum eines anderen ein, wie es braucht, um ihn vor extremer Not zu bewahren, wenn er keine anderen Möglichkeiten hat, für seinen Lebensunterhalt zu sorgen.« Vermutlich will Singer die Privilegierten aufschrecken, ihrer ethischen Verpflichtung zur Wohltätigkeit nachzukommen, bevor die Armen von ihrem ethischen Anrecht Gebrauch machen, sich das zu nehmen, was ihnen zusteht. So gesehen ist der effektive Altruismus die andere, die versilberte Seite der Revolte, durch und durch affirmativ, eine präzise kalkulierte Verteidigung von ethisch nicht zu rechtfertigenden Privilegien.

Unmittelbarkeit fingieren

Eifrig wird um Spenden geworben. Wer als soziale Einrichtung oder Hilfsorganisation funktionieren will, muss auf sich aufmerksam machen. Mit dem bloßen Aufstellen von Opferstöcken und Spendenbüchsen ist es nicht mehr getan. In Deutschland gibt es 630 000 gemeinnützige Vereine, Genossenschaften und Stiftungen. 2000 bis 3000 von ihnen werben systematisch und überregional um Spenden. Angesichts dieser Konkurrenz ist die Frage, wie sich die eigene Einrichtung am Spendenmarkt platzieren lässt, von enormer, mitunter existentieller Bedeutung. Nicht zuletzt im Internet herrscht heute ein Verdrängungswettbewerb. Viele Spendenorganisationen verlassen sich mittlerweile auf das professionelle Marketing und Fundraising von Experten. Sie entwickeln Imagekampagnen, Werbefeldzüge und originelle Ideen für den Auftritt auf Plakatwänden. Sie helfen bei Massenmailings, der Spendenakquise und dem Erbschaftsmarketing. Findige Berater buchen schon mal eine Kabine auf einer Kreuzfahrt, um ältere Passagiere zu Vermächtnissen für einen guten Zweck zu überreden – gegen Provision versteht sich.

Die Branche veranstaltet Kongresse, trägt Lehrstühle und unterhält Institute, an denen erforscht wird, mit welchen Methoden aus welchen Zielgruppen das meiste herauszuholen wäre. Nichts soll dem Zufall überlassen bleiben. Per Messung des elektrischen Leitungswiderstandes der Haut lässt sich sogar bestimmen, von welchem Foto der größte emotionale Reiz ausgeht. Kein Wunder, dass Ursachen und strukturelle Zusammenhänge in den Darstellungen vieler Hilfsorganisationen in den Hintergrund geraten.

Die Story muss unter die Haut gehen und simpel sein; komplexe Zusammenhänge vertragen sich schlecht mit Fund-

raising, sagen die Berater. Wer heute spendet, hat klare Erwartungen. Die Währung, mit der auf dem Spendenmarkt ge-
wuchert wird, lautet Glaubwürdigkeit. Die Ärztin, die einem
Kriegsopfer ein Pflaster auflegt, der Ingenieur, der beim Bau
einer Schule selbst mit Hand anlegt, der Pate, der einem Mädchen den Schulbesuch ermöglicht, die pensionierte Lehrerin,
die sich für eine Kinderkrebsstation engagiert – es sei der
human touch, der in der Öffentlichkeit diese Glaubwürdigkeit
erzeuge.

Wir verkaufen ein gutes Gefühl, sagen Fundraiser, das Gefühl, unmittelbar beteiligt zu sein, unverzichtbare Beiträge zu
leisten. Das funktioniert besser mit kleinen Projekten – die
Krankenstation im Slum, Bücher für die Dorfschule, die monatliche Förderung eines Patenkindes – als mit Vorhaben, die
auf grundsätzliche Veränderungen zielen. Das Engagement
für einen Internationalen Menschenrechtsgerichtshof (um
Einzelpersonen den Klageweg im Falle von Menschenrechtsverletzungen zu eröffnen), die Erarbeitung von Alternativen
zum bestehenden patentgestützten Forschungsparadigma (um
allen den Zugang zu Medikamenten zu ermöglichen) oder die
Kritik an den Geschäftspraktiken der multinationalen Nah-
rungsmittelindustrie (damit sich Menschen gesund ernähren
können) – all das gilt als wenig »sexy«. Hilfe muss unmittelbar
sein. Sie muss, wenn schon die Rettung der Welt so fern liegt,
wenigstens noch die Rettung des Einzelnen versprechen.

Wie problematisch die Fokussierung des öffentlichen Blicks
auf Einzelschicksale und unmittelbare Projekte ist, zeigt sich
nach Katastrophen: Wir hatten nicht genug Waisen, um alle
Spendenwünsche zu erfüllen, klagten die lokalen Helfer nach
dem Tsunami in Südasien 2005. Dörfer, die vorher ein Fischer-
boot hatten, sollten nun Dutzende bekommen. Um Hilfe für
Spender attraktiv zu machen, muss sie sichtbar sein, sich möglichst in konkreten Hilfsgütern, Fahrzeugen oder Bauprojek-

ten niederschlagen. Dagegen sind laufende Kosten, die bei den lokalen Partnern für Kommunikation, Miete oder Honorare anfallen, ungern gesehen.

Selbst seriöse Nothilfeorganisationen sehen sich heute zu »taktischen Luftfrachten« genötigt, um beim Fundraising nicht den Kürzeren zu ziehen. Ja, die meisten Hilfsgüter ließen sich schneller und besser in den Regionen vor Ort beschaffen, aber fürs Fernsehen brauche man Bilder, die zeigen, wie Flugzeuge mit Nahrungsmittelhilfen, Arzneimitteln, Kochgeschirr, Zelten oder ähnlichem beladen werden, gestand der Vertreter einer NGO. Eine Gruppe entsandter Mediziner, die schon bei der Ankunft im Katastrophengebiet im weißen Kittel, das Stethoskop um den Hals, die Gangway heruntereilt, lässt sich besser ins Bild bringen als Helfer, die womöglich schon länger vor Ort sind und in unscheinbaren Büros mit einheimischen Partnern den akuten Bedarf sowie erste Schritte für den kommenden Wiederaufbau klären. Die Hilfe für die Opfer des Erdbebens in Haiti 2010 ging auch deshalb nur schleppend voran, weil staatliche Gesundheitsbehörden und andere administrative Einrichtungen fehlten, die die Hilfen aus dem Ausland hätten koordinieren können.

Verwaltungsstrukturen? Entsetzt winken Fundraiser ab. Das klingt nach Bürokratie und Verschwendung, damit ist keine Spendenkampagne zu machen. Nein, Glaubwürdigkeit korreliere mit der Nähe zum Geschehen, dem persönlichen Risiko, das Menschen eingehen, und der medialen Aufmerksamkeit, die sie dabei erzeugen.

Krisen, die nicht ins mediale Bild passen, weil sie nichts Aufregendes mehr zu bieten haben oder einfach nur zur falschen Zeit am falschen Ort geschehen, eignen sich nicht fürs Spendenmarketing. So etwa die Lage der sahrauischen Flüchtlinge in den Camps inmitten der Stein- und Geröllwüste im Südwesten Algeriens, an der sich seit über 40 Jahren nichts

Wesentliches geändert hat. Eine *quantité négligeable*, sagt ein Mitarbeiter im Auswärtigen Amt, da könne nichts mehr getan werden. Die Zahl der Betroffenen ist nicht ausschlaggebend. Auch die 450 Millionen Armutstoten der letzten dreißig Jahre sind überwiegend unbemerkt von der Öffentlichkeit verreckt.

Unbedingte Voraussetzung fürs Fundraising: Opfer und Helfer müssen selbst ins Bild kommen. Erstere möglichst als eine hilflos dahingekauerte Masse menschlichen Elends oder als dankbar lächelnde Kinder, Letztere als zupackende Retter, die mit bedruckten T-Shirts, Fahnen und Auto-Aufklebern auf sich aufmerksam machen dürfen.

Merklich hat sich die Öffentlichkeitsarbeit vieler Hilfsorganisationen in den zurückliegenden Jahrzehnten verändert. Dabei wäre Nähe nicht einmal das Problem, für ein solidarisches Miteinander sind Empathie und Mitleid unbedingte Voraussetzung. Auch das Leiden von Menschen beredt werden zu lassen, den Zustand der Welt in konkreten Schicksalen zu verdeutlichen, ist nicht zu kritisieren, sondern das Vorgaukeln von Nähe. Im *human touch* der Fundraiser wird aus Nähe eine kalkulierte Größe, ein Marketinginstrument. In der Mediengesellschaft verkümmert Not zum Klischee und Authentizität zur bloßen Sichtbarkeit. Mehr denn je sind Hilfe und Öffentlichkeit heute gefangen im Kult einer fingierten Unmittelbarkeit.

Auch Umweltverbände klagen: Komplexere Zusammenhänge, wie nachhaltiger Klimaschutz, lassen sich weniger gut vermarkten als emotional ansprechende Aktionen wie die Rettung der Wale. Die Kampagne gegen den Tropenholzimport, so Greenpeace-Mitarbeiter im internen Gespräch, hatte man wider besseres Wissen fortsetzen müssen. Die hohe Plausibilität dieser Aktion ließ es zur Nebensache werden, dass in Ländern wie Malaysia durch den Boykott von Tropenholz auch jahrhundertealte und lokal angepasste Forstwirtschaften in Mitleidenschaft gezogen wurden.

Den Kult der Unmittelbarkeit machen sich inzwischen auch Unternehmen zunutze. Mit wohlüberlegten Strategien vermitteln sie denen, die nicht selbst vor Ort zupacken, das Gefühl, dennoch für die gute Sache streiten zu können. Im Alltag, ganz nebenbei. Die Kampagne zur Rettung des Regenwaldes, die der World Wildlife Fund (WWF) zusammen mit der Krombacher Brauerei Anfang der 2000er Jahre in die Schlagzeilen brachte, setzte Maßstäbe. Für jeden verkauften Kasten Krombacher versprachen die Bierbrauer, einen Quadratmeter Regenwald zu retten. Biertrinken für den Regenwald, Saufen zur Rettung von Gorillas. Die Aktion kam an. Der WWF bekam seine Millionen, Krombacher konnte seinen Absatz gegen den Markttrend steigern, und Biertrinker konnten sich als Umweltaktivisten fühlen, ohne den eigenen Lebenswandel in Frage stellen zu müssen. Dabei geriet in Vergessenheit, dass alle zwei Sekunden Regenwald von der Größe eines Fußballfeldes verloren geht, ein gigantisches Massensterben, etwa um Platz für Megastaudämme zu schaffen. Fast 600 Quadratkilometer Regenwald (nahezu die Fläche des Bodensees) mussten geflutet werden, bevor 2015 das brasilianische Belo Monte-Wasserkraftwerk in Betrieb gehen konnte. Die 13 Quadratkilometer Wald, die der WWF dank der Zusammenarbeit mit Krombacher schützen konnte, nehmen sich vergleichsweise überschaubar aus. Der Belo Monte-Staudamm versorgt nicht zuletzt die energieintensive Aluminiumproduktion im Norden Brasiliens; dort, wo der Rohstoff für Bierdosen hergestellt wird, auf die Krombacher zuletzt wieder massiv setzte.

Charity, im 19. Jahrhundert noch die Domäne bürgerlicher Frauen, ist zu einem gesellschaftlichen Massenphänomen geworden, zu einem Konsumangebot. Längst helfen nicht mehr nur die traditionsreichen Wohlfahrtsverbände, nicht mehr nur

Schulklassen und Kirchengemeinden, sondern auch Schau-
spieler, Rockstars, Firmenbelegschaften, Feuerwehrvereine,
Unternehmerverbände, selbst Betriebsräte von Großbanken
und Konzernen. Nicht immer geht es dabei um ernstgemeinte
Hilfe. Lernen Schulklassen im konkreten Engagement noch
sehr viel über die Zustände in der Welt und sorgen Kirchengemeinden für echte Begegnungen über alle Grenzen hinweg,
überwiegt in den Promi-Galas und den Für-den-guten-Zweck-
Basaren der Eventcharakter, das Charitainment. Spenden wird
zum Erlebnis, wobei diejenigen, für die auf den Spenden-
Diners und Wohltätigkeitsbällen gesammelt wird, nur den
Anlass für einen unterhaltsamen Abend abgeben. Letztlich
sind sie austauschbar. Man spendet gerne; ob für hungernde
Kinder im fernen Afrika oder für ein Krankenhaus nebenan
ist zweitrangig. »Humanismousse au Chocolat« spottete der
Kabarettist Georg Schramm vor einigen Jahren. Inzwischen ist
»Charitainment« Teil universitärer Curricula.

»*Charity*«, geschrieben in großen, von hinten beleuchteten
Lettern, schmückte für ein paar Tage den Campus der Frankfurt School of Finance & Management, die kommende Generationen von Finanzmanagern, Börsenanalysten und Marke-
tingspezialisten ausbildet. Früh lernen Studierende an der
exklusiven Privatuni, wie sich Business mit Charity verbinden
lässt. Im Rahmen eines praxisorientierten Seminars haben sie
gerade eine erste Charity Fun Fair zugunsten eines lokalen
Waisenheims organisiert. Wohltätigkeit muss Spaß machen
und einfach sein, ist aus der Tradition britischer Charity Events
zu lernen. Charity als »*innovative classroom experience*«, erklärt
Dr. Selin Atalay, Professor of Marketing, erlaube Studierenden,
das Gelernte unmittelbar anzuwenden und dabei »der Gesellschaft etwas zurückzugeben«. An die Stelle eines bedingungs-
losen Gebens tritt ein Zurückgeben, das den Tauschcharakter
einer wirtschaftlichen Interaktion betont. Der Wunsch, selbst

einen wichtigen Beitrag zu leisten, verträgt sich nicht unbedingt mit der profanen Verpflichtung, Steuern zu zahlen, auch wenn über Steuern unter demokratischen Bedingungen wirksamer und gerechter für Ausgleich gesorgt werden könnte. Wer Steuern zahlt, kann sich weder als gönnerhafter *donor* imaginieren, noch in Menschen, die eigentlich Rechtsansprüche geltend machen, nur Begünstigte sehen. Mit Sorge betrachten Spendenorganisationen die Veränderungen auf dem Markt. Auch wenn das Aufkommen insgesamt stabil ist, sinkt die Zahl der Spender. Nur noch etwa 35 Prozent der Deutschen spenden wenigstens einmal im Jahr, heißt es. Ältere tun es häufiger als Jüngere, Frauen etwas öfter als Männer und Menschen mit höherem Einkommen eher als diejenigen, die weniger zur Verfügung haben.

Die Frage, wie sich jüngere Menschen zum Spenden motivieren lassen, bewegt viele der etablierten Hilfswerke. Der typische Spender sei um die sechzig Jahre alt, heißt es; Jüngere dagegen wollten direkt helfen, nicht den Umweg über anonyme Organisationen gehen. Viele hegen die Befürchtung, dass ihre Spenden im Dickicht von Verwaltungskosten und Großprojekten untergehen. Mit der Erosion der Kirchentreue, der schrumpfenden Attraktivität von Parteien und Gewerkschaften hat auch die Identifikation mit gesellschaftlichen Verbänden und Hilfswerken abgenommen.

Die neuen Medien suggerieren eine Nähe, die kaum noch Grenzen kennt. Um mit Menschen in anderen Kontinenten in Kontakt zu treten, bedarf es nicht mehr des Umwegs über Auslandskorrespondenten, Städtepartnerschaften oder Hilfsorganisationen. Facebook, Twitter und Co. sorgen dafür, dass Nachrichten und Hilfsappelle Verbreitung finden. Quasi über Nacht können neue Hilfsorganisationen entstehen. Schnell ist ein Spendenaufruf verfasst, um per Crowdfunding Menschen beizustehen, von deren Not man auf Reisen erfahren hat oder die in der Nachbarschaft einfach nur eine gute Idee umsetzen wollen. Innerhalb von wenigen Tagen können so ein paar tausend Euro zusammenkommen, um etwa einer Flüchtlingsfamilie beizustehen. Wer etwas bewegen will, muss nicht mehr umständlich bei öffentlichen Institutionen, Stiftungen oder NGOs Anträge stellen. Dank des Internets ist Selberhelfen angesagt, eine großartige Form der Demokratisierung des Helfens, aber zugleich voller unbedachter Gefahren. Die aus den USA stammende Spendenplattform GoFund Me.com ermöglicht, persönliche Projekte und Hilfsaufrufe ins Netz zu stellen. Über fünf Milliarden Dollar hat die Do-it-Yourself-Fundraising-Webseite bereits für Menschen in Not gesammelt. »Werde auch du Teil einer millionenstarken Spendergemeinde«, heißt es bei GoFundMe. Für die Spender ein kostenloser Service, für die Empfänger verbunden mit Gebühren, Steuern und anderen Kosten in Höhe von 8,45 Prozent der eingehenden Spenden. Der Gründer Rob Solomon nannte selber seine Webseite in einem Interview ein »*digital safety net*«, ein digitales Sicherheitsnetz. Aber welche soziale Sicherheit kann es geben, wenn bei jedem persönlichen Notfall eine Kampagne mit ungewissem Ausgang lanciert werden muss? Das weiß auch Rob Solomon: »Wenn die Löcher nicht so gewaltig aufklaffen würden, müssten wir nicht existieren.«

Um Spenden auch für junge Menschen attraktiv zu machen, sind inzwischen viele weitere Online-Spendenportale entstanden. Sie verstehen sich als Marktplatz von sozialen Projekten und wollen private Spender direkt in Kontakt mit Hilfsorganisationen bringen. Etwa hundert sollen es in Deutschland sein, schätzen Experten. Die größten heißen helpdirect.org, Spendenportal.de oder betterplace.org. Viele versprechen, dass Spenden zu hundert Prozent bei den Menschen ankommen und suggerieren damit, dass schon vernünftige Planung, begleitende Expertise und engagierte Absicherung Verschwen-

dung seien. Wer Gutes tut, solle dies möglichst ehrenamtlich tun.

En vogue ist das vielgepriesene »benutzerfreundliche Spenden«. Betterplace.org wurde 2007 von jungen Weltreisenden
und einem Wirtschaftsinformatiker mit Unterstützung von
Daimler Financial Services gegründet. »Entdecke eines von
über 25 000 bewegenden Projekten – Verändere mit uns die
Welt«, heißt es auf der Webseite von betterplace.org. Die Informationen sind auf das Nötigste begrenzt: »Nothilfe Jemen,
573 Spenden, 234 € fehlen noch«, heißt es in diesen Tagen,
oder: »Krieg, Dürre und Hunger im Süd-Sudan, 716 Spenden;
3009,91 € fehlen noch«. Katastrophen, in denen sich die Ab-
gründe der Gegenwart spiegeln, werden durch willkürlich ge-
setzte Zielmarken in handhabbare Projekte aufgelöst, die sich
rasch umsetzen lassen. Die Vielzahl an Unterstützern beglau-
bigen schon das Projekt. Ein paar Euro noch, und schon ist
die Welt ein besserer Ort. Eine Überprüfung der Projekte, für
die geworben wird, sei nicht notwendig, sagen die Mitarbeiter
von betterplace.org, das übernehme die Webgemeinde selbst:
»*web of trust*«, nennt sich das, ein Euphemismus, der in der
Flüchtigkeit des Netzes für nichts garantiert.

Mit einem Klick »schnell mal die Welt retten« vermittelt
den Spendern ein gutes Gefühl, auf Fachdeutsch *warm glow*
genannt. Wohltätigkeit wirkt in diesem Kontext wie Baldrian,
der den Zorn und die Trauer beruhigt, die viele Menschen
angesichts der katastrophalen Nachrichten empfinden. Eine
ähnliche Funktion erfüllen auch die vielen Petitionen, mit
denen heutzutage der engagierte Tag beginnt. Leichter und
schneller kann Protest nicht zum Ausdruck gebracht werden,
da erscheint es als nebensächlich, dass wohl kaum jemals eine
Unterschriftensammlung den entscheidenden Impuls zur
politischen Änderung gegeben hat, mit Ausnahme der in manchen Ländern gesetzlich vorgesehenen Bürgerentscheide, die

durch eine bestimmte Anzahl von Unterstützern getragen sein müssen. Ähnliches gilt für die Boykotte internationaler Konzerne. Wer aus Überzeugung nicht bei Shell tankt, fördert das eigene Wohlbefinden mehr, als dass er dem mächtigen Multi schadet. Andere Anbieter, deren Geschäftsgebaren oft kaum weniger verwerflich ist, sind die unmittelbaren Nutznießer. Nach einigen Wochen, wenn die Erregung abgeflaut ist, fallen die meisten in ihr gewohntes Konsumverhalten zurück. Der Boykott von Shell war von kurzer Dauer. Protest aus dem Bauch heraus erschöpft sich in der Flüchtigkeit des gesellschaftlichen Engagements. Als Teil einer anonymen empörten Masse ist der Einzelne jeglicher Verantwortung enthoben, gestern hat er für das Tropenholz geklickt, heute gegen die Jagd auf Elefanten, morgen für den Erhalt eines Biosphärenreservats.

Wir leben in Zeiten eines digitalen Humanitarismus, der in hohem Maße selbstgerecht ist. Engagement dieser Art ist eine säkulare Unternehmung, die keinen Erfolg braucht, um sich selbst zu rechtfertigen. In einer Erzählung von Iwan Turgenjew doktert ein Aristokrat an einem Bauern herum. »Hat er denn Medizin studiert«, fragt jemand. »Nein, er tut es mehr aus Menschenfreundlichkeit.« Allein der Wille zu helfen ist relevant, nicht das Ergebnis dieser Hilfe.

Inzwischen bietet das Berliner Start-up-Unternehmen ShareTheMeal »die weltweit erste App gegen den globalen Hunger«. Ein Wisch auf dem Smartphone und schon werde angeblich ein hungerndes Kind satt gemacht. Benutzerfreundlich spendet man 40 Cent an das World Food Programme der Vereinten Nationen, so viel koste es, ein Kind einen Tag lang zu ernähren. Entwicklungshilfe könnte so billig und einfach sein, meinen die App-Macher; bald zehn Millionen Essen seien 2017 zustandegekommen. Das klingt nach viel, ist aber gemessen am Bedarf ein Klacks. Den deutschen Tafeln, die inzwischen 1,5 Millionen Menschen versorgen müssen, würde das für eine Woche reichen. Über solche Verhältnisse erfahren die User von ShareTheMeal nichts. Dafür aber werden sie aufgefordert, anderen von den eigenen Wohltaten zu berichten. »*Camera Giving*« nennt sich das: Man macht von eigenen Mahlzeiten, egal, ob ein bescheidenes Frühstück, ein opulenter Hamburger oder eine üppig belegte Pizza, ein Foto, geht durch einen ShareTheMeal-Filter und stellt es ins Netz. »Dieses Bild hat ein hungerndes Kind ernährt«, ist dann zu lesen. Iss die Welt schön und gut! Mit einem Foto. Und hilf uns, unseren Datenpool zu vergrößern.

Es ist gut, dass mit den Online-Spendenportalen nun auch jüngere Leute zum Spenden motiviert werden, der Preis freilich ist hoch. Wenn es künftig möglich sein soll, den globalen Hunger per Einkauf an der Supermarktkasse zu bekämpfen (auch das wird neuerdings angeboten), dann sind Wachstum und Konsum nicht mehr das Problem, sondern die Lösung. Dann stören auch die 5,5 Millionen Hektar nicht mehr, die Deutschland im Ausland für die Versorgung der eigenen Bürgerinnen und Bürger nutzt. Dann empört auch der Umstand nicht mehr, dass wir ein Leben auf Kosten der anderen führen. Wenn sich Hilfe an Konsum andockt, wird Hilfe zum legitimatorischen Teil des eigenen Lebensstils. Wie zu Zeiten des mittelalterlichen Ablasshandels entschädigt Hilfe für ein sündiges Leben, nur dass sich unter den heute herrschenden kapitalistischen Bedingungen niemand mehr schuldig macht.

Es ist ein fataler Irrweg, wenn die Idee einer besseren Welt nicht mehr als ein noch abzugeltendes Ziel betrachtet wird, sondern als Dienstleistung, um mit der bestehenden zu versöhnen. »*A better world as a service. We're building something fresh*«, steht tatsächlich auf der Startseite eines weiteren Start-up-Unternehmens namens elefunds.de, dessen Initiator

das Wirtschaftsmagazin Forbes bereits zu den 30 wichtigsten
»Gründern« weltweit zählt. Elefunds hat eine Software entwickelt, die es erlaubt, bei jeder digitalen Zahlung die Kaufsumme
für einen guten Zweck aufzurunden, so wie man im Restaurant
ein Trinkgeld gibt. Wer will, kann aus einer Liste von Hilfsorganisationen auswählen, an wen das Geld gehen soll. Noch
werden Hilfsorganisationen (es sind nur die großen) gebüh-
renfrei gelistet. Das aber muss nicht so bleiben. Schon jetzt ist
abzusehen, wie sich in die Beziehung zwischen Spendern und
Spendenorganisationen eine weitere Instanz drängt, die aus
dem Verhältnis ein lukratives Geschäftsmodell machen wird.
Dann wäre der alte Satz von der »Hilfe zur Selbsthilfe« in einem digitalkapitalistischen Sinn neu gefasst – wer sagt denn,
dass man beim Spenden nicht auch Geld verdienen kann?

Umkämpfte Vergangenheiten.
Guatemala

In Guatemala wird auf dem verminten Gelände der Vergangenheit um die Zukunft gekämpft. Mehr noch als in anderen Ländern. Die Gewalt hat hier schlimmer gewütet als anderswo. Sie wirkt auch Jahrzehnte nach dem Bürgerkrieg fort, obwohl vor mehr als zwanzig Jahren ein Friedensvertrag zwischen der Regierung und den Befreiungsbewegungen geschlossen wurde. Der Krieg kostete mindestens 70 000 Menschen das Leben, eine Million wurden zu Flüchtlingen im eigenen Land, 300 000 flohen nach Mexiko, 30 000 verschwanden. Die Wunden der Politik der verbrannten Erde sind noch nicht verheilt. Das erlittene Trauma schürt weiterhin Angst.

In Cobán enträtseln Forensiker seit Jahren in Massengräbern in der Militärzone 21 das Schicksal von Hunderten massakrierten Opfern. Psychologen leisten den Angehörigen Beistand. In der Hauptstadt haben Juristen, unterstützt von Anthropologen und Sozialarbeitern, vergangene Verbrechen recherchiert, um die Täter erfolgreich vor Gericht anzuklagen. Dabei hilft ihnen das ehemalige Archiv der Nationalpolizei, das dem Kulturministerium untersteht. Dort wird die Vergangenheit fein säuberlich in Mappen und Karteikärtchen erfasst, digitalisiert. Die einstige Ordnung des repressiven Apparats dient heute der Aufklärung. Überall im Land werden die Schatten der Vergangenheit ausgeleuchtet, gegen den Widerstand der Eliten.

Aber der Frieden ist alles andere als friedlich. Er vertreibt Menschen in großer Zahl durch Bergbauprojekte, Staudämme, Palmölplantagen. War der Widerstand früher auf einzelne Lan-

desteile beschränkt, regt er sich heute überall, weil im ganzen
Land Angriffe und Übergriffe auf die Lebensgrundlagen erfolgen. Er wird nicht mehr mit Waffen, sondern mit allen zivilgesellschaftlichen Mitteln geführt. Die indigene Bevölkerung
weiß inzwischen besser über ihre Rechte Bescheid, was ihren
Protest befähigt. Doch Widerstand zu leisten, ist weiterhin
gefährlich. In der Provinzstadt Playa Grande hörten wir von
einem örtlichen Journalisten, der die Tatenlosigkeit der Stadtverwaltung angeprangert hatte. Bald darauf war er tot.

Früher zog sich die Guerilla in den Regenwald zurück, heute
zieht sich der Regenwald in besonders steile Lagen und kleine
Nischen zurück. Alles andere ist abgeholzt. Im Norden, um
extensiven Viehzuchtfarmen und gewaltigen Palmölplantagen
Platz zu machen. Palmöl, in jedem dritten Supermarktprodukt
enthalten, ist das neue Gold. Auf den ersten hundert Kilometern nach der Grenze zu Mexiko erstrecken sich Palmölplantagen zu beiden Seiten der Straße, eine vorübergehende mono-
kulturelle Okkupation, denn nach 25 Jahren wird der Boden
ausgelaugt sein. Bis dahin wird Agrobusiness den Norden Gua-
temalas beherrschen. Viele Bauern haben ihr Land »freiwillig«
an die Palmölfirmen verkauft oder langfristig verpachtet. Das
Versprechen, im Gegenzug auf der Plantage Arbeit zu finden,
wird selten eingehalten; sie können nicht mehr ihr eigenes
Brennholz sammeln; es dauert nicht lange, bis die kleinen, ihnen noch verbleibenden Parzellen nicht mehr zur Selbstver-
sorgung ausreichen. Spätestens dann sind sie gezwungen, sich
auf den Weg zu machen. Die mächtige Firma Palmas de Ixcan
spendiert derweil Farbe, damit Schulhäuser bunt angestrichen
werden können. Das wirkt – weithin sichtbar – fröhlich.

Eine Oase des Aufbruchs

Das Zentrum der *Asociación Coordinadora Comunitaria de Servicios para la Salud* (ACCSS) ist ein kleines Idyll auf abschüssigem Gelände unweit von Playa Grande. Kaum tritt der Besucher durch das Tor, fällt er in eine andere Welt, umgibt ihn eine andere Atmosphäre. Das Areal ist grün, alle Schattierungen von Grün, wie ein barockes Gemälde tropischer Opulenz: eine Vielzahl von Bäumen; ein botanischer Garten; Pfeffer, Tee, Mango und Litschi; eine Pflanzenkläranlage und Heilpflanzen. Selbst das Dach ist begrünt, so kühlt es bei Hitze und schützt gegen Kälte.

Diese Oase haben Elizabeth und Humberto geschaffen, die früher beide im Widerstand gegen die Militärdiktatur aktiv waren, Humberto in der Hauptstadt, Elizabeth in der Gesundheitsversorgung auf dem Land, in den geheimen Dörfern, in denen sich indigene Gemeinden während des Bürgerkriegs vor den Militärs versteckt hielten, schon damals mit Unterstützung von medico, als Medikamente konspirativ und unter Gefahren ins Land geschmuggelt werden mussten.

Das Zentrum bildet junge Menschen zu Promotoren der Veränderung aus. Hier lernen sie, wie in Eigenregie das Trinkwasser verbessert, wie mit lokalen Ressourcen die Ernährung gesichert, die medizinische Versorgung gestärkt werden kann. In einer Werkstatt können sich Jugendliche aus den umliegenden Dörfern mit den Grundlagen verschiedener Berufe vertraut machen. Sie können Computerkurse belegen, erfahren, wie sich Gemeindearbeit organisieren lässt, und sich in Zahnhygiene und Zahnerhalt ausbilden lassen. Viele sind inzwischen zu qualifizierten Gesundheitspromotoren und Hebammen geworden.

Als wir ankommen, sitzen schon zwei Männer am langen

Versammlungstisch, Sebastian – von allen Xap genannt – und
Viviano, der gerade seinen Traum verwirklicht hat, Mediziner
zu werden. Viviano lebt in einem Dorf namens Zunil nahe
der Grenze zu Mexiko, das wie viele andere Dörfer von einem
Staudammprojekt bedroht ist. Insgesamt siebzehn verschiedene Dämme sollen in der Region entstehen. Die Folgen sind
bekannt: Die verfügbare Wassermenge wird geringer, die Quellen versiegen. 31 Gemeinden protestieren gegenwärtig, manche leisten Widerstand, weil sie in dem Planungsprozess nicht
berücksichtigt worden sind. Weil sie vertrieben werden sollen.

Der Schutz der Wasserquellen habe für sie höchste Priorität, meint Viviano, deswegen haben Dorfbewohner in Zunil
mit eigener Arbeitskraft sieben mechanische Brunnen, vier
Wassertanks und eine Abwasseraufbereitungsanlage gebaut.
»Nicht jeder wollte mitmachen. Manche hatten keine Lust.
Andere keine Zeit. Doch wir beharren darauf, dass jeder, der
einen Nutzen daraus ziehen will, mitgewirkt haben muss. Wir
haben hundert Familien im Dorf, 1300 Einwohner, die einen
stehen auf der Seite der Macht, das sind Opportunisten, die
ihre Stimme für ein T-Shirt verkaufen. Die den Projekten misstrauen. Die fragen egoistisch: Was nützt mir das? Die anderen,
das ist der größere Teil, denken und handeln gemeinschaftlich,
sozial. Transparenz ist uns genauso wichtig wie Freiwilligkeit,
wir wollen ein Beispiel setzen. Deswegen legen wir unseren
Umgang mit dem gesammelten Geld völlig offen, so gibt es
keine Möglichkeit der Korruption.«

Die Dorfautoritäten, die örtlichen Vertreter des Staats-
apparats, der Dorfrat, der Bürgermeister, sie alle lehnen solche
Graswurzelprojekte ab, die kein Geld einbringen und ihren
Einfluss schmälern. Für sie ist es bedrohlich, wenn andere
Aufgaben übernehmen, für die sie selber verantwortlich waren. Die Tätigkeit dörflicher Verwaltungsstrukturen und länd-
licher Gremien, überwiegend besetzt mit ungebildeten, älteren

Männern, erschöpft sich darin, Prioritäten zu formulieren und nach oben weiterzureichen, in der vagen Hoffnung, dass diese wahrgenommen und berücksichtigt werden. Sie bilden die unterste Stufe einer hierarchischen Struktur, die nichts Gemeinschaftliches vorsieht. Weiterhin herrschen autoritäre Mechanismen.

»Entwicklung gelingt meist nur gegen den Widerstand des Staates, nicht aufgrund seiner Hilfe und Förderung.«

Ein typisches Beispiel: Der Bürgermeister torpedierte Vivianos Plan, eine Brücke zu bauen, weil es dafür schon öffentliche Gelder gebe, die Brücke werde er errichten. Viviano zog sich daraufhin aus diesem Projekt zurück, doch es vergingen Jahre, der Bürgermeister machte keine Anstalten, die Brücke zu bauen, dafür wurden die Gerüchte über verschwundene Materialien immer lauter. Schließlich haben die engagierten Dörfler die Brücke selber gebaut, für 250 000 Quetzal, der Bürgermeister hingegen hatte behauptet, 500 000 Quetzal zu benötigen.

»Ähnlich war es bei unserer Schule. Die haben wir für wenig Geld errichtet. Völlig selbstorganisiert, mit Mitteln aus Frankreich. Und so sparsam gearbeitet, dass wir das vorhandene Geld statt für zwei für vier Räume nutzen konnten. Aber alles, was wir schaffen, braucht viel Beharrlichkeit und kostet einen enormen Kampf.«

Mit jeder weiteren Erzählung von Xap und Viviano wird erkennbar, wie vielfältig ihre Aufgaben als von ACCSS ausgebildete Gesundheitspromotoren sind. Sie leisten nicht nur eine medizinische Grundversorgung, sie bauen Strukturen auf, sie entwickeln gemeinschaftliche Visionen. Das gelingt nur, wenn bestehende Ungerechtigkeiten zur Sprache gebracht werden.

»Wir sind örtliche Führungskräfte.«

Die Gesundheits- und Bildungsprojekte von ACCSS wirken weit über ihre konkreten Ziele hinaus, sie setzen zivilgesellschaftliche Energien frei. Denn das ist eine Erfahrung, die alle an diesem Tisch Versammelten über Jahre hinweg gemacht haben: Es braucht jemanden, der das Neue anstößt, es braucht eine klare, mutige Stimme, die sich gegen die herrschende Trägheit und Ängstlichkeit wendet. Danach machen viele mit. All die Nutznießer, all die Mitläufer.

Später am Abend zieht Elizabeth Bilanz. Es habe in den Jahrzehnten nach dem Ende des Bürgerkriegs durchaus positive Veränderungen gegeben, vor allem sei das Selbstbewusstsein der Maya gewachsen, auch die Mitsprache von Frauen und Jugendlichen.»Sie sind sich ihrer Rechte klarer bewusst. Und die Kenntnis von Rechten birgt ein Potential für Widerstand. Vor dem Krieg gab es so gut wie keine indigenen Führer. Heute sind es viele, darunter auch Frauen, und sie wehren sich, an erster Stelle gegen Bergbauprojekte.«

An den staatlichen Strukturen habe sich leider nichts geändert.»Das Parlament besteht nur aus Parasiten. Eigentlich benötigen wir eine Neugründung des Staates, eine breit aufgestellte, repräsentative verfassungsgebende Versammlung, eine nationale zivilgesellschaftliche Bewegung.«

Zum Abschied gibt uns Elizabeth ein Halstuch, das sie für Flüchtlinge hat produzieren lassen, darauf alle wichtigen Informationen, Adressen, Warnungen, Hinweise, aus reißfestem Material, so dass die Flüchtlinge es auch als Tourniquet zum Abbinden von Blutungen benutzen können. Wer durch Playa Grande kommt, will meistens in den Norden, wir fahren weiter südwärts.

Wenn die Erde spricht

»Die Erde wird niemals sprechen«, lautete ein Spruch der Militärs in Guatemala. Sie haben sich getäuscht. Zwar weiß man immer noch nicht, ob die Armee Buch geführt hat über ihre

Opfer, denn sie hat sich trotz einer Anordnung des Präsidenten bislang geweigert, einschlägige Informationen herauszurücken, aber Forensiker haben auf dem Gelände der Militärzone 21, wo heute guatemaltekische Soldaten auf internationale UN-Einsätze vorbereitet werden, die Massengräber zum Sprechen gebracht. Auch wenn sie teilweise nur Kleiderfetzen und einzelne Knochen gefunden haben. Sie haben mit den Lebenden zusammengearbeitet, um das Schicksal der Toten zu erforschen. 186 Getötete konnten identifiziert werden. Die Erkenntnisse aus diesen Exhumierungen haben Gerichtsprozesse gegen die Verantwortlichen ermöglicht. Die Vergangenheitsaufarbeitung in Guatemala ist inzwischen anderen Ländern ein Vorbild.

Die Frauen des *Equipo de Estudios Comunitarios y Acción Psicosocial* (ECAP) in Cobán widmen ihre Arbeit dem destruktiven Nachleben der Vergangenheit, den Traumata der Hinterbliebenen. »Im Trauma«, sagt Elizabeth Pedraza, »wirkt die politische Gewalt der Vergangenheit fort. In den Dörfern herrscht weiterhin Angst, das Schicksal mancher Verschwundenen ist weiterhin nicht bekannt, es wird vielleicht nie aufgeklärt werden. Oft haben wir keinerlei Anhaltspunkte. Notwendig wäre ein nationales Register der *desaparecidos*.« Wörter wie dieses kommen im Gespräch mit Elizabeth Pedraza fast in jedem Satz vor, eine besondere Sprachkunde:

desaparecidos: Verschwundene

sobrevivientes: Überlebende

dolor: Schmerz

testimonio: Zeugnis.

»Wir gehen in die Gemeinschaften, wir reden mit den Menschen in ihrer eigenen Sprache, das ist sehr wichtig, wir bereiten die Angehörigen auf die Exhumierung vor und begleiten sie währenddessen. Unser Schwerpunkt ist die geistige Gesundheit der Überlebenden. Sie leben seit Jahren und Jahr-

zehnten in Schweigen, in Einsamkeit, sie kämpfen gegen die
Angst im Innern, sie kämpfen mit Scham- und Schuldgefüh-
len. Vor allem die Frauen. Wenn wir ihr Vertrauen gewonnen
haben, versuchen wir, ihre persönliche Leidensgeschichte in
einen größeren gesellschaftlichen Zusammenhang einzubet-
ten. Es geht darum, das Leiden zu entprivatisieren.«
»Wir müssen die Dorfstrukturen berücksichtigen, mit den
Ältesten reden. Dort leben ja auch Mitglieder der ehemaligen
Zivilpatrouillen, die Massaker verübt haben, es ist schwierig,
wenn Opfer und Täter Nachbarn sind. Manche Ehefrauen von
Verschwundenen sind Beziehungen mit den Tätern eingegan-
gen. Die Risse gehen mitten durch die Gemeinschaft. Oft hören wir von Drohungen gegen die Frauen. Wenn wir dort sind,
stellen sich die Männer manchmal zur Einschüchterung an die
Tür und wollen zuhören.«

Es sei wichtig, die Zeugen vor ihrer Gerichtsaussage psy-
chisch zu betreuen. Auch die Anwälte müssen wissen, wie
sie zu fragen haben, damit die Angehörigen über das Grauen
sprechen können. Zumal es ein Sprachproblem gibt. »Vor Gericht wird nur auf Spanisch verhandelt«, erklärt Yolanda, eine
der mehrsprachigen Promoterinnen von ECAP, »es gibt kein
Recht auf die eigene Sprache, das benachteiligt die Indigenen.
Die Zeugenaussagen werden meist von Männern, die vom Gericht bestellt werden, fehlerhaft übersetzt, vor allem sexuelle
Verbrechen werden umschrieben. Auf Spanisch lautete die
Aussage einer Frau: ›Meiner Mutter wurde die Luft abge-
schnitten, sie musste so viel bluten, sie ist aufgeplatzt‹. Diese
wortwörtliche Übersetzung verdeckte die eigentliche Aussage:
Ihre Mutter war vergewaltigt worden und ist an den Blutungen
gestorben.« Kein einziger Fall von sexueller Gewalt sei bisher
gerichtlich geahndet worden, denn »sexuelle Gewalt existiert
grundsätzlich nicht.«

Zwar stehen führende Militärs aktuell vor Gericht, aber sie

gehören weiterhin der Machtelite an. Keiner der Beschuldigten hat jemals die Verantwortung für die Verbrechen übernommen oder sich entschuldigt. Im Gegenteil: Es hagelt aggressive, hasserfüllte Attacken gegen all jene, die sich um Aufklärung bemühen, sie werden beschuldigt, »Kriegsgewinnler« zu sein. Zeuginnen werden als Prostituierte beschimpft, im Gerichtssaal sogar angeschrien.

»Menschenrechtsarbeit ist ohne psychosoziale Begleitung nicht möglich«, sagt Elizabeth, »weil der Prozess so vieles auslöst, das in den Menschen fortwirkt. Wir ermutigen sie in ihrer Trauerarbeit. Es gibt bei uns ein Sprichwort, das lautet: Es ist noch keiner an seinen Tränen ertrunken. Es geht langsam voran. Es ist ein langwieriger Weg.«

Schon in Cobán hatten wir von den Gegenangriffen der Täter und ihrer Unterstützer gehört. Die Oligarchie schlage zurück mit einer Kampagne gegen Vergangenheitsbewältigung. Aktive Befürworter dieses Prozesses werden aus dem Amt gedrängt und durch willfährige Marionetten ersetzt. Das nationale Programm zur Wiedergutmachung arbeite mit zunehmend kleineren Budgets. Prozesse werde verschleppt oder verhindert, etwa indem den Angeklagten Immunität gewährt wird oder übergeordnete »Staatsgeheimnisse« vorgeschoben werden.

»Die Vergangenheit ist ein politisches Schlachtfeld.«

Michael Mörth, seit vielen Jahren Mitarbeiter der Menschenrechtskanzlei (*Bufete de Derechos Humanos*), ist ein Deutscher, der seit langem in Guatemala lebt und in vielen verschiedenen Menschenrechtsorganisationen mitgearbeitet hat. Er hat einen wichtigen Anteil daran, dass 250 ehemalige Vertreter der Macht zu langen Haftstrafen verurteilt wurden. Das hat die Feinde der Vergangenheitsaufarbeitung in der Politik, in der Armee, in der Wirtschaft aufgescheucht. Im Parlament sind 120 der insgesamt 158 Abgeordneten zudem von Verfahren wegen Kor-

ruption und Machtmissbrauch bedroht. Die Elite, darunter die
acht Familien, die weiterhin das Land beherrschen, habe sich
gegen die freie Gerichtsbarkeit verschworen.

»Die strategische Frage zu Beginn unserer Arbeit lautete:
Mit welchen Verantwortlichen für die Massaker, den Völker-
mord an den Indigenen sollen wir anfangen? Mit den mittleren Rängen der Armee oder den politisch Verantwortlichen?
Die ersten großen Prozesse richteten sich gegen Paramilitärs
und Armeeoffiziere, um die Öffentlichkeit an unser Vorgehen
zu gewöhnen. Das war die Grundlage, das Fundament für die
späteren Prozesse gegen die Drahtzieher. Wir haben Freiräume
geschaffen, den Weg vorbereitet für eine weiter reichende juristische Aufarbeitung. Doch 2000 wurden alle Verfahren zu
Verbrechen aus der Vergangenheit gestoppt, wir haben dann
öffentlich erst einmal an technischen Fragen gearbeitet, an
einem Handbuch für Exhumierung, an der Ausbildung von
Staatsanwälten, an einem Zeugenschutzprogramm.«

Bis 2007 die *Comisión Internacional contra la Impunidad en
Guatemala* (CICIG), die Internationale Kommission gegen die
Straffreiheit in Guatemala, eine Körperschaft der UNO, ihre
Ermittlungen aufnehmen konnte.

»Wir mussten uns neu erfinden. Es lastete ein enormer
politischer Druck auf uns. Kaum jemand hat uns geholfen.
Wenn wir Geldströme nachverfolgen wollten, hat sich die
Zentralbank geweigert, uns die relevanten Dokumente auszu-
händigen. Heute verfügen wir über die nötigen Instrumente.
Die internationale Anbindung war Garant einer gewissen
Unabhängigkeit, aber genauso wichtig war es, die Prozesse
in Guatemala zu führen. Urteile internationaler Gerichtshöfe
werden im Land der Verurteilten selten respektiert, sie ändern
intern nichts. Zu Beginn stammten 90 Prozent der Fachkräfte
aus dem Ausland, inzwischen machen Guatemalteken die
Hälfte aus. Die Arbeit hat also einen doppelten Effekt gehabt:

Die juristischen Institutionen wurden gestärkt und gute Fachleute ausgebildet. Es ging uns darum, die Justiz zu nutzen, um die Demokratisierung des Landes voranzutreiben. Doch das könnte sich als Sackgasse erweisen, weil der Justiz zu viel aufgebürdet wird. Es kann langfristig nicht funktionieren, wenn sich die Justiz gegen die herrschende Politik auflehnen muss.«

Die Kenntnis des Archivmaterials sei absolut notwendig gewesen, die dort gewonnenen Informationen hätten entscheidend die Anklagen gestärkt, erklärte Michael Mörth und meinte damit vor allem ein bestimmtes Archiv, das *Archivo Histórico de la Policia Nacional* (AHPN). Es fällt einem schwer zu glauben, dass ein Polizeiarchiv zufällig entdeckt werden kann. Im Jahre 2005, genauer gesagt am 5. Juli, habe ein Historiker auf einem kaum noch genutzten Gelände in der Ciudad de Guatemala zufällig durch ein Fenster geblickt, haufenweise verstreute Dokumente gesehen, er sei in das Gebäude hineingegangen und habe – zu seinem Erstaunen – das angeblich nicht mehr existente Polizeiarchiv entdeckt, in einem völlig chaotischen Zustand. Um das Archiv herum befand sich ein Schrottplatz der Polizei, auf dem die Autos so hoch aufgetürmt waren, dass sie das Gebäude verdeckten. Bürger besetzten das Archiv: 80 Millionen Dokumente! Wasserschäden, dunkle, feuchte, rattenverseuchte Räume. Tausende Insekten und Fledermäuse.

Es erwies sich als leichter, den Augias-Stall auszumisten, als ihn in Ordnung zu bringen. Die systematische Aufarbeitung begann, mit Schweizer Hilfe, später mit Unterstützung einiger US-amerikanischer und anderer internationaler Spezialisten. Die Dokumente mussten physisch gerettet, wenn nötig gereinigt oder wiederhergestellt werden. Nur wenige waren endgültig verloren. Dann wurden sie den jeweiligen internen Abteilungen zugeordnet und in ein archivarisches System überführt. Eine gewaltige Aufgabe. In einem letzten Schritt, der noch nicht abgeschlossen ist, werden sie nun digitalisiert und in Echtzeit an den Server überspielt. Eine Sicherheitskopie wird an der University of Texas, eine weitere in der Schweiz aufbewahrt. Inzwischen sind schon 21 Millionen Dokumente öffentlich zugänglich.

Es ist wichtig, das Archiv in seiner Gesamtheit zu erhalten, weil niemand abschätzen kann, was der Aufklärung eines staatlichen Verbrechens dienlich sein könnte. Auch in Guatemala arbeiteten die Bürokraten akribisch und pedantisch. Jede Fahrt wurde notiert, jede Quittung abgelegt. Wenn also ein Zeuge ein Nummernschild notiert hat, kann man Jahre später nachvollziehen, wer damals den Wagen gefahren hat – ein Beweis vor Gericht.

»Die Verantwortlichen glaubten«, sagt ein Mitarbeiter des Archivs, »sie hätten nichts zu befürchten. Sie dachten: Wir werden stets an der Macht sein, die Justiz kann uns nichts anhaben. Ihrer Arroganz verdanken wir dieses Archiv. Doch sie haben sich getäuscht. Erst neulich gab es wieder eine Verurteilung, insgesamt zu 160 Jahren Gefängnis, für den Mord an mehreren Studentenführern, für das Massaker an der spanischen Botschaft (*1980 hatten Bauern unter Duldung des Botschafters das Haus friedlich besetzt*). Die Beweise fanden sich in den Akten hier.«

So wichtig die Arbeit in diesem Archiv ist, so sehr ist sie unterfinanziert. Da der guatemaltekische Staat nichts zahlt – weder der Apparat noch die Eliten haben ein Interesse an der Aufarbeitung der Vergangenheit – hängen die Mitarbeiter von der Solidarität privater Unterstützer sowie von Zuwendungen ausländischer Regierungen ab. Die institutionelle Förderung ist rückläufig und kann von Stiftungen und NGOs nicht ausgeglichen werden. Das Polizeiarchiv in Guatemala-Stadt macht die Blindstellen der gegenwärtigen Hilfe deutlich. Die langwierige Geduldsarbeit mit verstaubten Dokumenten ist weder attraktiv noch sind die positiven Folgen zu beziffern. NGOs, die öffentlichkeitswirksam agieren müssen, meiden solche »Baustellen«, erst recht, wenn sie politisch umstritten sind. Und doch ist der gesamtgesellschaftliche Nutzen von existentieller Bedeutung. Während einige Dutzend Menschen diese Bastion der Aufklärung auf dem Schlachtfeld der Vergangenheit errichten, fällt es dem Archiv schwer, die Stromrechnung und ihre Gehälter zu zahlen.

Die Zukunft ist sichtbar. Nicaragua

In Südmexiko hat sich der Aufstand der Indigenen in alltäglichen Widerstand verwandelt. In Guatemala sind Dutzende von Militärs und Politiker verurteilt worden, aber das Land ist weiterhin in der Hand von acht Familien. In El Salvador ist die ehemalige Guerilla an der Regierung, aber ziemlich machtlos, und in Nicaragua kam die Revolution zwar an die Macht, doch machen inzwischen der Präsident Daniel Ortega und seine esoterische Gattin mit dem Land, was sie wollen. Die sozioökonomischen Bedingungen sind überall in Mittelamerika ähnlich, die politischen Strukturen sehr unterschiedlich.

Wenn ein Dorf eine Ausstellung zur eigenen Geschichte aufhängt, und sei es an lehmigen Wänden, dann hat es etwas Ungewöhnliches zu erzählen. In den meisten Dörfern blieben die Wände blank. In El Tanque, unweit der Provinzhauptstadt León im Westen Nicaraguas gelegen, sind die Wände bedeckt mit leicht verblichenen Fotos und Zeitungsausschnitten. Auf einem der Bilder ist die Hauptstraße des Dorfes zu sehen, aber kein einziger Baum, nicht einmal ein Grasbüschel. Nur lauter neu errichtete Häuser inmitten weiter Öde. Auf einem anderen Foto ist Geröll zu erkennen, ein Vulkan im Hintergrund, Menschen mit Schaufeln – ohne Erklärung wäre die vorausgegangene Katastrophe nicht verständlich: Ein durch einen Hurrikan ausgelöster Erdrutsch hatte 1998 das Dorf Rolando Rodriquez sowie einige andere am Hang des Volcán Casitas unter sich begraben und 2500 Menschen das Leben gekostet. Die Überlebenden verloren dabei alles. Sie wären höchstwahrscheinlich völlig verelendet, wenn sie nicht brachliegendes Land, eine ehemalige Hazienda, besetzt hätten. Seitdem sind zwanzig Jahre vergangen; längst haben die Autoritäten nachgegeben und den Besetzern das Land übereignet.

»Hier existierte nichts außer dem trockenen Boden. Wir mussten alles anpflanzen, alles, was ihr heute seht.«

Seitdem leben sie hier, beackern das Land, aus Setzlingen sind Bäume und Sträucher geworden, manches liegt im Argen, aber im Vergleich zu anderen Dörfern wirkt dieses wie eine staubige Oase. Die Erdnüsse sind schon abgeerntet, die Erde daher trocken, der Wind bläst den Sand auf und weht ihn durch das Dorf.

Auffällig ist, dass jedes der Häuser inmitten eines viel größeren Grundstücks steht, den Familien somit genug Land bleibt, um einen Garten anzulegen, einige Tiere zu halten. Sie sind zumeist Selbstversorger, die nur Bohnen, Reis, Zucker, Öl und Essig einkaufen müssen. Die großzügig angelegten Häuser und der Platz um sie herum erlauben eine seltene Intimsphäre, im Gegensatz zu anderen, am Reißbrett entwickelten Neudörfern, wo die Häuser Wand an Wand stehen.

Das organisatorische Rückgrat von El Tanque bildet eine Produktionsgenossenschaft, die verschiedene Komitees unterhält, zuständig für Dorfentwicklung, Erwachsenenbildung, Kreditvergabe und für die Frage, wie die Flächen, die im Gemeineigentum liegen, bewirtschaftet werden. Diese landwirtschaftliche Kooperative, an der die meisten Dorfbewohner beteiligt sind (die Aktiven waren früher schon Kleinbauern und haben daher eine andere Mentalität, eine andere Beziehung zum Land, als die *jornaleros*, die Tagelöhner), hat sich auf Erdnüsse spezialisiert. Erdnusspflanzen benötigen viel Aufmerksamkeit – »wie kleine Kinder, die man hegen muss« –, dafür ist die Ernte mechanisiert. In einer Ecke des Lagerraums lehnen ungenutzte Solarpaneele an der Wand; früher wurden sie verwendet, um Wasser hochzupumpen, jetzt gibt es einen Anschluss an die öffentliche Wasserversorgung. Der Kindergarten ist verfallen, das eingestürzte Palmdach müsste erneuert werden, Materialien müssten eingekauft und Handwerker von außen bestellt werden.

Der Verfall einzelner Dorfeinrichtungen belegt eine grundsätzliche Schwierigkeit bei derartigen Projekten: ihre Erhaltung über längere Zeit hinweg, wenn sich die Umstände verändern und personell neu zusammengesetzte Komitees andere Prioritäten setzen. Der jetzigen Kooperative ist weniger an gepflegten Gebäuden und anderen Äußerlichkeiten gelegen als an wirtschaftlicher Absicherung. Bunt angemalte Schulgebäude, wie sie die Palmölplantagen in Guatemala den Dörfern schenken, bedeuten ihnen nichts, viel mehr hingegen die gute Ausbildung ihrer Kinder. Und die Kooperative wirtschaftet gut: Sie hat sich ökonomisch behaupten können. Ihr Land ist inzwischen wegen der heranrückenden Zuckerrohrplantagen einiges wert, zumal der eigene Boden nicht durch Monokulturen ausgelaugt ist. Immer wieder erhalten die Bewohner von El Tanque Angebote seitens der Agrarindustrie. Es hat sich als richtig erwiesen, dass damals beschlossen wurde, kein Dorfmitglied dürfe sein Land an Außenstehende verkaufen.

»Die Unterstützung, die wir anfänglich von medico bekommen haben, hat uns entscheidend geholfen«, sagen die Vertreter der Kooperative, während wir auf dem Dorfplatz im Baumschatten Ananassaft trinken, »aber inzwischen stehen wir auf eigenen Beinen. Wir haben unseren eigenen Kopf durchgesetzt.« Diese Unabhängigkeit ist ein Erfolg. Dennoch sind Risse in der Gemeinschaft nicht zu übersehen. Den 700 Bewohnern stehen fünf Kirchen zur Verfügung, Folge einer sektiererischen Zersplitterung, die mit dem Bau einer baptistischen Kirche im Dorfzentrum begann, die nicht von anderen Glaubensgemeinschaften genutzt werden durfte.

Die weitere Dorfentwicklung wird gestört durch den Konflikt zwischen der Kooperative und dem »Volkskomitee«, einer von Daniel Ortega nach seiner zweiten Machtübernahme eingeführten Institution, ein Versuch der sandinistischen Partei, alle gemeinschaftlichen Mittel in den Dörfern zu kontrollieren, in diesem Fall vor allem den Kreditfonds der Kooperative. Die Volkskomitees unterstehen seiner Ehefrau, Rosario Murillo. Während unseres Besuches wachte die Frau des örtlichen Parteivertreters argwöhnisch den ganzen Tag lang über unsere Aktivitäten, saß wie erstarrt dabei, wich uns nicht von der Seite, eine etwas trübe Präsenz, von den anderen selten ins Gespräch eingebunden. Die meisten im Dorf wählen die Sandinistas, die wenigsten sind Parteimitglieder. Nur an dem Tag, an dem sie des Erdrutsches gedenken, kommen alle zusammen, die Erinnerung ist der einzig verbliebene Kitt.

Nicht alle Dorfbewohner prosperieren. Jene, die ihr Land an die Kooperative oder an ihre Nachbarn verkauft haben, etwa jeder Fünfte, sind ärmer. Sie finden Arbeit als Tagelöhner, als Bauarbeiter oder in den Maquila-Fabriken, wo ausschließlich für den Export produziert wird. Wieso haben sie verkauft? »Weil sie keinen Gedanken auf die Zukunft verschwenden«, sagt der Sekretär der Kooperative. »Sie haben sich dafür Konsumartikel wie Haushaltsgeräte gekauft. Sie mussten diese oft wieder verkaufen, weil sie Geld brauchten.«

Die Kinder der Kleinbauern haben alle eine Ausbildung erhalten: Sie sind Krankenschwestern, Agrartechniker, eine ist sogar Ärztin geworden. Viele sind weggezogen. Einer der Bauern erzählt von seinen drei Kindern, sie arbeiten in Mexiko, Miami und El Salvador. Andere sind saisonale Arbeiter, die zur Erntezeit nach Costa Rica ziehen.

Das Anliegen des Projekts ist zweifellos erreicht worden: nicht nur die Wiederherstellung der vom Erdrutsch begrabenen Lebensgrundlage, sondern eine substantielle Verbesserung der Verhältnisse. All das erinnert an das pakistanische Dorf Mehranpur. »Wir sind heute viel weiter, als wir es vor dem Erdrutsch waren.«

Auffällig ist, dass die Kleinbauern von El Tanque eine klare Vorstellung der Zukunft formulieren können, was nur jenen gelingt, wie wir auf unseren Reisen erfahren haben, die eine konkrete Hoffnung in sich tragen, allen anderen ist die Zukunft abhandengekommen. Sie wollen eine ganzjährige Produktion aufbauen, die Ernten über das ganze Jahr verteilen, um regelmäßigere Einkünfte zu erzielen. Sie wollen mehr Bananen, Papayas und Ananas anpflanzen, verbesserte Technologien beim Erdnussanbau einsetzen, die Tropfenbewässerung ausweiten. Und einen langfristigen Liefervertrag mit einer Supermarktkette vereinbaren.

Im Umkreis von El Tanque ist zu erkennen, wie unterschiedlich die Kleinbauern das Land nutzen im Vergleich zu den benachbarten agrarindustriellen Großbetrieben, die Zuckerrohr anbauen. Während dort eine reine Monokultur herrscht, wird hier eine vielfältige Nutzung des Bodens gepflegt. Ein jeder beackert nach eigenem Gutdünken sein kleines Privatland, nutzt alles, was wächst, selbst die Früchte von Büschen oder die Blätter von Bäumen. Das ist die humanere, ökologischere und auf längere Sicht fruchtbarere Alternative, dagegen spricht nur der Mythos von der einzig möglichen Ernährungssicherheit durch die Agroindustrie.

Neue Räume des Widerstands

Managua ist erblüht, mit künstlichen Bäumen. In den vielen Farben der Illusion leuchten sie nachts wie tropische Weihnachtsbäume, bewacht von einem Wärter in seinem kleinen Häuschen. Die künstlichen Bäume dominieren die Alleen und Kreuzungen der Stadt. Sie sind das liebste Steckenpferd von Rosario Murillo, ein metallener Ausdruck des Machtwillens, Realität nach eigenen Phantasmagorien zu schaffen. In der NGO Popol Na wehren sich eine Mutter und ihre Tochter gegen diesen Wahn. »In den 90er Jahren hat sich die FSLN von den Idealen der Revolution entfernt. Daniel Ortega hatte nur noch die eigene Macht im Auge, die Privatinteressen seiner Familie.« Monica Baltodano war einst eine Guerillera, eine sandinistische Kommandantin und Abgeordnete der FSLN, ihre gleichnamige Tochter hat Rechtswissenschaften in Spanien und den USA studiert und leitet inzwischen die Organisation Popol Na.

»Heute führen wir vor allem einen Umweltkampf. Leisten Widerstand gegen Projekte des neoliberalen Kapitals. Der Staat hat seine sozialen Funktionen völlig aufgegeben. Sogar das Wasser ist privatisiert worden.«

Die Wirtschaft Nicaraguas ist insgesamt stark privatisiert, zu etwa 95 Prozent, mehr als in jedem anderen lateinamerikanischen Land. An der Wand hängt ein Plan des gewaltigen Kanals zwischen Atlantik und Pazifik, der momentan aufgrund von Finanzierungsschwierigkeiten der chinesischen Investoren auf Eis liegt. Schon der Plan hat die Bodenspekulation angeheizt. Entlang der geplanten Kanalführung sind die Preise für Grundstücke explodiert, wurden Flächen requiriert und Besitzer enteignet. 2017 spitzte sich der Kampf der von Vertreibung bedrohten Bauern gegen das Projekt zu.

Ortega behauptet, die Revolution sei in eine zweite Phase getreten. Damit kann er nur die Phase der Repression meinen. Organisationen, die sich für Transparenz und Demokratisierung einsetzen, werden unterdrückt, durch plumpe Einschüchterung bekämpft, indem etwa Polizisten in ihre Büros eindringen und Dokumente sowie Computer konfiszieren, wie auch durch subtilere Mittel, durch gesetzliche Drangsalierung bei der Finanzierung, durch Druck auf ausländische Geldgeber und Institutionen, selbst auf das Entwicklungsprogramm der Vereinten Nationen (UNDP).

»Unser Alltag besteht aus Schikanen. Behörden verweigern uns ohne Erklärung notwendige Unterschriften, unsere Aktivisten werden diffamiert. Wir erleben einen Angriff auf breiter Front gegen jegliche Autonomie, lokale wie regionale, an den Universitäten oder bei der Arbeit der NGOs. Unsere Handlungsspielräume werden immer weiter eingeschränkt.«

Was Popol Na erlebt, erfahren NGOs in vielen Ländern der Welt. Die meisten Aktivisten, denen wir auf unseren Reisen begegnet sind, haben von ähnlichen Mechanismen der Unterdrückung erzählt. Was für Strategien gibt es dagegen?

»Zivilgesellschaftlicher Widerstand ist unsere einzige Möglichkeit. Die Medien werden entweder von der Ortega-Familie kontrolliert oder dienen dem Großkapital. Wir müssen eng mit den lokalen Bewegungen, die für Landrechte kämpfen, zusammenarbeiten. Das Kanalprojekt war eine Gelegenheit, unsere Position zu stärken, denn der Widerstand ist seit vier, fünf Jahren angewachsen, es war möglich, eine gemeinsame Agenda aller Gruppen (*eine große Koalition von 70 Organisationen*) zu formulieren, gegen die Versuche der Politik, uns zu spalten. So entstand die größte soziale Bewegung seit fünfzehn Jahren. Die gemeinsame Plattform muss weithin sichtbar und glaubwürdig sein. Manchmal sind Struktur und Energie wichtiger als die Themen. Auch ist es wichtig, internationalen Druck zu erzeugen. Wir haben zum Beispiel Sanktionen gegen führende Oligarchen gefordert, das hat viel Resonanz gefunden. Auf einmal tauchten jede Menge US-amerikanische Hilfsorganisationen auf, sie gaben sich geradezu die Klinke in die Hand. Sie wollten uns mit viel Geld füttern. Sie haben uns Visa und Reisen in die USA angeboten. Zuerst kommt das Geld, dann die Einflussnahme. Wer annimmt, verliert seine Authentizität, unter den *Campesinos* heißt es dann, er habe sich an das Kapital verkauft.

Es braucht eine starke Organisation, und die kann nur entstehen durch das Zusammenwirken von NGOs mit den Gemeinden und Dörfern, durch Teilhabe und Basisdemokratie auf allen Ebenen. Zehn Anführer lassen sich leicht bestechen, nicht aber die gesamte Bevölkerung. Denn das ist die große Frage: Wie können soziale Bewegungen der Korruption widerstehen? Auch Widerstand kann vereinnahmt werden. Das haben wir schon erlebt.«

Es geht auch anders

> Seitdem man weiß, dass die Erde rund ist, die Güter also knapp sind, drängt es sich auf, das Problem des Helfens im Weltmaßstab neu zu definieren als Problem der Verteilung.
>
> *Niklas Luhmann, Formen des Helfens*

> Wenn die Reichen sich um die Angelegenheiten der Armen kümmern, so ist das Wohltätigkeit; wenn sich aber die Armen um die Angelegenheit der Reichen kümmern, dann ist das Anarchie.
>
> *Herbert Müller-Guttenbrunn*

Die Alternative ist stets das Negativ zur Gegenwart. Was heute misslingt, kann morgen verbessert werden. Doch gilt dieser Grundsatz nicht immer und erst recht nicht in allen gesellschaftlichen Bereichen. Was bei der Entwicklung einer Software oder App selbstverständlich ist – die Vielzahl an Updates belegt es –, ist im sozialpolitischen und wirtschaftlichen Rahmen geradezu undenkbar. Aus Missständen folgt keineswegs ihre rational überlegte und demokratisch verhandelte Überwindung, sondern zumeist nur eine Überproduktion an Erklärungen, Rechtfertigungen und Entschuldigungen, wieso eine Lösung zwar grundsätzlich erstrebenswert wäre, aber angesichts der Sachzwänge leider nicht verwirklicht werden könne.

Auch unsere vermeintlich technokratisch-mathematisch nüchterne Gegenwart ist durchzogen von ideologischen Konstrukten, die auf haltlosen, aber oft tief verinnerlichten Annahmen beruhen: Konkurrenz ist besser als Kooperation, groß besser als klein, Konzentration besser als Verteilung, Privateigentum besser als Allmende, Kontrolle besser als Vertrauen, Belohnen und Bestrafen besser als Loben und Beschämen. Daraus entsteht eine »fake reality« mit Spiegelsälen, in denen sich Behauptungen als Tatsachen unendlich oft vervielfältigen.

Ein Schriftsteller kann eine Welt erschaffen, in der alternative Prinzipien gelten, ein Aktivist muss im Hier und Jetzt mühsam kämpfen, um eine Nische zu erobern oder zu verteidigen, in der das Andere aufscheint. Die in diesem Buch beschriebenen Projekte sind einige wenige von weltweit vielen, die diese Ideologie hinterfragen und Alternativen verwirklichen. Sie werden motiviert von der existentiellen Notwendigkeit, Lösungen zu finden in einer scheinbar ausweglosen Situation. Wer also heutzutage behauptet, es gäbe keine Alternativen, der hat Augen und Ohren verschlossen, der könnte genauso überzeugend darauf beharren, die Erde sei flach.

Es existieren mehr Alternativen als die meisten von uns wahrnehmen: In der brasilianischen Stadt Porto Alegre etwa wird über die öffentlichen Ausgaben unter maßgeblicher Mitwirkung der Einwohner entschieden. Offene Bürgerversammlungen bestimmen Prioritäten, die in Delegiertenforen zu konkreten Vorschlägen ausgearbeitet und schließlich von einem Bürgerhaushaltsrat mit der Stadtverwaltung abgestimmt werden. In der andalusischen Kleinstadt Marinaleda stellt die Gemeinde das Land und die Baumaterialien zur Verfügung, die Einwohner helfen sich gegenseitig beim Bau neuer Wohnungen, die Miete schließlich beträgt 15 Euro – nicht pro Quadratmeter, sondern für die ganze Wohnung. In Irland wurde die Verfassungsänderung, mit der gleichgeschlechtliche Ehen ermöglicht werden sollten, durch ein Gremium vorbereitet, in dem durch Losverfahren ausgewählte Bürger und Bürgerinnen

monatelang mit Politikern zusammensaßen und eifrig disku-
tierten. Im kenianischen Machakos haben Kleinbauern ein
kleines Agrarwunder geschaffen. Und in dem kurdischen Gebiet Rojava im Norden Syriens entsteht inmitten von Krieg und
umzingelt von Feinden ein selbstbestimmtes, pluriethnisches
Gemeinwesen, getragen von basisdemokratischen Prinzipien,
das den Frauen eine in dieser Region ansonsten undenkbare
Gleichberechtigung einräumt.

Wieso sind solche Alternativen kaum sichtbar, wieso wäh-
nen sich so viele Menschen der Apokalypse näher als einer »guten Welt« oder einem »richtigen Leben«? Weil Ideologie nicht
nur das Herrschende als richtig und unersetzlich postuliert,
sondern die Alternativen diskreditiert und dämonisiert. Ge-
wagte Ideen, sofern sie auf eine solidarische Welt zielen, werden meist als naiv oder weltfremd beschimpft. Die bestehenden
Verhältnisse haben den unermesslichen Vorteil der Faktizität,
Kraft ihrer Existenz übertrumpfen sie alle erträumten und
imaginierten Welten. Die verschmutzte Luft »funktioniert«,
wir haben uns an sie gewöhnt, die saubere Luft, die wir uns
wünschen, ist hingegen eine Fata Morgana. Die herrschenden
Verhältnisse gelten als gelungen, die Alternativen als un-gelun-
gen, weil sie erst noch sein werden. Deswegen ist die Klimaka-
tastrophe plausibler als die Umgestaltung unserer Wirtschaft
auf wirklich nachhaltige Energiegewinnung und Produktion.

Wenn die Dämonisierung nicht wirkt, wird die Alternative
mit brutaleren Mitteln bekämpft. Überall auf der Welt haben
wir erfahren, wie der Staat, die Wirtschaft, das Militär und die
Mafia die verschiedenen Formen von widerständiger Autonomie, und mögen sie auch nur von lokaler Bedeutung sein,
massiv und manchmal gewalttätig unterdrücken. In Friedens-
zeiten, aber auch in Zeiten von Krieg, in denen mühsam ver-
teidigte Alternativen nicht nur akuten Schutz, sondern oftmals
die einzige Hoffnung auf einen Ausweg markieren.

Rojava wird von allen Seiten angegriffen, von der syrischen, der türkischen Armee (mit deutschen Waffen) sowie dem IS. In Marinaleda, wo die Bewohner kommunales Land über viele Jahre erkämpft haben und die selbstangebauten Paprika in selbstverwalteten Fabriken konservieren, wird die Gemeinde von der andalusischen Regierung seit langem mit Auflagen drangsaliert, damit sie sich marktwirtschaftlich eingliedert. In Chiapas sind die Zapatistas weder vor der Armee noch vor der Mafia und auch nicht vor US-amerikanischen Philanthropen sicher. Dem globalisierten, neoliberalen Kapitalismus ist die Durchdringung jeder Nische ein inhärentes Bedürfnis. Alternativen werden nicht gewährt; sie müssen erkämpft und gegen permanente Anfeindungen verteidigt werden.

Radikaler Reformismus

Allen Alternativen ist gemein, dass sie nicht nur die bestehenden Machtstrukturen, sondern die gesellschaftlichen Verhältnisse insgesamt umwälzen wollen. Es muss sich einiges ändern, wenn die Menschenwürde für alle gelten soll: das Verhältnis zur Natur, die Beziehungen zwischen den Geschlechtern, die ethischen Prioritäten, die Aufteilung gesellschaftlich notwendiger Arbeit, die Konsumgewohnheiten, mit anderen Worten unsere gesamte Lebensweise. Wenn das nicht gelingt, bilden sich erneut Herrschaftsverhältnisse und neue Formen von Unterdrückung heraus, wie einst in den Ländern des Warschauer Pakts und heute in Ländern wie Äthiopien, Zimbabwe, China oder zuletzt Venezuela.

Nur die beteiligten Menschen können wirkliche Veränderungen durchsetzen, im alltäglichen Leben, angeregt und begleitet von sozialen Bewegungen, die gemeinsame Lernprozesse in Gang setzen. Der globalen Umweltbewegung ist dies in (bescheidenen) Ansätzen gelungen. Ohne das öffentliche Drängen auf den Schutz von Mensch und Umwelt wäre es in Deutschland nicht zur Abschaltung von Atomkraftwerken gekommen. Nachhaltige Veränderungen erfordern Zeit, immer wieder kann es zu Rückschlägen kommen.

Statt die Staatsmacht zu erobern, bedarf es einer praktischen Revolutionierung der Gesellschaft, eines »radikalen Reformismus«, so der Frankfurter Politikwissenschaftler Joachim Hirsch. »Reform«, weil es nicht im traditionellen Sinne um Machtergreifung geht, »radikal«, weil das Ziel die Umwälzung jener gesellschaftlichen Beziehungen ist, die Macht und Herrschaft hervorbringen.

Eine solidarische Lebensweise verträgt sich nicht mit Ausbeutung und ökologischer Zerstörung. Ihre Entwicklung gelingt nur außerhalb staatlicher Strukturen. Hierzu bedarf es öffentlicher Räume, in denen Erfahrungen unabhängig von Macht und Herrschaft ausgetauscht und neue Orientierungen gestiftet werden können – in Nachbarschaften und Freundeskreisen, in Bürger- und kommunalen Initiativen, im Austausch mit Arbeitskolleginnen, überall dort, wo sich erste Korrekturen an der eigenen Lebensweise erproben lassen. Es kann mit einem konkreten und klar umrissenen Ansatz beginnen, mit dem Verzicht auf Automobilität oder übermäßigen Fleischkonsum etwa. Doch das Ziel geht weit über die unmittelbare Verhaltensänderung hinaus. Es geht um eine Umwandlung des herrschenden Realitätsprinzips, um die Abkehr von Maßgaben wie Verwertbarkeit, Sicherheit oder Konkurrenz. Ohne einen Bruch mit solchen Prinzipien wird die globale Verwirklichung menschenwürdiger Lebensbedingungen nicht gelingen.

Wir haben auf unseren Reisen gehört und gesehen, wie in den Ländern des Südens die Begegnungen von Menschen zum Ausgangspunkt von Veränderungen werden. Die Angehörigen verschwundener Flüchtlinge, die im Austausch mit anderen erfahren, dass sie in ihrem Leid nicht alleine sind. Die jungen Guatemalteken, die im Ausbildungszentrum von Playa Grande zusammenkommen, um sich mit Gemeindeentwicklung zu beschäftigen. Die Dörfler in Pakistan, die aus der Kollektivität die Kraft schöpfen, ihren Alltag zu verbessern und sich für gewerkschaftliche Rechte stark zu machen. Der Zusammenschluss von zivilgesellschaftlichen Gruppen in Sierra Leone, die gemeinsam ein *Citizen's Manifest* erarbeitet haben, in dem sie ihre Prioritäten für eine Demokratisierung der Verhältnisse festlegen.

Relevant wird das Politische im privaten Verhalten dann, wenn es über das Individuelle hinaus zu einer gesellschaftlichen Kraft wird, die weitere Menschen überzeugt und schließlich die Voraussetzung dafür schafft, dass errungene Positionen in neuen gesellschaftlichen Übereinkünften festgeschrieben werden können.

Das ist kein einfacher Prozess. Die Erfahrungen der globalen Umweltbewegungen zeigen, dass sich dabei auch autoritäre, mitunter höchst elitäre Vorschläge einschleichen können: Wenn beispielsweise aus der Begrenztheit der Ressourcen repressive Maßnahmen gegen eine vermeintliche Überbevölkerung angemahnt werden. Wenn nicht mehr die Kapitalverhältnisse, sondern der Mensch an sich für die voranschreitende ökologische Zerstörung verantwortlich sein soll und deshalb von einem »Anthropozän« (genauer wäre eigentlich »Kapitalozän«) geredet wird. Wenn den einzelnen Menschen vorgeschrieben werden soll, wie sie sich zu verhalten haben, ohne den jeweiligen gesellschaftlichen Kontext in Betracht zu ziehen.

Wir können unsere imperiale Lebensweise nur überwinden, wenn wir nicht mehr im Konsum fetischisierter Waren eine Entschädigung für ein entfremdetes Leben suchen, wenn SUVs und andere motorisierte Wagenburgen nicht mehr als Statussymbole betrachtet werden und das Prinzip der Konkurrenz nicht mehr übermächtig herrscht. Vor allem müssen die Pro-

duktionsbedingungen so verändert werden, dass auch Textilarbeiterinnen in Karachi und die Einwohner von Koidu City in
den Genuss sozialer Rechte kommen. Wären alle Betroffenen
an den Entscheidungen beteiligt, sie würden einer auf exorbitante Gewinne ausgerichteten zerstörerischen Produktion
beziehungsweise Extraktion einen Riegel vorschieben.

Solange ein eklatantes Armutsgefälle herrscht, muss eine
solidarische Lebensweise auf Ausgleich drängen. Dank einer
Vielzahl von Studien wissen wir, dass soziale Ungerechtigkeit
die gesamte Gesellschaft unglücklich macht. »Armut ist ein
großer Feind des menschlichen Glücks, sie zerstört die Freiheit, und sie macht einige Tugenden unpraktikabel und andere
extrem schwierig«, schrieb der britische Essayist Samuel Johnson schon 1782. Einkommensungleichheit macht auch jene
weniger glücklich, die relativ wohlhabend sind. In einer Studie
der Wissenschaftler Jan-Emmanuel De Neve und Nattavudh
Powdthavee (»Income Inequality Makes Whole Countries
Less Happy«) wird anhand von Daten aus der *Gallup World
Poll* und dem *World Top Incomes Database* aufgezeigt, dass
mit wachsender Vermögenskonzentration zunehmend mehr
Menschen von geringerer Lebenszufriedenheit und negativen
emotionalen Alltagserlebnissen berichten. Je höher der Anteil
des Volkseinkommens in den Händen des oberen Ein-Prozent,
desto geringer das allgemeine Wohlbefinden der Bevölkerung.
2010 haben der Psychologe Daniel Kahneman und der Wirt-
schaftswissenschaftler Angus Deaton, beide Wirtschaftsnobelpreisträger, berechnet, dass das individuelle Glück bei einem
Einkommen von 75 000 Dollar im Jahr seinen Höhepunkt erreicht und danach stagniert. Zudem reagiert das emotionale
Wohlbefinden empfindlich auf die Art und Weise, wie Menschen ihre Zeit verbringen, ob mit Fürsorge für ihre Nächsten
oder mit stundenlangem Pendeln.

Nachhaltige Umverteilung müsste dort beginnen, wo Ungleichheit entsteht, an ihrem Ursprung. Vorschläge, wie die der Schweizer »1:12 Initiative« weisen in die richtige Richtung. Das höchste in einem Betrieb gezahlte Gehalt soll nicht mehr als das Zwölffache des niedrigsten betragen. In Österreich beträgt gegenwärtig die Spreizung zwischen dem Mindest- und dem Höchsteinkommen 1:800, in Deutschland 1:5000, und in den USA verdienen einige das 350 000-fache des dortigen gesetzlichen Mindestlohnes. In genossenschaftlichen Gemeinwohl-Ökonomien liegt die Gehaltsspreizung in der Regel zwischen 1:2 und 1:5. Das Ziel muss lauten, intensiver zu leben, aber nicht mehr auf Kosten anderer. Ökonomen nennen so etwas eine »winwin-Situation«. Befreit von der anästhesierenden Wirkung eines exzessiven Konsums (Waren und Medien), aufgehoben in einem solidarischen Miteinander, verbessern die Einzelnen die Welt, während sie sich selbst beglücken. Soziale Ungleichheit tötet im großen Stil, konstatiert die WHO. Jede Reduktion von Ungleichheit ist somit Hilfe im besten Sinne des Wortes. Wer von einer imperialen auf eine solidarische Lebensweise umstellt, hilft den Ausgeschlossenen und Elenden auf lange Sicht mehr als mit jeder Spende.

Selbstorganisation

Emanzipation ist keine »Staatsaffäre«, sondern eine Frage praktischer Selbstorganisation. Voraussetzung ist die Aneignung der für ein menschenwürdiges Leben notwendigen Ressourcen.

Entscheidend für den Erfolg der Genossenschaftler im nicaraguanischen El Tanque war die Besetzung einer brach liegenden Hacienda. Die Opfer des Erdrutsches warteten nicht auf von außen kommende Hilfe, sondern schufen selbst das

Fundament für die Überwindung der Katastrophe. Das widerständige Handeln verstärkte zudem die Verbundenheit untereinander ebenso wie die Identifikation mit den selbstgesteckten Zielen. Das Beispiel El Tanque verdeutlicht Selbsthilfeprozesse, die in vielen Krisensituationen zu beobachten sind. Höchst selten verharren die Überlebenden in Schockstarre oder Panik, wie es uns die Medien mitunter zeigen, sondern sind auf bemerkenswerte Weise unternehmungsfreudig. Schon im Moment des Unglücks tun sich sehr häufig neue ad-hoc-Führungspersönlichkeiten hervor, die maßgeblich die nachfolgenden Schritte gestalten. Wie ist Hilfe möglich? Wo sind Angehörige und Freunde? Was ist zu tun?

Auch nach dem Tsunami in Südasien 2005 oder dem Erdbeben in Haiti 2010 zeigte sich die Kraft der Selbstorganisation. In nachbarschaftlicher Hilfe versorgten die Betroffenen die Opfer und begannen mit dem Wiederaufbau. Die Vertreter der Staatsmacht hingegen sorgten meist nur für die Aufrechterhaltung der Ordnung, sprich der herrschenden Machtverhältnisse.

Oft sind es Krisen, die bestehende Autoritäten diskreditieren und gesellschaftliche Aneignungsprozesse in Gang setzen. Wie weitreichend die sein können, ist noch heute in Bangladesch zu sehen. Nach der Loslösung von Pakistan 1972 haben dort zivilgesellschaftliche Akteure die Gestaltung großer Teile des gesellschaftlichen Lebens übernommen. Die Erfolge von damals strahlen noch heute aus. Zu den über die Grenzen Bangladeschs hinaus bekannten NGOs zählt die Gesundheitsorganisation *Gonoshasthaya Kendra* (»Volksgesundheitszentrum«), die aus der Unterstützung von Flüchtlingen und Opfern des Sezessionskrieges hervorgegangen ist. *Gonoshathaya Kendra* (kurz: GK) versorgt heute über eine Million Menschen in über 600 Dörfern, unterhält Schulen für Basisgesundheits-

helfer, mehrere Hospitäler, Kindergärten und Berufsbildungs-
programme für Frauen.

Von Anfang an setzte Dr. Zafrullah Chowdhury, der Gründer von GK und Träger des Alternativen Nobelpreises »Real
Livelihood Award« auf die Entmystifizierung medizinischen
Handelns im Alltag – wohlwissend, dass Veränderung von unten kommt. Die Entfaltung eigenen Wissens und schließlich
der Aufbau eigener solidarischer Ökonomien ist die Grundlage
der Erfolge von GK: eine autonome Position, die darum weiß,
es nicht nur selbst tun zu müssen, sondern es auch selbst tun
zu können.

Heute betreibt GK eigene Universitäten mit medizinischen
Fakultäten, bildet Pharmakologen aus, unterhält Dialysezen-
tren und sogar zwei pharmazeutische Betriebe, die essentielle
Arzneimittel wie Antibiotika für den lokalen Markt produzieren. Aus den Überschüssen lassen sich die Sozialprogramme
subventionieren. Die Prinzipien, die die Arbeit von GK leiten,
reichen weit über den Gesundheitsbereich hinaus. Gegensei-
tige Anerkennung und Teilhabe, Autonomie und Solidarität
sind grundlegend für alle Auseinandersetzungen, bei denen
Menschen für ihre Rechte streiten.

Auch in Deutschland lassen sich solche Aneignungsprozesse
entdecken. Im schwäbischen Stetten, bei Stuttgart gelegen,
führt eine Bürgerinitiative das örtliche Freibad in Eigenregie
weiter, seit es wegen vermeintlicher Unrentabilität geschlossen
werden sollte. Mit dem Erhalt der Einrichtung als kostengüns-
tiges Familienbad verbindet der gemeinnützige »Bädlesverein«
die Ziele Gesundheitsvorsorge, Bewahrung von Tradition und
einen lokalen Beitrag zur »Agenda 21«, das erste 1992 in Rio beschlossene UN-Aktionsprogramm Umwelt und Entwicklung.

Seit 1986 existiert im Nordhessischen die Kommune Niederkaufungen, in der heute achtzig Erwachsene, Kinder und
Jugendliche zusammen leben und arbeiten. Die Kommune

versteht sich als Experiment eines alternativen Lebensstils, frei von Hierarchien, solidarischen und ökologisch nachhaltigen Wertvorstellungen verpflichtet. Sie betreibt Landwirtschaft, eine Obst-Manufaktur, verschiedene Handwerksbetriebe, eine Kindertagesstätte, ein Tagungshaus, einen ambulanten Pflegedienst ebenso wie Beratungskurse in Bauen und Energie. Die Kommunarden engagieren sich im Aktionsbündnis gegen Rechts, in der Ökologie- und Frauenbewegung, der Asylpolitik, der Solidarischen Landwirtschaft und spenden drei Prozent ihrer Einnahmen an Projekte im Süden.

In Frankfurt rettete eine Bürgerinitiative das ehemalige »Studierendenhaus« vor dem Abriss und unterhält darin ein »Offenes Haus der Kulturen«, das Geflüchteten, Anwohnern, Jugendlichen, Kulturschaffenden und politischen Initiativen ein Laboratorium für neue Formen des gesellschaftlichen Zusammenlebens bietet. Befreit von kommerziellen Zwängen betreiben hier Journalisten aus Syrien das Radio »Good Morning Deutschland«, proben freie Theatergruppen, bietet die »Teachers on the Road« Deutschkurse an, engagiert sich die Gruppe »Eine Stadt für alle« für eine demokratische Wohnungsbaugesellschaft und wirbt das inzwischen europaweit tätige Projekt »Solidarity City« für die Idee einer Stadtbürgerschaft (»Urban Citizenship«), die nicht an nationalstaatliche Zugehörigkeit gebunden ist.

Solche Selbstorganisationen haben wenig gemein mit der von neoliberalen Politikern propagierten Idee von Eigenverantwortung. Hier geht es nicht um Befreiung von sozialer Verantwortung, um Konkurrenz und die Förderung unternehmerischer Persönlichkeiten (»Ich-AGs«), sondern um eine radikale Alternative: um das Projekt einer solidarischen Lebensweise, die sich der imperialen widersetzt. Nicht Kompensation von fehlgeleiteter Politik ist das Ziel, sondern deren praktische Kritik.

Globalisierung von unten

Nachhaltige Veränderungen benötigen eine globale Perspektive. So wichtig Engagement auf lokaler Ebene ist, es wird erst dann zu einer umwälzenden Kraft, wenn es sich als Teil der sozialen und ökologischen Kämpfe begreift, die anderswo auf der Welt geführt werden.

Um der ökonomischen Globalisierung von oben eine menschenwürdige Alternative entgegenzusetzen, bedarf es einer Globalisierung von unten. Die Macht transnationaler Konzerne wird sich nur brechen lassen, wenn ihr eine unabhängige transnationale Öffentlichkeit entgegentritt. So treffen sich seit ihrer ersten Zusammenkunft 2001 im brasilianische Porto Alegre alljährlich Graswurzelinitiativen, soziale Bewegungen, NGOs, Vertreterinnen und Vertreter von Verbänden, akademischen Institutionen und Aktivisten aus aller Welt zu Weltsozialforen. Ein besonders aktives Netzwerk ist die *People's Health Movement* (PHM).

Das PHM wurde 2000 in Bangladesch von Gesundheitsaktivisten aus dem globalen Süden gegründet und vereint heute Hunderte von Initiativen aus aller Welt. Auch die von uns besuchten Organisationen HANDS in Pakistan und KAPLET in Kenia gehören dazu. Dreimal hat sich das Netzwerk bereits zu *People's Health Assemblies*, zu Weltgesundheitsversammlungen von unten, getroffen und bislang fünf Ausgaben des alternativen Weltgesundheitsberichts *Global Health Watch* veröffentlicht. Mit selbstorganisierten *International People's Health Universities*, die temporär an wechselnden Orten stattfinden, sorgt das PHM für Verbreitung und Weiterentwicklung sozialmedizinischen Wissens.

In den Debatten des PHM wird heute immer häufiger die Forderung nach einer Neugründung der WHO laut. Einigkeit herrscht über die Bedeutung einer zentralen Instanz wie die WHO, aber auch darüber, dass eine solche Institution nur dann ihrer Aufgabe gerecht werden kann, wenn der Einfluss von Big Pharma, von Philanthrokapitalisten und mächtigen Einzelstaaten zugunsten der einzelnen Menschen zurückgedrängt ist. Mit einer Doppelstrategie versuchen die Mitglieder des PHM dem Recht auf Gesundheit zum Durchbruch zu verhelfen. Auf internationalen Konferenzen drängen sie auf eine Korrektur des herrschenden Entwicklungsmodells, das Gesundheit mehr und mehr zu einer Ware verkommen lässt. Zugleich betonen sie, dass das Recht auf Gesundheit nicht von oben oktroyiert werden kann, sondern von unten erkämpft werden muss. Globale Gesundheit beginnt im eigenen Land, ohne Veränderung im eigenen Umfeld bleibt das universelle Recht unerreicht. Die dabei zu klärenden Fragen sind brisant. Wie etwa verträgt sich die Migration von Gesundheits- und Pflegefachkräften, ohne die die hiesigen Versorgungssysteme längst zusammengebrochen wären, mit dem Fachkräftemangel im Süden? Wie die gewerkschaftliche Verteidigung von Braunkohlearbeitsplätzen mit den gesundheitlichen Folgen globaler Luftverschmutzung? In vielen Ländern, so auch in Deutschland, sind zivilgesellschaftliche Plattformen für globale Gesundheit entstanden, in denen Vertreter von Berufsverbänden, Hilfsorganisationen, Gewerkschaften, Wohlfahrtsverbänden und universitären Einrichtungen zusammenkommen, um gemeinsam nach Auswegen zu suchen.

Grundlage der Arbeit des PHM ist die auf dem ersten Treffen in Bangladesch ausgearbeitete *People's Charter for Health*. Zu ihren Grundsätzen zählt die Verteidigung von Gesundheit als Gemeingut, die Zurückweisung weiterer Privatisierung. In sämtlichen Debatten finden diese Ziele Bestätigung, doch wird auch deutlich, wie sehr das Verständnis von Gemeingütern untereinander variiert. Verbinden die Vertreter aus dem Norden

mit der Idee von Gesundheit als Gemeingut in erster Linie
funktionierende Serviceleistungen, akzentuieren vor allem die
Vertreter aus Lateinamerika die Idee der Allmende als einen
politischen Prozess, bei dem die Gemeinwesen den Umgang
mit den für die Lebensgestaltung notwendigen Ressourcen bestimmen. So wie wir es in den zapatistischen Dörfern gesehen
haben.

Die Welt ist näher zusammengerückt, die Menschen in
ihren konkreten Erfahrungen sind es nicht unbedingt. Zwar
können mit den neuen Medien Aktivisten, die irgendwo auf
der Erde für menschenwürdige Lebensumstände streiten, in
Echtzeit voneinander erfahren, doch ist das Verständnis für
die Gemeinsamkeit des jeweiligen Handelns längst nicht so
entwickelt, wie es notwendig wäre. Der Leitsatz aus der Umweltbewegung:»Global denken, lokal handeln«, hat in den
Kämpfen um soziale Rechte und Demokratie bislang keine
strategische Relevanz gefunden. Im Gegensatz zum globalen
Kapitalismus, dessen Sprache des Profits sich bis in den letzten
Winkel der Erde ausgebreitet hat, befindet sich das alternative
Projekt einer unabhängigen transnationalen Öffentlichkeit, die
wirksam für Emanzipation und demokratische Selbstbestimmung eintreten könnte, erst im Prozess des Werdens.

Menschenrechte, Solidarität, Regulierung, Gemeingüter,
Partizipation, Hilfe – für keinen dieser Begriffe gibt es a priori
ein gemeinsames Verständnis, das guatemaltekische Kleinbauern mit pakistanischen Näherinnen oder südafrikanischen
Ärzten vereinen würde. Je nach Erfahrungshintergrund gelten
sie den einen als Grundlagen von Emanzipation und sozialer
Gerechtigkeit, anderen hingegen als perfide Formen der Absicherung bestehender Macht und Privilegien. Zu Recht steht
der vom globalen Norden geübte Menschenrechtsdiskurs bei
vielen im Süden im Verdacht, sicherheitspolitische Interventionen zu legitimieren. Stakeholder-Modelle, die Partizipation

versprechen, entpuppen sich bei näherer Betrachtung, egal, ob im Süden oder Norden, keineswegs als Chance radikal-demokratischer Beteiligung, sondern als Verschleierung tatsächlicher Machtasymmetrien. Die mitunter leidenschaftlich auch hierzulande geführten Debatten lassen erahnen, wie schwierig die Verständigung ist, wenn Menschen aus verschiedenen Ländern und Kulturen zusammenkommen. Ohne eine solche Verständigung aber wird sich keine starke transnationale Öffentlichkeit herausbilden können. Deren Unterstützung ist nicht Mittel zum Zweck, sondern ein Wert an sich.

Globale soziale Rechte

Was Rebellionen weltweit miteinander verbindet ist die »Sprache der Menschenrechte«, das Streiten für menschenwürdige Lebensumstände: Es kommt im Widerstand gegen Großprojekte wie »Stuttgart 21« ebenso zum Ausdruck, wie im Aufbegehren von Studenten gegen das Bologna-Studium, in den Kämpfen brasilianischer Wohnrauminitiativen, die leerstehende Hochhäuser bewohnbar machen, in Genossenschaften wie jenen von El Tanque oder Niederkaufungen, im Kampf gegen Bergbauprojekte oder im selbstbestimmten Aufbau von Versorgungseinrichtungen in Bangladesch.

Die Entrechteten wissen oft nichts von ihren Rechten, und jene, die beständig von Rechten reden, fühlen sich nicht unbedingt verpflichtet, diese zu respektieren. Daher halten viele zivilgesellschaftliche Initiativen im globalen Süden »Human Rights Literacy« (»Ausbildung in Menschenrechten«) für eine Voraussetzung weitreichender Veränderung. Nur wer um die eigenen Rechte weiß, wird auch dafür eintreten können. Das gilt für die Opfer des Krieges in Guatemala ebenso wie für die Bewohner der Slums in Nairobi, und selbst für eine so ausweglos erscheinende Situation, wie die im kriegszerstörten Afghanistan: »Wir brauchen Orte, wo man erfahren kann, dass einem die Stimme nicht genommen worden ist«, sagt Dr. Sharif von der afghanischen Menschenrechts- und Entwicklungsorganisation AHRDO.

Ein besonders frappierendes Beispiel für einen erbittert geführten Kampf zur Durchsetzung von Rechtsansprüchen entzündete sich in der südafrikanischen Provinz Limpopo am erbärmlichen Zustand der Toiletten einer Grundschule. Eltern und Lehrer drangen auf Abhilfe. Aber wie? Durch Selbsthilfe, wie es viele Entwicklungsvorhaben empfehlen (und es inzwischen auch deutsche Eltern praktizieren, wenn sie an Wochenenden die Klassenzimmer ihrer Kinder renovieren)? Oder durch politischen Druck auf die Behörden, endlich ihren Verpflichtungen nachzukommen? Die Leute von Limpopo haben sich für den zweiten Weg entschieden. Unterstützt wurden sie dabei von Anwälten und Medienexperten von Section 27, einer südafrikanischen NGO, benannt nach jenem Paragraphen in der südafrikanischen Verfassung, in dem das Recht auf Gesundheit festgeschrieben ist. Die Aktivisten von Section 27 halfen den Eltern in Limpopo, sich öffentlich Gehör zu verschaffen. Sie organisierten Workshops, klärten über verfassungsmäßige Rechte auf und entwickelten Medienkampagnen. So bildeten sich Räume, in denen der öffentliche Druck wuchs. Schließlich lenkten die Behörden ein. Alle Schulen in der Provinz bekamen neue Toiletten, nicht nur die eine, an der die Proteste ihren Ausgang genommen hatten. Soziales Engagement machte Schule.

Nicht alle Menschen können auf Missstände so reagieren wie die Leute in Limpopo. Nicht überall gibt es Verfassungen, auf die sie sich berufen könnten. In Nicaragua auf eine staatliche Reformpolitik zu setzen, ergibt derzeit wenig Sinn. Die Folge: massenhafte Aufstände im Frühjahr 2018, auf die mit brutalen staatlichen Repressionen reagiert wurde. In Mexiko sind die autonomen Kliniken der Zapatistas leistungsfähiger als jene des Staates. In vielen Regionen der Welt bleibt nur die Möglichkeit, in Eigeninitiative für eine Krankenstation oder eine Schule zu sorgen. Wo sich staatliche Institutionen nicht in der Rolle öffentlicher Dienstleister, sondern nur als Agenturen des Machterhalts sehen – und das ist überwiegend der Fall –, ist es sinnlos, sich an Behörden zu wenden. Die für das Zusammenleben von Menschen wichtigen gesellschaftlichen Institutionen müssen von unten neu gegründet werden. Das gilt auch für eine solidarisch finanzierte Gesundheitsversorgung. In Bangladesch organisiert Gonoshastaya Kendra inzwischen eine selbstbestimmte Krankenversicherung für Textilarbeiterinnen, bei der diejenigen, die ein wenig mehr haben, auch für die Gesundheitsbedürfnisse der Ärmeren bzw. gänzlich Mittellosen aufkommen. Zwar sind mit solchen Selbsthilfeprojekten, die an entsprechende Vorhaben europäischer Arbeitervereine im 19. Jahrhundert erinnern, nur punktuelle Verbesserungen zu erreichen, doch weisen sie in die richtige Richtung. Sie institutionalisieren Hilfe, und sie sorgen über das Prinzip von Solidarität für notwendige Umverteilungsprozesse und die Bildung sozialen Eigentums.

Soziales Eigentum

Solidarisches Leben muss sich gegenwärtig nicht nur gegen Profitinteressen verteidigen, sondern zugleich neue Formen gesellschaftlicher Organisation konzipieren. Das Ziel kann nicht die Wiederherstellung bzw. Stärkung eines autoritären Wohlfahrtsstaates sein, der sozialen Beistand an Kontrolle und Disziplinierung knüpft, sondern eine menschenrechtlich verfasste Gesellschaft, in der sich Freiheit als universelles Recht

entfalten kann. Weder der von allen Fesseln befreite »Markt«
noch der »Staat« ermöglichen Befreiung. Gemeingüter, so die
Nobelpreisträgerin Elinor Ostrom, erfordern »andere Institutionen als offene Wettbewerbsmärkte oder stark zentralisierte
Regierungsinstitutionen«.

Auch drei Jahrzehnte nach dem Ende des Kalten Krieges fällt
es weiterhin schwer, eine gesellschaftliche Alternative zu entwickeln, die weder Versorgungsdiktatur anstrebt noch allein
den wehrhaften Schutz privater Besitztümer und Privilegien
im Auge hat. Aber es gibt Annäherungen; Überlegungen, wie
sich für das menschliche Zusammenleben wichtige Einrichtungen von unten aneignen und demokratisch neu gründen
lassen. Nicht die »Austrocknung« vorhandener Institutionen
ist das Ziel, sondern deren entschiedene Neuausrichtung an
den Bedürfnissen und Rechtsansprüchen aller Menschen.

Um das Zusammenleben freier Individuen zu ermöglichen, bedarf es einer sozialen Infrastruktur, deren Gewähr-
leistung – wie bei der herkömmlichen Infrastruktur auch – in
gesellschaftlicher Verantwortung liegt. Nur so wird es einmal
möglich sein, dass alle Menschen Zugang zu essentiellen Gemeingütern wie Bildung, Gesundheit, Wohnen, Mobilität und
Kultur haben.

Auf Grund der großen Einkommensunterschiede, die in
allen Ländern der Welt auszumachen sind, lassen sich solche
Gemeingüter nur solidarisch finanzieren, etwa über eine pro-
gressive Besteuerung bzw. gestaffelte Beiträge. Dabei richten
sich die Beiträge nach der Höhe des Einkommens und des Vermögens, der Zugang zu Leistungen hingegen allein nach dem
Bedarf. In einer Solidargemeinschaft erhalten selbst Mittellose,
die keinen Cent aufbringen können, die gleichen Leistungen.

Das Prinzip der Solidarität zählt zu den großen Errungenschaften der Menschheitsgeschichte. Es prägt die Kulturen
indigener Gesellschaften, gehört zum Kern aller Weltreli-

gionen und ist von zentraler Bedeutung für die radikalen Gesellschaftsentwürfe der Moderne. In der Praxis kommt es in genossenschaftlich betriebenen Dorfapotheken ebenso zum Ausdruck wie in steuerfinanzierten kommunalen Wasserwerken, städtischen Bibliotheken oder gesetzlich geregelten Krankenversicherungen.

Solidarität beinhaltet weit mehr als Mitgefühl und Wohltätigkeit. Solidarität sorgt für soziale Kohäsion, ohne die auf Dauer weder Gesellschaftlichkeit noch menschliche Existenz denkbar sind. Die Privatisierung von Gemeingütern, ihre Auslieferung an den Markt mag Kapitalanlegern ein renditeträchtiges Geschäftsmodell eröffnen, sozialpolitisch aber führt sie in die Irre. Die Kopplung sozialer Rechte an Profit und private Kaufkraft bedeutet zwangsläufig den Ausschluss derjenigen, denen die Mittel zur Realisierung ihrer Rechte fehlen. Bildungseinrichtungen, Krankenhäuser, Theater, Museen, der öffentliche Nahverkehr gedeihen nur unter Bedingungen, die nicht von Wachstums- und Renditezwang bestimmt sind. Sie werden nur dann dauerhaft allen zugänglich bleiben, wenn sie in einer von partikularen Gewinnerwartungen geschützten gesellschaftlichen Sphäre realisiert werden.

Die Verwirklichung einer sozialen Infrastruktur wäre die entscheidende Voraussetzung dafür, dass ein allgemeines Grundeinkommen (ob nun »bedingungslos« oder »solidarisch« oder »negativ«), dessen Einführung selbst das Davoser Weltwirtschaftsforum inzwischen erwägt, nicht nur dazu dient, die sozial Marginalisierten ruhig zu stellen und ein Mindestmaß an Konsum zu garantieren. Nur in Verbindung mit einer allen kostenfrei zugänglichen öffentlichen Daseinsvorsorge wäre ein Grundeinkommen sinnvoll. So könnten Menschen sich auch persönliche Bedürfnisse erfüllen, die über eine Grundversorgung hinausgehen – ganz im Sinne der Menschenrechte, die beides, die Entfaltung der Persönlichkeit und die Teilhabe am gesellschaftlichen Leben zum Ziel haben.

Angesichts einer materiellen Ungleichheit von historisch einmaligen Proportionen – in den USA ist der Abstand zwischen den Ärmsten und Reichsten der Gesellschaft prozentual größer als im Alten Rom, einer Sklavenhaltergesellschaft – kann sich Umverteilung nicht mit bürgerlicher Wohltätigkeit begnügen.

War Umverteilung zu Zeiten eines unbegrenzt scheinenden Wirtschaftswachstums noch möglich, ohne die privaten Gewinne und Vermögen substantiell anzugreifen, muss Umverteilung heute tiefer eingreifen. Nicht zuletzt die aktuelle Krise der lateinamerikanischen Sozialdemokratie verdeutlicht, dass sich soziale Entwicklung dauerhaft nicht über Wachstum finanzieren lässt, sondern einer Umwandlung von privatem Eigentum in »soziales Eigentum« bedarf, auf das alle wenn nötig zurückgreifen können.

Soziales Eigentum ist kein Schreckgespenst. Es existiert auch in Deutschland, etwa im öffentlichen Bildungswesen oder in den Sozialversicherungssystemen, und es trifft nach wie vor auf breite Zustimmung in der Öffentlichkeit. Drei Viertel der hiesigen Bevölkerung sind der Auffassung, Personen mit hohem Einkommen und viel Vermögen sollten mehr Steuern zahlen, damit mehr Geld für öffentliche Aufgaben zur Verfügung steht. Unter denen, die eine stärkere Besteuerung befürworten, würden 77 Prozent die Vermögenssteuer und 67 Prozent die Einkommenssteuer erhöhen, so eine 2017 durchgeführte Umfrage des Paritätischen Wohlfahrtsverbandes.

Ohne eine gerechte Besteuerung von Einkommen, Vermögen und Gewinnen sind soziale Gemeinwesen nicht zu finanzieren und ohne die Schließung der steuerlichen Schlupflöcher, die Reichen und Unternehmen in den zurückliegenden Jahrzehnten gewährt wurden, auch nicht. Die Steueroasen liegen längst nicht mehr nur in der Karibik. Auch Länder wie die Niederlande haben sich zu diskreten Zufluchtsstätten von Steuerflüchtlingen entwickelt. Steuerflucht ist keine Bagatelle. Weltweit, so schätzt das Tax Justice Network, sind es 280 Milliarden Dollar, die nationalen Finanzbehörden jährlich durch Steuerhinterziehung und Steuervermeidung verloren gehen. Die Länder des Südens büßen etwa 51 Milliarden Dollar ein. Geld, das etwa die afrikanischen Länder dringend für die soziale und wirtschaftliche Entwicklung brauchen würden. Geld, das zur Bekämpfung von Armut und Chancenlosigkeit unerlässlich wäre. Aber auch die öffentlichen Kassen in den Ländern des Nordens leiden unter Steuerflucht. Weil Firmen ihren Betriebssitz pro forma in Steueroasen verlegen können, fehlt heute das Geld für die öffentliche Daseinsvorsorge, beispielsweise für den sozialen Wohnungsbau, um Einkommensschwachen, Obdachlosen und auch Flüchtlingen ein würdiges Wohnen zu ermöglichen.

Die neoliberale Ablehnung von Steuern und Umverteilung entspricht nicht den Erwartungen der Menschen – und sie ist eine rhetorische Floskel. In Wirklichkeit wird in diesem System massiv umverteilt, und zwar – wie wir schon mehrfach erwähnt haben – von unten nach oben und von Süden nach Norden. Umfangreiche aus Steuern finanzierte staatliche Subventionen halten den kränkelnden Patienten Kapitalismus am Leben. Nutznießer sind die großen Konzerne. Der Internationale Währungsfonds (IWF) hat berechnet, dass allein die jährliche Subvention der Energieindustrie etwa fünf Billionen Dollar ausmacht (»How Large Are Global Energy Subsidies«). Das Auto als bevorzugtes Transportmittel wird extrem gefördert, ebenso das Kerosin für Flugzeuge wie auch die Flughäfen selbst. Die privaten Banken hängen spätestens seit dem Finanzcrash von 2008 am Tropf staatlicher Hilfe. Sie wurden mit astronomischen Summen aufgepäppelt: allein in Deutschland mit 60 Milliarden Euro. Seit 2016 kaufen die Zentralbanken der

EU-Mitgliedsstaaten nicht nur Staatsanleihen, sondern auch Aktien. Die Europäische Zentralbank (EZB) hat hierfür bislang schon 80 Milliarden Euro ausgegeben. Da dadurch die Aktien steigen, bedeutet dies realiter eine Umverteilung von der gesamten steuerzahlenden Bevölkerung auf die Aktienbesitzer. Auch die Pharmaindustrie ist Nutznießer staatlicher Wohltätigkeit. Ein Großteil der Kosten für die Entwicklung neuer Medikamente wird vom Staat getragen, etwa durch die Forschung an den Universitäten. Die Patente hingegen sind in der Hand der jeweiligen Konzerne. Nicht zu vergessen die Agrarsubventionen, die allein in der EU jährlich etwa 50 Milliarden Euro ausmachen. Sie unterstützen keineswegs Kleinbauern auf der Alm, sondern zum allergrößten Teil Agrarkonzerne und ihre industrielle, brutale und ungesunde Massenproduktion. Der Staat ist durch seine Subventionspolitik der wichtigste Steigbügelhalter der Neofeudalherren.

Das Beschneiden von Eigentum und Vermögen gilt als Sündenfall schlechthin, die Wohltätigkeit hingegen als Sinnbild ethischen Handelns. Der Unterschied ist aber nur einer der Freiwilligkeit. Wenn Wohltätigkeit wohlgefällig ist, weil sozial erwünscht und notwendig, dann folgt schlüssig daraus, dass Umverteilung gut und richtig ist. Und wenn ein wenig Hilfe (= kleine Umverteilung) als löblich und vorbildlich wahrgenommen wird, dann müsste mehr Hilfe (= große Umverteilung) auf der Wertigkeitsskala noch viel höher stehen. Die Logik dieses Argumentes ist nicht von der Hand zu weisen. Allerdings gibt die Macht – in den berühmten Worten von Frederick Douglas –»nie etwas ab, ohne dass sie dazu gezwungen wird. Hat sie nie getan und wird es auch nie tun.«

Der Erfolg einer Kampagne

Das Drängen auf Veränderung entzündet sich zumeist an bestehendem Unrecht. Die wenigsten Menschen wollen dauerhaft Umweltgefahren oder der Willkür autoritärer Regime und Konzerne ausgesetzt sein. Öffentlicher Einspruch zielt auf grundlegende Abhilfe, auf eine Verrechtlichung von Alternativen. Ziel sozialer Auseinandersetzungen ist es nicht, immer wieder aufs Neue gegen Missstände anrennen zu müssen, sondern die einmal gewonnene Kraft dafür zu nutzen, neue Übereinkünfte und Institutionen zur Verwirklichung und zum Schutz von Menschenrechten dauerhaft festzuschreiben. Wohlgemerkt: Es geht in solchen politischen Initiativen um die Sicherstellung universeller Rechte und erst daraus abgeleitet um Regeln und Einschränkungen.

Ein gutes, weil erfolgreiches Beispiel hierfür ist die »Internationale Kampagne zum Verbot von Landminen« (ICBL), der es 1997 gelang, die Staatenwelt auf eine internationale Ächtung dieser Waffe zu verpflichten; dafür wurde sie im selben Jahr mit dem Friedensnobelpreis ausgezeichnet. Erst 1991 hatten die *Vietnam Veterans of America Foundation* und *medico international* mit der Forderung nach einem umfassenden Minenverbot die Kampagne ins Leben gerufen. Militärs verbaten sich die Einmischung in ihre Angelegenheiten, Regierungen entzogen Fördergelder, Waffenproduzenten drohten mit Unterlassungsklagen. Trotz massiver Anfeindungen hat sich die ICBL durchgesetzt. Schnell wuchs die Kampagne zu einer weltweiten Bewegung, der sich in der Hochphase über tausend Initiativen mit Millionen von Unterstützern angeschlossen hatten. Erstmals in der Geschichte kam ein Waffenverbot aufgrund öffentlichen Drucks zustande.

Entscheidend für den Erfolg war die Breite des Protests. In der

ICBL engagierten sich afghanische Minenräumer, australische Nonnen, deutsche Entwicklungshelfer, philippinische Menschenrechtlerinnen, amerikanische Human Rights-Anwälte, kambodschanische Minenopfer, ehemalige Sprengstoffexperten der britischen Armee, Kriegsveteranen, Medizinerinnen, Journalisten, Künstler, Vertreter aller Glaubensrichtungen, später auch Prinzessinnen und Tatort-Kommissare. Die Rolle von »Celebrities« wie Lady Di war eher marginal. Sie stießen erst in dem Augenblick dazu, als das Verbotsabkommen in seinen Grundzügen schon feststand. Wichtiger war die Expertise, die vom Internationalen Komitee vom Roten Kreuz (IKRK) sowie von universitären und friedenspolitischen Einrichtungen beigesteuert wurde. Die ICBL ist ohne formalisierte innere Struktur ausgekommen. Die Kampagne wurde organisiert von einem *Steering Committee*, in dem Länderkampagnen aus allen Teilen der Welt zusammenarbeiteten. Bis zum Augenblick des Erfolges schien es niemanden zu stören, dass es weder ein zentrales Kampagnenbüro noch einen eigenen Mitarbeiterstab, ja nicht einmal ein Konto gab. Letzteres wurde erst erforderlich, als aus Oslo die Frage kam, wohin das Nobel-Preisgeld überwiesen werden sollte.

Internationale Abkommen können gegenwärtig nur von Staaten beschlossen werden. Der erste Versuch, über die UN-Waffenübereinkunft eine Regelung durchzusetzen, scheiterte am Veto mächtiger Länder wie den USA, Russland oder China. Andere Staaten signalisierten hingegen ihre Zustimmung. Erst sieben, dann vierzehn, später fünfzig *like-minded states* kamen auf Einladung des ICBL zusammen, die untereinander *free-standing negotiations* (außerhalb des Rahmens der UN) verabredeten: den »Ottawa-Prozess«.

Ein Wechselspiel entstand, bei dem die Kampagne ihre transnationale Kraft nutzte, um Druck auf die nationalen Regierungen auszuüben und umgekehrt aus jedem Zugeständnis, das auf nationaler Ebene errungen wurde, eine neue globale Initiative zu entwickeln. Ohne das schon früh von Deutschland unilateral beschlossene Minenverbot wäre der Ächtungsprozess nicht so schnell vorangekommen, und ohne den internationalen Druck, den der Ottawa-Prozess entfaltet hatte, wäre die deutsche Entscheidung nicht zustande gekommen.

Die transnationale Kraft der ICBL ließ über das Verbot hinaus auch jene administrativ-institutionelle Struktur entstehen, ohne die das Zurückdrängen der Minengefahren nicht möglich gewesen wäre. Auf der Ebene der Vereinten Nationen entstand der *UN Mines Action Service* (UNMAS), der in aller Welt Minenaufklärungs- und Minenräumprogramme koordiniert, in der Schweiz das *Geneva International Center for Humanitarian Demining* (GICHD), das geeignete Minenräumkonzepte erarbeitet hat, der zivilgesellschaftliche *Landmine Monitor*, der seitdem über die Einhaltung der Beschlüsse wacht.

Bei aller Kritik an der Tendenz zu bürokratischer Verselbständigung von Verwaltungsapparaten (auch die Institutionen, die im Kontext des Bemühens um eine minenfreie Welt gebildet wurden, sind nicht frei davon), gehört es zur Erfolgsgeschichte der ICBL, auf die Einrichtungen solcher Institutionen gedrungen zu haben. Gegenläufig zur neoliberalen Infragestellung von multilateralem Engagement hat sich in der Umsetzung des Ottawa-Abkommens eine internationale Kooperation herausgebildet, die heute unter dem Dach der Vereinten Nationen angesiedelt ist. Die Erfolge sprechen für sich: Die Zahl der Minenopfer konnte von jährlich 25 000 Menschen zu Beginn der 90er Jahre auf unter 4000 reduziert werden.

Nach dem Vorbild der ICBL hat die Cluster Munition Campaign 2008 eine Ächtung von Streumunitionen erkämpft und 2017 die International Campaign to Abolish Nuclear Weapons (ICAN) sogar einen Vertrag vom Verbot von Atomwaffen. Ein Meilenstein im Kampf gegen den Atomtod, auch wenn sich noch nicht alle Länder beteiligen. Inzwischen gibt es auch eine weltweite Kampagne, die für die menschenrechtliche Regulierung von transnational tätigen Konzernen kämpft. Es ist höchste Zeit, einen rechtsverbindlichen Rahmen zu schaffen, der aus dem »soft law« von unwirksamen Selbstverpflichtungen, wie wir sie geschildert haben, endlich »hard law« werden lässt. Gefordert von zahlreichen Graswurzelorganisationen, Gewerkschaften und sozialen Bewegungen aus aller Welt hat der Genfer UN-Menschenrechtsrat 2014 eine zwischenstaatliche Arbeitsgruppe mit der Ausarbeitung eines »UN-Treaty on Transnational Co-Operations and Human Rights« beauftragt.

Schon die Einrichtung dieser Arbeitsgruppe traf in Washington, Berlin und Brüssel auf erbitterten Widerstand. In der Öffentlichkeit aber wächst die Erkenntnis, dass Umweltvergehen ebenso wie der der Missachtung von Arbeits- und Sozialstandards oder der Steuervermeidung ein regulativer Riegel vorgeschoben werden muss.

Globale Bürgerversicherung

Zu den großen Herausforderungen der Gegenwart zählt die Frage, wie sich die Forderung nach einer sozialen Infrastruktur über alle Landesgrenzen hinaus umsetzen ließe. Öffentliche Daseinsvorsorge lässt sich angesichts der weit vorangeschrittenen Globalisierung nicht mehr allein im nationalen Rahmen sichern. Die soziale Verunsicherung, die Menschen erleben, rührt nicht zuletzt aus dem ökonomischen Wettbewerb, der zwischen Staaten herrscht und weltweit zur Aushöhlung von Sozialpolitik geführt hat. Ohne eine Internationalisierung solidarischer Finanzierung, ohne länderübergreifende Umverteilungsmechanismen, wird Daseinsvorsorge auch im nationalen Rahmen nicht dauerhaft zu verteidigen sein.

Solche Umverteilungsmechanismen ließen sich durchaus schon heute realisieren. Beispielsweise im Rahmen eines »Internationalen Fonds für Gesundheit«, der vergleichbar mit dem deutschen Länderfinanzausgleich reichere Länder dazu verpflichtet, auch zu den Sozialbudgets der ärmeren Länder beizutragen. Eine solche »globale Bürgerversicherung« funktioniert freilich nur unter bestimmten Voraussetzungen. Um zu verhindern, dass transferierte Mittel in repressive Staatsapparate fließen oder durch Korruption verschwinden, sind öffentlich kontrollierte Institutionen notwendig, die Gesundheit im Kontext von sozialer Gerechtigkeit und demokratischer Partizipation begreifen. Im kurdisch-syrischen Rojava lässt sich heute beobachten, dass der Aufbau solcher Einrichtungen selbst unter Kriegsbedingungen angegangen werden kann. Die finanzielle Grundausstattung eines solchen Fonds würde übrigens keine Unsummen verschlingen; sie ließe sich schon anteilig aus Mitteln des 0,7 Prozent-Zieles verwirklichen. Es mangelt nicht an Ressourcen.

Die Umsetzung von Ausgleichsfinanzierungen verlangt keine schwerfällige bürokratische Struktur. Eine kleine Behörde, die sich aller operativer Tätigkeiten enthält, wäre ausreichend. Dafür gibt es reichlich Beispiele, etwa in Australien, Belgien, Kanada, Deutschland oder Brasilien. Sie sorgen für einen horizontalen Ausgleich zwischen Regionen (Bundesländern, Provinzen usw.), der auf komplexen Berechnungen des Verhältnisses von der Höhe regionaler Steuereinnahmen, der demographischen Entwicklung, des Einkommensniveaus u. a. beruht. Ausgleichsmechanismen transferieren mitunter erhebliche finanzielle Volumina, der Europäische Sozialfonds etwa 75 Milliarden Euro, um im Bereich der Bildung, der Unterstützung von Arbeitslosen und bei anderen sozialen Diensten für einen Ausgleich zwischen den europäischen Regionen zu sorgen.

Selbst auf internationaler Ebene gibt es mit dem 1874 gegründeten »Weltpostverein« ein solches Finanzausgleichssystem. Damals einigten sich nationale Postbehörden auf einen Vertrag, der die Zustellung von Briefen und anderen Postsendungen über die Landesgrenzen hinweg ermöglichte. Mit der in einem Land erhobenen Gebühr werden auch Dienstleistungen in anderen Ländern finanziert. Die deutsche Post zahlt innerhalb dieses Rahmens einen erheblich höheren Beitrag als etwa die kenianische Post. Kaum jemand weiß noch von der Existenz des Weltpostvereins, obwohl seine Einrichtung ein Meilenstein bei der Entwicklung grenzüberschreitender Kommunikation war. Der Weltpostverein verdeutlicht, dass die wichtigsten Gemeingüter diejenigen sind, die ihren Aufgaben nachkommen, ohne großes Aufheben darum zu machen. Sie existieren sozusagen im gesellschaftlichen Hintergrund. Aber noch etwas zeigt der Weltpostverein: Wenn die Einrichtung einer solchen internationalen Ausgleichszahlung schon im 19. Jahrhundert gelang, warum sollte dies nicht heute möglich sein?

Notwendige Voraussetzung für internationalen Ausgleich wäre die Streichung der Schulden. Zu allen möglichen feierlichen europäischen Anlässen wird Schillers Ode »An die Freude« gesungen, zur Musik aus dem vierten Satz der Neunten Symphonie von Ludwig van Beethoven. Leider nur in Ausschnitten, so dass eine Zeile in Vergessenheit geraten könnte: »Unser Schuldbuch sei vernichtet!« Gerade die Deutschen müssten den gesellschaftlichen Wert von umfassender Entschuldung begreifen, denn nach dem Zweiten Weltkrieg wurden ihnen alle Staatsschulden erlassen! Die Nazis hatten dem ausgelaugten Land die höchste Staatsverschuldungsquote aller Zeiten hinterlassen, sage und schreibe 670 Prozent des Bruttoinlandsprodukts. Hätten die Siegermächte Deutschland so behandelt wie die Troika Griechenland, es gäbe womöglich in Frankfurt immer noch einen Schwarzmarkt für Kaffee und Zigaretten. Deswegen sollten wir beim nächsten feierlichen europäischen Akt auch dieser Worte Schillers gedenken: »Unser Schuldbuch sei vernichtet! / Ausgesöhnt die ganze Welt!«

Transformation der kapitalistischen Lebensform

Das Unbehagen an der Globalisierung, das in den letzten Jahren auch in Europa spürbar zugenommen hat, entspringt der Befürchtung vieler Menschen, mit den komplexer werdenden Verhältnissen in der Welt nicht mehr zurecht zu kommen. Die tiefgreifenden Verunsicherungen haben, wie schon ausgeführt, ihren Ursprung in politischen und ökonomischen Verhältnissen, die sich von den Bedürfnissen und Rechtsansprüchen der Menschen weit entfernt haben.

Erst eine globale soziale Infrastruktur würde die Voraussetzungen schaffen, um befreit von Existenzängsten über Formen eines Zusammenlebens nachdenken zu können, das von Solidarität statt von Konkurrenz, von Empathie statt von Egoismus, von Toleranz statt von Ignoranz, von kosmopolitischen Lebensformen statt von völkischer Enge geprägt ist.

Rezepte dafür, wie das »Weltweit-Werden« der Welt gelingen kann, gibt es nicht. Vieles deutet darauf hin, dass die Menschen die Komplexität und Bedeutung der globalen Verhältnisse noch gar nicht erfasst haben. Die Fragen, die den Prozess begleiten werden, stehen aber längst fest: Wie müssen wir angesichts einer stark zunehmenden Automatisierung Arbeit zukünftig neu definieren und verteilen? Wie können wir die demokratische Verfasstheit gesellschaftlicher Institutionen garantieren? Wie werden wir Wachstum und Ent-Wachstum (*degrowth*) global ausbalancieren und welche alternativen Ökonomien entwickeln? Es ist höchste Zeit, an wirtschaftswissenschaftlichen

Fakultäten Lehrstühle einzurichten, die sich mit Fragen der solidarischen Ökonomie jenseits von Profit- und Wachstumszwang beschäftigen. Auch gibt es keinen Grund, das Genossenschaftswesen ad acta zu legen, nur weil es kürzlich zum Weltkulturerbe erklärt worden ist.

Die Klärung solcher Fragen ist nicht zuletzt deshalb notwendig, weil es einen Unterschied macht, ob Gesellschaften Egoismus und regressive Versorgungsbedürfnisse fördern oder soziales Engagement und kreative Beschäftigungen. Ohne radikale Eingriffe in die herrschende Bildungspolitik werden solche Veränderungen nicht gelingen. Bildung muss sich wieder aus der Umklammerung der Vorgaben von Ökonomie und Verwaltungsmacht befreien. Nicht unmittelbare Verwertungsinteressen dürfen im Vordergrund stehen, sondern Kreativität, Empathie und Kritikfähigkeit. Die Entwicklung gesellschaftlicher Alternativen verträgt sich weder mit verschulten Bologna-Studiengängen noch mit Arbeitsverhältnissen, in denen destruktive Tätigkeiten geschätzt, bewahrendes Engagement aber als »Gutmenschentum« belächelt wird. Alternativen werden keine Chance haben, wenn die ästhetische Erziehung von Menschen sich darin erschöpft, sie zu Konsumenten einer kulturindustriellen Verdummungsmaschine herzurichten.

Ein neues Narrativ

Die Realität, die wir wahrnehmen, hängt entscheidend von der Frage ab, wie wir Realität erzählen. Wenn über Jahrzehnte, ja Jahrhunderte hinweg gepredigt wird, der Mensch sei seinem Mitmenschen ein Wolf, also ein gewalttätiges, zähnefletschendes Biest, dann fällt es schwer, den Menschen als mitfühlende, solidarische Kreatur zu sehen. Drehen wir den Spieß um. Würden wir unsere emphatischen Fähigkeiten ins

Zentrum rücken, wären wir geprägt von einer überwältigenden Vielzahl an Beispielen gegenseitiger Anteilnahme, Unterstützung und sogar Selbstaufopferung. Wenn mit penetranter Beharrlichkeit behauptet wird, nach Katastrophen käme es zu einem chaotischen, brutalen und gar exterminatorischen Zusammenbruch der sozialen Ordnung, so entspricht dies einem Menschenbild, das Kontrolle, Autorität und Herrschaft als notwendig postuliert, hat aber mit den Realitäten wenig zu tun. Die US-amerikanische Autorin Rebecca Solnit hat in ihrem Buch »A Paradise Made in Hell« akribisch die tatsächlichen Folgen von katastrophalen Ereignissen wie dem Erdbeben in San Francisco oder der Überschwemmung von New Orleans nach Katrina recherchiert. Sie erzählt ganz andere Geschichten, bewegende Beispiele von Selbstorganisation, verlässlicher Solidarität, von gemeinschaftlichem Denken anstatt sozialdarwinistischem Egoismus. Gerade in einer vorübergehenden Hölle scheint die Güte des Menschen auf, wird sichtbar, wie sehr wir soziale Wesen sind.

Es ist wichtig, wie wir Welt erzählen, um so wichtiger, wenn wir sie verändern wollen. Das wirtschaftspolitische Narrativ der letzten Jahrzehnte behauptete, der freie Markt, die weitreichende Ökonomisierung menschlichen Wirkens, die Deregulierung der Wirtschaft zugunsten des Kapitals, die Privatisierung von allem, inklusive der Allmenden, sei effizient und notwendig, diene dem Gemeinwohl und garantiere die Freiheit. Dieses Narrativ besetzt fast alle diskursiven Kanäle. Zwar behaupten die »Neuen Rechten«, irgendwelche »Linken« besäßen die Meinungshoheit im Land (sei es in Deutschland oder in den USA), aber nichts könnte falscher sein! Das neoliberale Narrativ ist inzwischen so dominant wie die Parolen der chinesischen Revolution, die einst aus großen Lautsprechern auf jedem öffentlichen Platz und in den meisten Heimen plärrten. Denn auch viele Begriffe sind gekapert – manche würden sagen: kontaminiert – worden. Wenn eine Marketingkampagne als »revolutionär« gilt, wenn »nachhaltig« nur noch ein Etikett für gute Absichten ist, haben wir ein Problem, weil uns die Worte ausgehen, mit denen wir Alternativen beschreiben können. Wir müssen die Begriffe befreien und die Narrative zurückerobern.

Ohne die Vision eines postkapitalistischen Wirtschaftens ist dies nicht zu bewerkstelligen. Wir leben in Zeiten, in denen sich die Mehrheit der Menschen die Vernichtung der Erde eher vorstellen kann als den Untergang des Kapitalismus. Zugleich hat es sich herumgesprochen, dass die existierende Form des Kapitalismus abhängig ist vom Wirtschaftswachstum. Selbstverständlich sind die Grundlagen kapitalistischen Wirtschaftens theoretisch auch ohne langfristiges Wachstum denkbar, aber die heute herrschende, extrem exploitative Variante würde zusammenbrechen, wenn es mehrere Jahre lang kein Wachstum mehr gebe (das hat unter anderen Lawrence Summers, ehemaliger Chefökonom der Weltbank und einstiger US-Finanzminister, in einer drastischen Rede ausgemalt). Alle sozialen Aufgaben, alle Umverteilungsmechanismen werden heute durch Überschüsse finanziert. Ohne diese würden sich sofort die alten Fragen demokratischer Teilhabe bei Vermögen und Eigentum stellen. Noch fällt der vielbeschworene »soziale Friede« von den Tafeln des Überschusses ab.

Der Untergang des Kapitalismus ist oft vorhergesagt worden; er ist noch nicht eingetreten. Das liegt vor allem daran, dass Prophezeiungen von Haus aus, quasi genre-immanent, unpräzise sind. Und weil der menschliche Erfindungsreichtum immer wieder neue Felder – etwa die Informationswirtschaft – auftut. Prozesse wie die Automatisierung hängen nicht nur von der technologischen Machbarkeit ab, sondern auch von wirtschaftlicher und politischer Opportunität. Zudem geht Wachstum auch in die Tiefe, nicht nur in die Breite, intensive Nutzung sowie neue Kreisläufe verlangsamen die unaufhaltsame Entwicklung.

Über einen längeren Zeitraum besehen dürfte allerdings klar sein, dass die ökologische Brandrodung der Welt nicht weiter gehen kann (und darf), dass Wachstum als Diktum weder tragbar noch erträglich ist. Wer glaubt, »weiter so« sei eine Option, der verschließt einfach die Augen, weil es bequem und tröstlich ist, sich in Illusionen zu wiegen. Ein »Nun aber anders« muss erzählt werden, möglichst häufig, möglichst klar, als packendes, berührendes und überzeugendes Narrativ.

Das wäre ein entscheidender Beitrag zu einer anderen, einer solidarischen Hilfe, die die Würde aller Beteiligten wahrt, indem sie danach strebt, die Unterteilung in Stärkere und Schwächere, in Privilegierte und Ausgegrenzte, in Geber und Nehmer aufzulösen.

Danksagung

Das Buch basiert auf Recherchen und Erfahrungen, die wir ohne die Unterstützung der Frankfurter Hilfs- und Menschenrechtsorganisation *medico international* nicht hätten machen können. Vielen Menschen sind wir zu Dank verpflichtet: Anne Jung, Usche Merk, Sabine Eckart, Thomas Seibert und Sönke Widderich haben uns bei der Planung der Reisen zur Seite gestanden und Kontakte vermittelt. Tejan Lamboi begleitete uns in Sierra Leone; Dieter Müller durch Mittelamerika, wo er uns mit seinen umfangreichen Kenntnissen und Kontakten viel mehr als ein Führer war. Wir danken den vielen Gesprächspartnern vor Ort für die freundschaftlichen und geduldigen Begegnungen: Nasir Masoor, Ghulam Mustafa, Dan Owalla, Erick Otieno Owuoro, David Makori, Abu Brima, Denis Ngotho, Joseph Ansumana, Joseph Pokawa, Abdulai Daramy, Marta Sánchez Soler, Gabriel Garcia, Justus Fenner, Fray Tomás González, Joel Heredia, Elisabeth Ibarra, Humberto de Leon, Michael Mörth, Eduardo Espinoza, Margareta Espinoza, Rina Abrego, Monica Baldodano, Monica Lopéz Baldodano.

Katja Maurer, Thomas Ruttig, Ulrich Brand, Stephan Hebel und Christian Wimplinger danken wir für Gespräche während der Recherche und beim Abfassen des Buches. Wir danken dem Institut für Kulturwissenschaften (Wien) und seinem Direktor, Professor Thomas Macho, für Aufnahme und Unterstützung. Schließlich danken wir unserer Lektorin beim

S. Fischer Verlag, Nina Sillem, sowie Ingke Brodersen, die den Text vor der Drucklegung betreut hat.

Das Buch erscheint im Jubiläumsjahr von *medico international*, das 1968, vor 50 Jahren, von Frankfurter Bürgerinnen und Bürgern gegründet wurde. Aus der unmittelbaren Empörung über den Krieg in Vietnam und die Hungerkatastrophe in Biafra erwuchs eine heute weltweit tätig Organisation, die ökonomisch und parteipolitisch unabhängig ist, derzeit über 120 Projekte fördert und bei den Vereinten Nationen konsultativen Status genießt. Viele der von uns besuchten Projekte werden bzw. wurden von *medico international* gefördert. Informationen über die Arbeit von *medico international* finden sie unter www.medico.de.

Die Honorare für dieses Buch spenden wir an *medico*.

Frankfurt am Main, Wien, Mai 2018